やさしくまるごと小学国語 改訂版

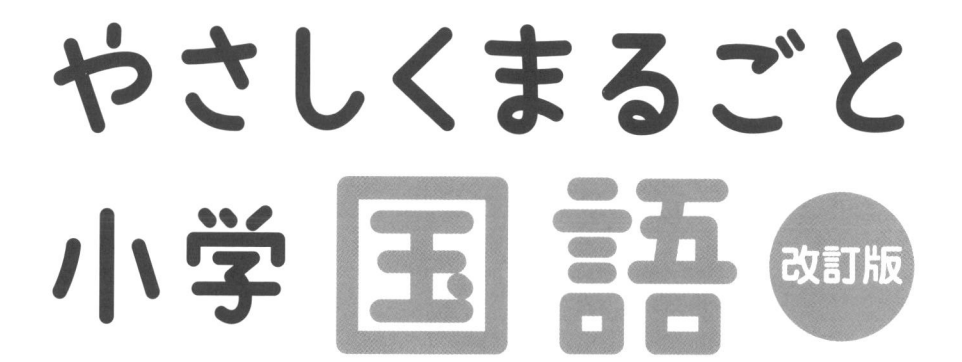

学研プラス 編
マンガ 福島 幸

Gakken

この本《ほん》を手《て》にしたみなさんへ

勉強《べんきょう》は“あまりやりたくないもの”。

これは今《いま》も昔《むかし》も，多《おお》くの子《こ》どもたちにとって同《おな》じです。

そして“勉強《べんきょう》は大事《だいじ》なもの”“勉強《べんきょう》をがんばることは将来《しょうらい》につながる”ということも，今《いま》と昔《むかし》で変《か》わりません。


やりたくないけど大事《だいじ》である勉強《べんきょう》に対《たい》して，みなさんがやる気《き》になれる参考書《さんこうしょ》・やる気《き》が続《つづ》く参考書《さんこうしょ》はどんなものだろう？


そんな問《と》いに頭《あたま》を悩《なや》ませながら作《つく》ったのが，この『やさしくまるごと小学《しょうがく》』シリーズです。

この本《ほん》には

・マンガやイラストが多《おお》く，手《て》に取《と》って読《よ》んでみたくなる。
・説明《せつめい》がわかりやすくて，成績《せいせき》が伸《の》びやすい。
・先生《せんせい》の授業《じゅぎょう》がいつでもYouTubeで見《み》られる。
・小学校全単元《しょうがっこうぜんたんげん》の内容《ないよう》が入《はい》っているから，つまずいたところから総復習《そうふくしゅう》できる。

といった多《おお》くの特長《とくちょう》があります。

このような参考書《さんこうしょ》を作《つく》るのはとても骨《ほね》の折《お》れる仕事《しごと》ではありましたが，できあがってみると，みなさんにとってとても役《やく》に立《た》つものにできたと思《おも》っています。

(「自分《じぶん》が子《こ》どものころにこんな参考書《さんこうしょ》があったらよかったのに……」とも思《おも》います)


この本《ほん》を使《つか》って，「勉強《べんきょう》がたのしくなった」「成績《せいせき》が伸《の》びてうれしい」とみなさんが感《かん》じてくれたらうれしいです。

編集部《へんしゅうぶ》より

あなたの決意《けつい》をここに書《か》いてみよう！

(例《れい》)「この本《ほん》を1年間《ねんかん》でやりきる！」とか「学校《がっこう》の国語《こくご》のテストで今年《ことし》のうちに100点《てん》を3回以上《かいいじょう》取る！」など

勉強《べんきょう》する曜日《ようび》とはじめる時刻《じこく》をここに宣言《せんげん》しよう！

【1日《にち》の勉強時間《べんきょうじかん》のめやす】➡ (　　　　　　)

月曜日《げつようび》	火曜日《かようび》	水曜日《すいようび》	木曜日《もくようび》	金曜日《きんようび》	土曜日《どようび》	日曜日《にちようび》

本書《ほんしょ》の特長《とくちょう》と使《つか》いかた

まずは「たのしい」から。

たのしい先生《せんせい》や，好《す》きな先生《せんせい》の教《おし》えてくれる教科《きょうか》は，勉強《べんきょう》にも身《み》が入《はい》り得意教科《とくいきょうか》になったりするものです。参考書《さんこうしょ》にも似《に》た側面《そくめん》があるのではないかと思《おも》います。

本書《ほんしょ》は，読《よ》んでいる人《ひと》に「たのしいな」と思《おも》ってもらえることを願《ねが》い，個性豊《こせいゆた》かなキャラクターの登場《とうじょう》するマンガをたくさんのせています。まずはマンガを読《よ》んで，この参考書《さんこうしょ》をたのしみ，少《すこ》しずつ勉強《べんきょう》に取《と》り組《く》むクセをつけるようにしてください。勉強《べんきょう》するクセがつきはじめれば，学習《がくしゅう》の理解度《りかいど》も上《あ》がってくるはずです。

小学校全単元《しょうがっこうぜんたんげん》の内容《ないよう》をしっかり学《まな》べる。

本書《ほんしょ》は小学校全単元《しょうがっこうぜんたんげん》の内容《ないよう》を1冊《さつ》に収《おさ》めてありますので，どの学年《がくねん》の人《ひと》でも，自分《じぶん》に合《あ》った使《つか》いかたで学習《がくしゅう》することができます。はじめて学《まな》ぶ人《ひと》は学校《がっこう》の進度《しんど》に合《あ》わせて進《すす》める，前《まえ》の学年《がくねん》の勉強《べんきょう》をおさらいしたい人《ひと》は1日《にち》に2・3レッスン進《すす》めるなど，使《つか》いかたは自由《じゆう》です。

本文《ほんぶん》の説明《せつめい》はすべて，なるべくわかりやすいように書《か》いてあります。また，理解度《りかいど》を確認《かくにん》できるように問題《もんだい》もたくさんのせてありますので，この1冊《さつ》で小学校全単元《しょうがっこうぜんたんげん》の学習内容《がくしゅうないよう》をちゃんとマスターできる作《つく》りになっています。

動画《どうが》授業《じゅぎょう》があなただけの先生《せんせい》に。

本書《ほんしょ》の動画《どうが》マーク（🖥）がついた部分《ぶぶん》は，YouTubeで塾《じゅく》の先生《せんせい》の授業《じゅぎょう》が見《み》られます。動画《どうが》をはじめから見《み》てイチから理解《りかい》をしていくもよし，学校《がっこう》の授業《じゅぎょう》の予習《よしゅう》に使《つか》うもよし，つまずいてしまった問題《もんだい》の解説《かいせつ》の動画《どうが》だけを見《み》るもよし。パソコンやスマートフォンでいつでも見《み》られますので，活用《かつよう》してください。

DVDには塾《じゅく》の先生《せんせい》おすすめの勉強法《べんきょうほう》と，1レッスン分《ぶん》のお試《ため》し動画《どうが》が収録《しゅうろく》されています。学習《がくしゅう》をはじめる前《まえ》にDVDを見《み》て，より効果的《こうかてき》な勉強《べんきょう》の仕方《しかた》を確認《かくにん》しましょう。

誌面《しめん》にあるQRコードは，スマートフォンで直接《ちょくせつ》YouTubeにアクセスできるように設《もう》けたものです。

YouTubeの動画一覧はこちらから

https://gakken-ep.jp/extra/yasamaru_p/movie.html

※動画の公開は予告なく終了することがございます。

Prologue
［プロローグ］

0 国語
ぐしゃ
父さん!!
国語が得意《とくい》になる
薬、作ってよ!!!
バーーン
父さん
どうしたんだ!?
急に…。
研究室
←発明家
えっ!?
実は
その…。
モジ
モジ
なんだ?
トイレか?
よし、よくわからんが…。
父さんに任《まか》せなさい!
さすが、父さん!!
天才博士《はかせ》!!
父さん
がんばるぞー♡
ワーイ
なんだ
なんだ?
リチャ
母さん
あら、太郎《たろう》。手に持っている
のは、なあに?
ギクッ
わーっ
まあ!
うっ…、
うるさいっ!!
お兄ちゃん、
また0点だ!!
妹 愛子《あいこ》
一年生

数週間後――。
よし!!
できたぞ―――!!!
どんっ
ニャン吉《きち》
やったー
カシャ
ペロ
ペロ
ペロ
父さん!!
薬できたの!?
カチャ
あぁ、できたぞ!!
…ここに!
…って、あれ!?
カラッ
……薬、薬って、ちょっとは自分で勉強したらどうニャ?
えっ…。
ばーーん
そんなんだから、大好《だいす》きな花《はな》ちゃんにもふり向いてもらえないニャ。
ニャ、ニャン吉がしゃべった～!!!

フッ…

あーっ!!!

ニャン吉《きち》が、薬全部飲んじゃったんだ!!

カラッ
ずいっ
薬を飲んで、ラクしてかしこくなってもそんなずるいヤツを、花《はな》ちゃんは好《す》きになんかならないニャ。

なんでっ
花ちゃんのこと、バラすなよ!!

あら!?

ニャン吉がしゃべってる!!すごーい!

…

ニャン吉って、しゃべれたのね!

お兄ちゃん、ニャン吉にもバカにされてる～!!

うるせーー!!!

言っとくけど、ボクにかかれば、なんて、目じゃないニャ!モテ助《すけ》
キリッ
目じゃない…!?

…ってどういう意味?

がんばって!

?

太郎《たろう》の国語は、ボクが得意《とくい》にするニャ!だまってついてくるニャ!!

ズコー

もくじ Contents

〈キャラクター紹介《しょうかい》〉

太郎《たろう》

サッカーと花《はな》ちゃんが大好《だいす》きな小学四年生。体を動かすことは好きだが、勉強は苦手で、特《とく》に国語はいつもなやみの種《たね》。

ニャン吉《きち》

太郎たち一家の飼《か》いネコで、オス。太郎の父が発明した薬を飲んで、言葉が話せるようになる。言葉をたくみにあやつり、かの女もいる。ちょっとキザ。

父さん

太郎と愛子《あいこ》の父。発明家で、毎日いろんなものを開発している。家族が大好きで、特に末《すえ》っ子の愛子にあまい。ちょっと天然《てんねん》。

母さん

太郎と愛子の母。料理が得意《とくい》。おっとりしていて、ちょっと天然。

愛子《あいこ》

太郎の妹。小学一年生。ちょっと生意気《なまいき》で負けん気が強い。でも、実はあまえんぼう。

花《はな》

太郎のクラスメイト。明るくてやさしい、クラスのマドンナ的存在《そんざい》。

モテ助《すけ》

太郎と花が通う小学校の六年生。読書好きで、常《つね》に本を持ち歩いている。ちょっとキザ。

レッスン 1

ひらがな・かたかな ［一年］

このレッスンのはじめ♪

小学校に入学して最初《さいしょ》に勉強するひらがなとかたかな。今でも、書き順《じゅん》があやふやだったり、きれいな形で書くのが苦手だったりする字はありませんか？

「め」と「ぬ」、「ヲ」と「ヨ」など形をまちがえやすいひらがなやかたかなもありますね。

この本のいちばん初《はじ》めの章で、ひらがなとかたかなをもう一度復習《ふくしゅう》し、いつでも正しい書き順できれいに書けるようになりましょう。

1 ひらがな

ひらがなは、漢字と同様、決められた書き順《じゅん》で書くことで、きれいにバランスよく書くことができます。

一画で書くひらがなの復習《ふくしゅう》から始めて、形の似《に》たひらがなについて、ここでもう一度確《たし》かめておきましょう。

一画で書くひらがな

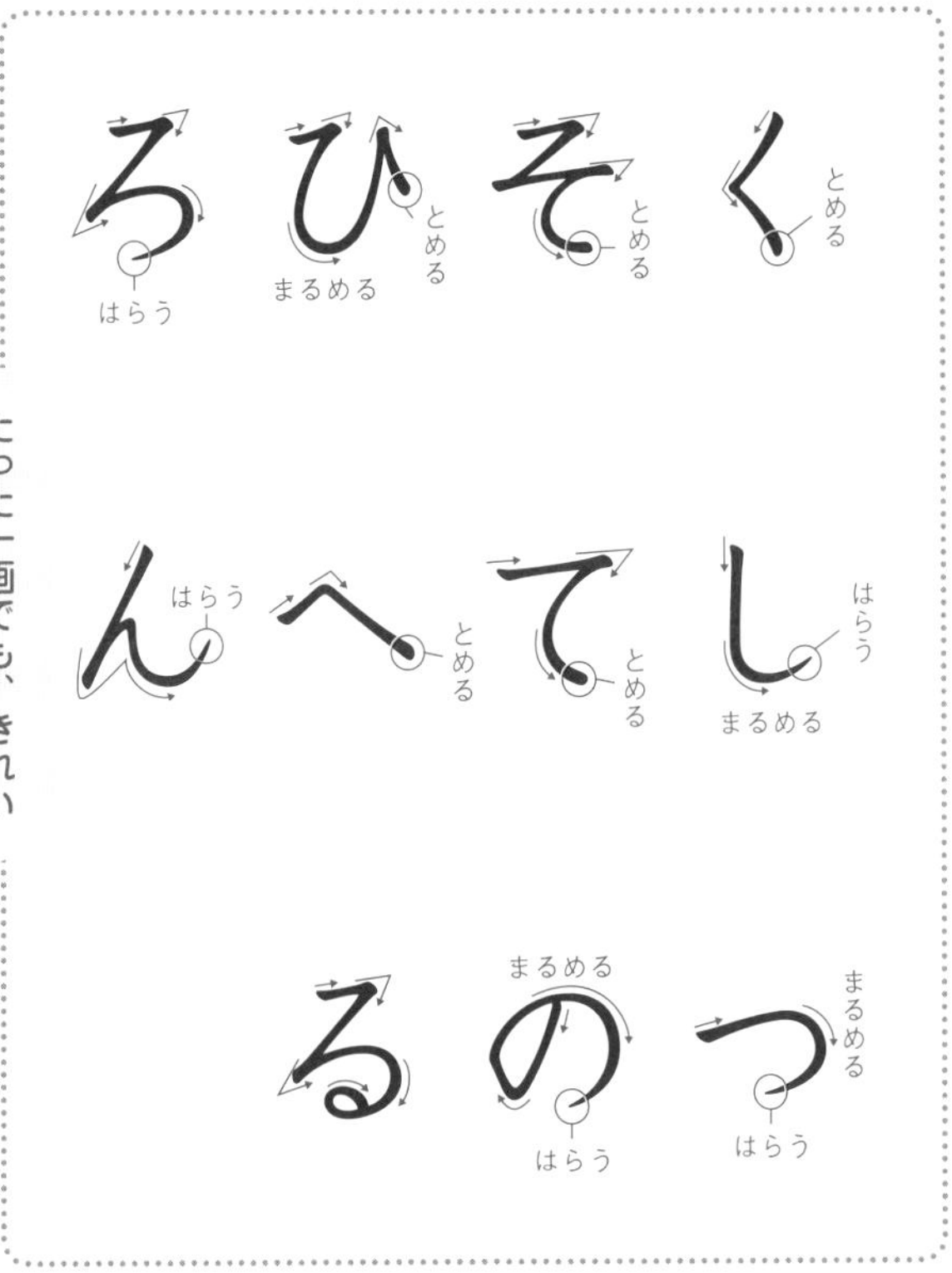

く とめる
そ とめる
ひ とめる まるめる
ろ はらう
し はらう まるめる
て とめる
へ とめる
ん はらう
つ まるめる はらう
の まるめる はらう
る

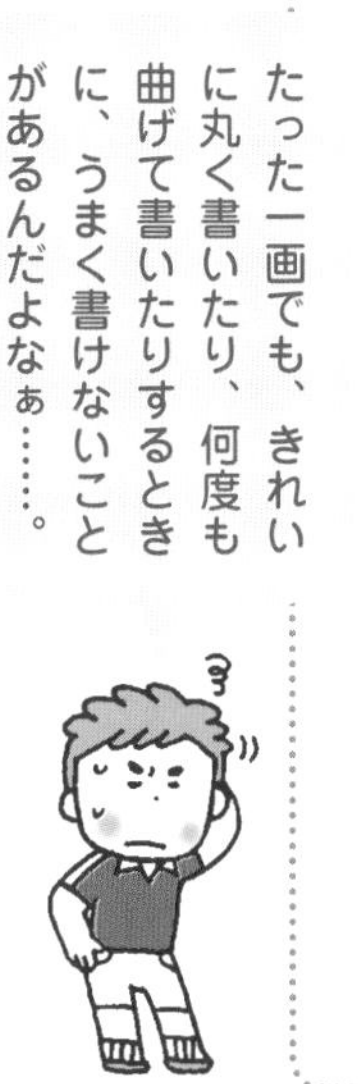

たった一画でも、きれいに丸く書いたり、何度も曲げて書いたりするときに、うまく書けないことがあるんだよなぁ……。

チェック1

①・②のひらがなは折《お》れる線に特《とく》に注意し、③・④のひらがなは丸く書く線に特に注意して、それぞれ三回ずつ書いて練習しましょう。

① そ
② ん
③ の
④ ひ

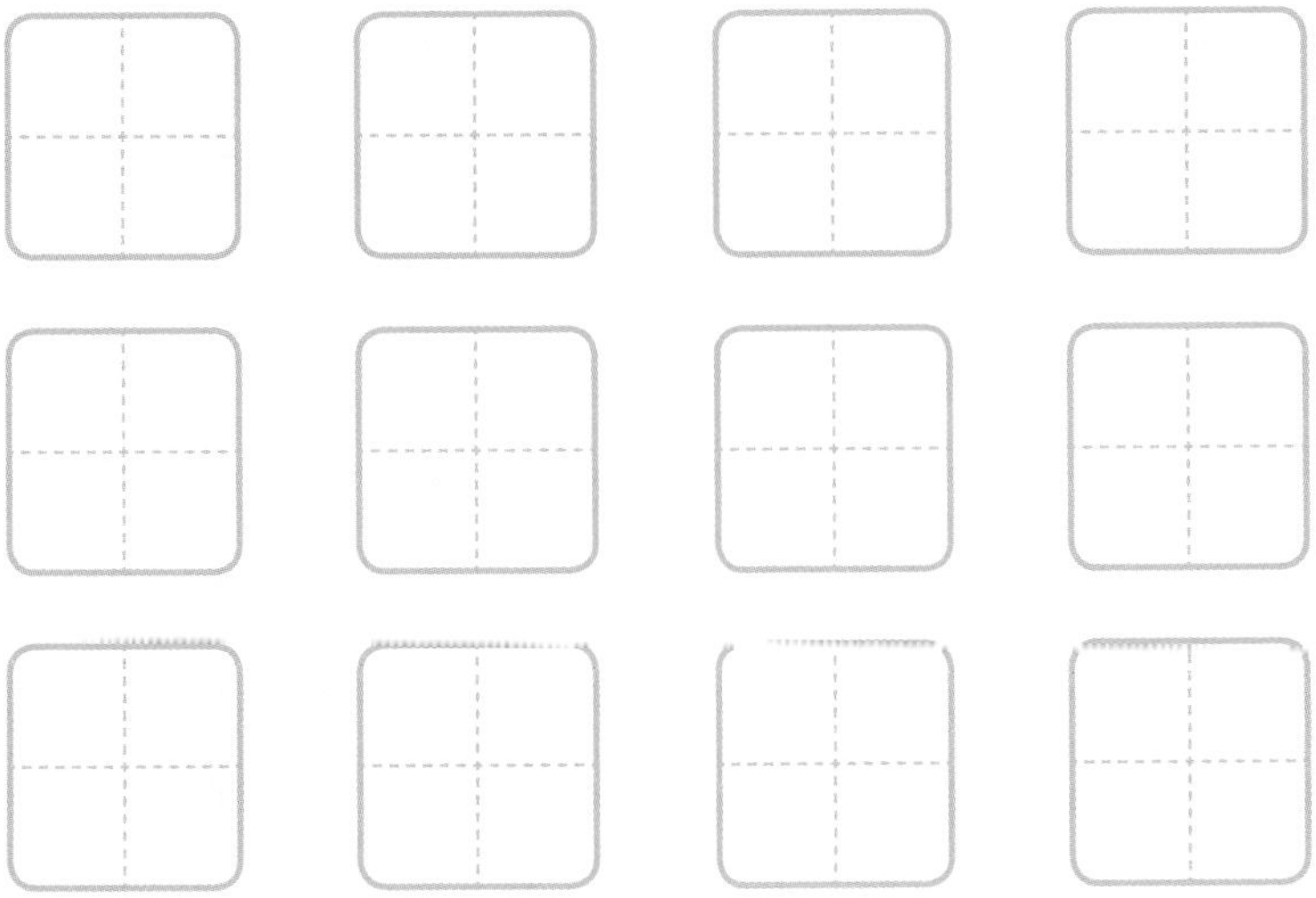

解説《かいせつ》は別冊《べっさつ》p.1へ

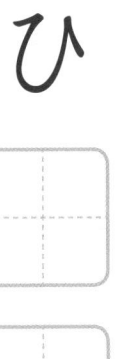

形が似《に》ていてまちがえやすいひらがな

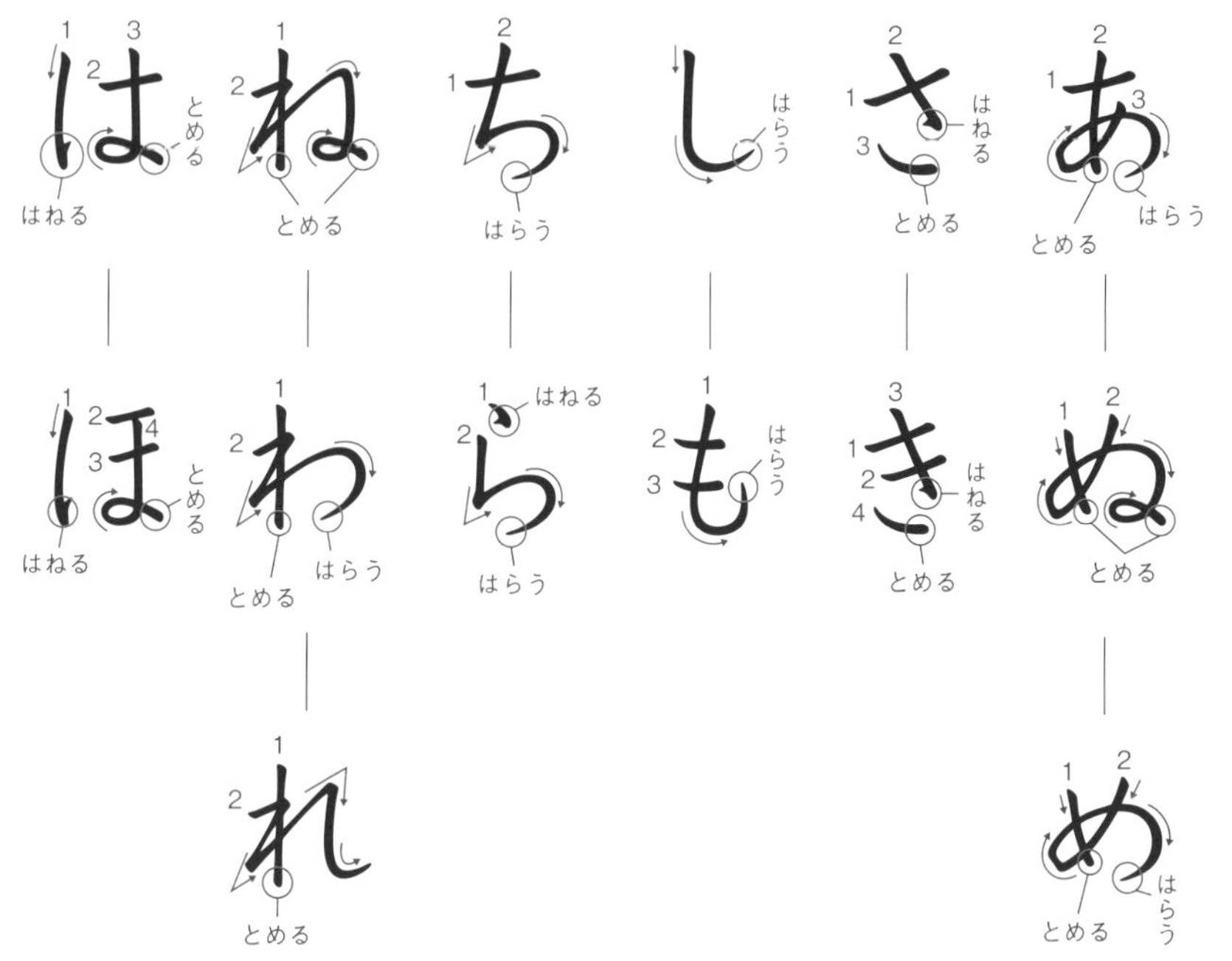

前の11ページで勉強した「く」と「へ」、「し」と「つ」、「る」と「ろ」なども形が似ているよね。

チェック2

形の似たひらがなに注意して、次の絵に合う正しいひらがなの言葉を選《えら》んで、記号で答えましょう。

① 
ア　いめ
イ　いぬ
□

② 
ア　ねこ
イ　れこ
□

③ 
ア　めさ
イ　あき
□

④ 
ア　ちょう
イ　らょう
□

解説《かいせつ》は別冊《べっさつ》p.1へ

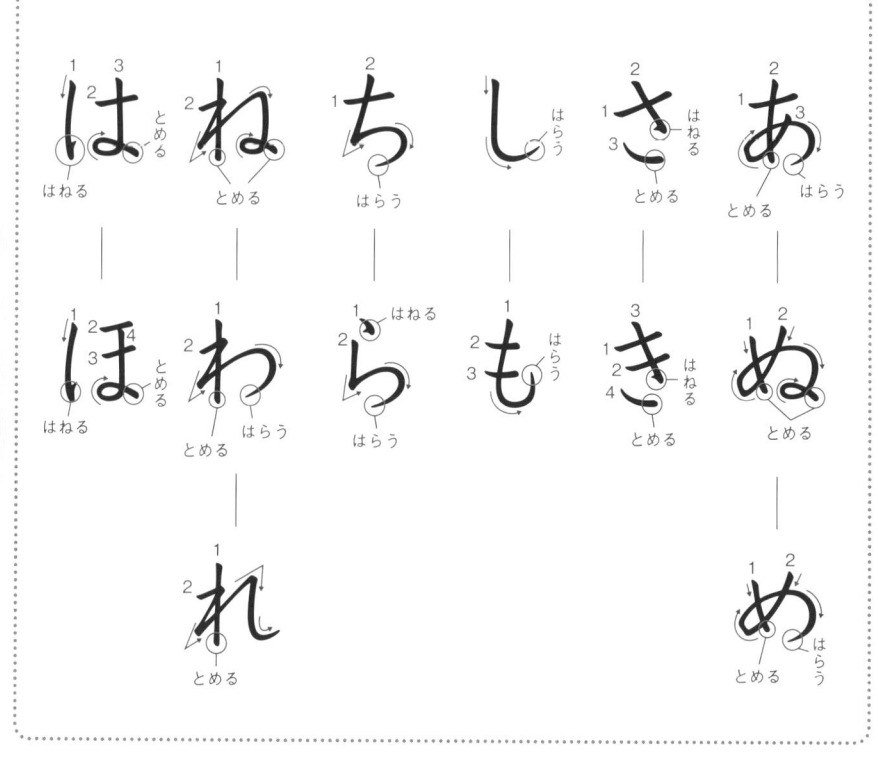

まちがった書き順《じゅん》で覚《おぼ》えてしまったり、バランスよくきれいに書きづらかったりするひらがなもあります。ここでもう一度正しい書き方を復習《ふくしゅう》しましょう。

書き順をまちがえやすいひらがな

「も」は、「し」の部分を先に書いてから、二本の横線を書くのか。

「よ」は右の短い横線から先に書きます。ひらがなでは、横線と縦線《たてせん》とが交わっているところがある場合、たいていは横線から先に書きます。でも、「も」のようにそれに当てはまらないものもあるので、注意しましょう。

横線と縦線が交わっているところのあるひらがなはたくさんあるよ。「あ」「さ」「た」「は」「ま」など、どれも横線から先に書くんだニャ。

チェック3

次のひらがなの赤い部分は、何画目に書きますか。それぞれ漢数字で答えましょう。

① よ □

② も □

解説は別冊p.1へ

バランスよく書きづらいひらがな

チェック4

次のバランスよく書きづらいひらがなを、ポイントに注意して、それぞれ三回ずつ書いて練習しましょう。

① お

② ふ

③ や

④ を

解説《かいせつ》は別冊《べっさつ》p.1へ

2 かたかな

かたかなにも、ひらがなと同様に形が似《に》ているものがあります。それぞれを比《くら》べて、ちがいを確《たし》かめましょう。

形が似ていて書きまちがえやすいかたかな

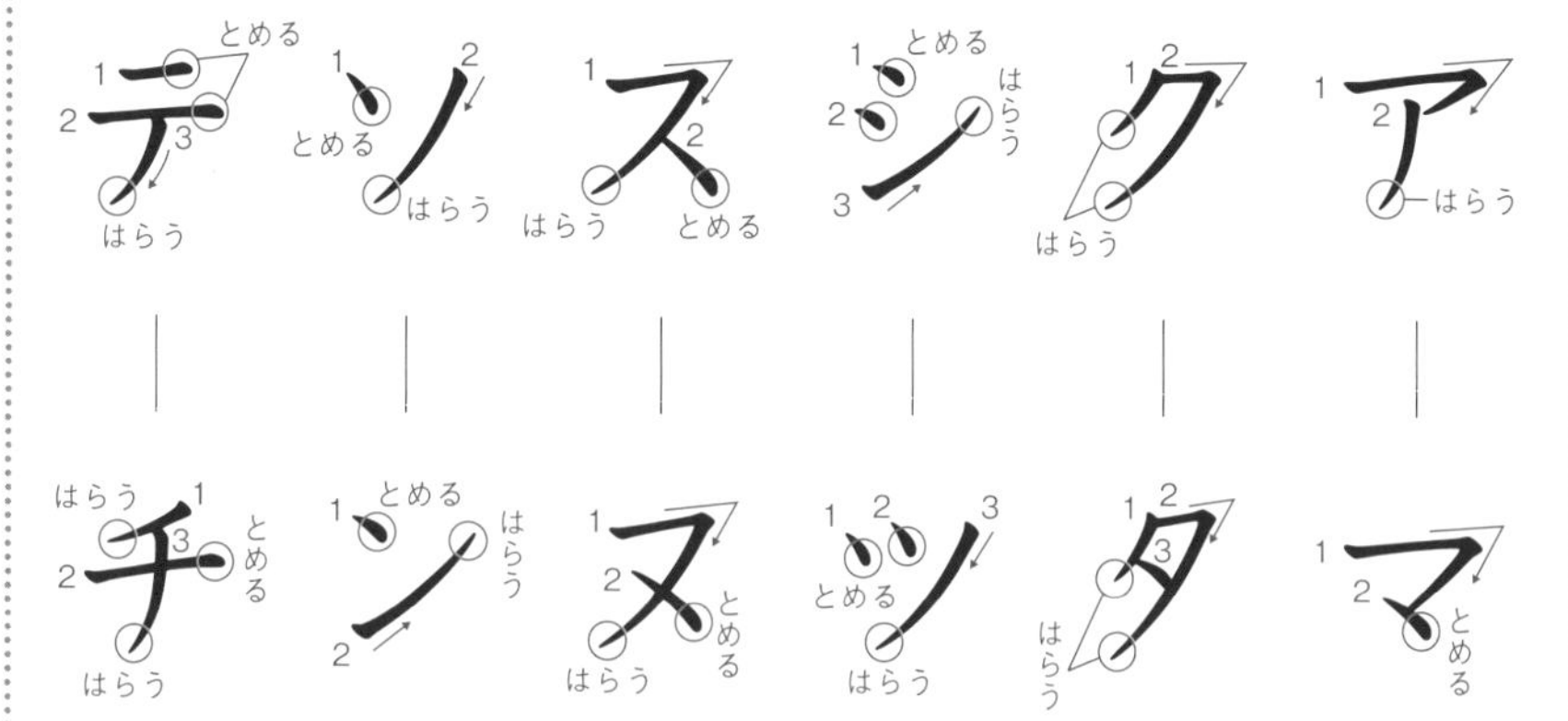

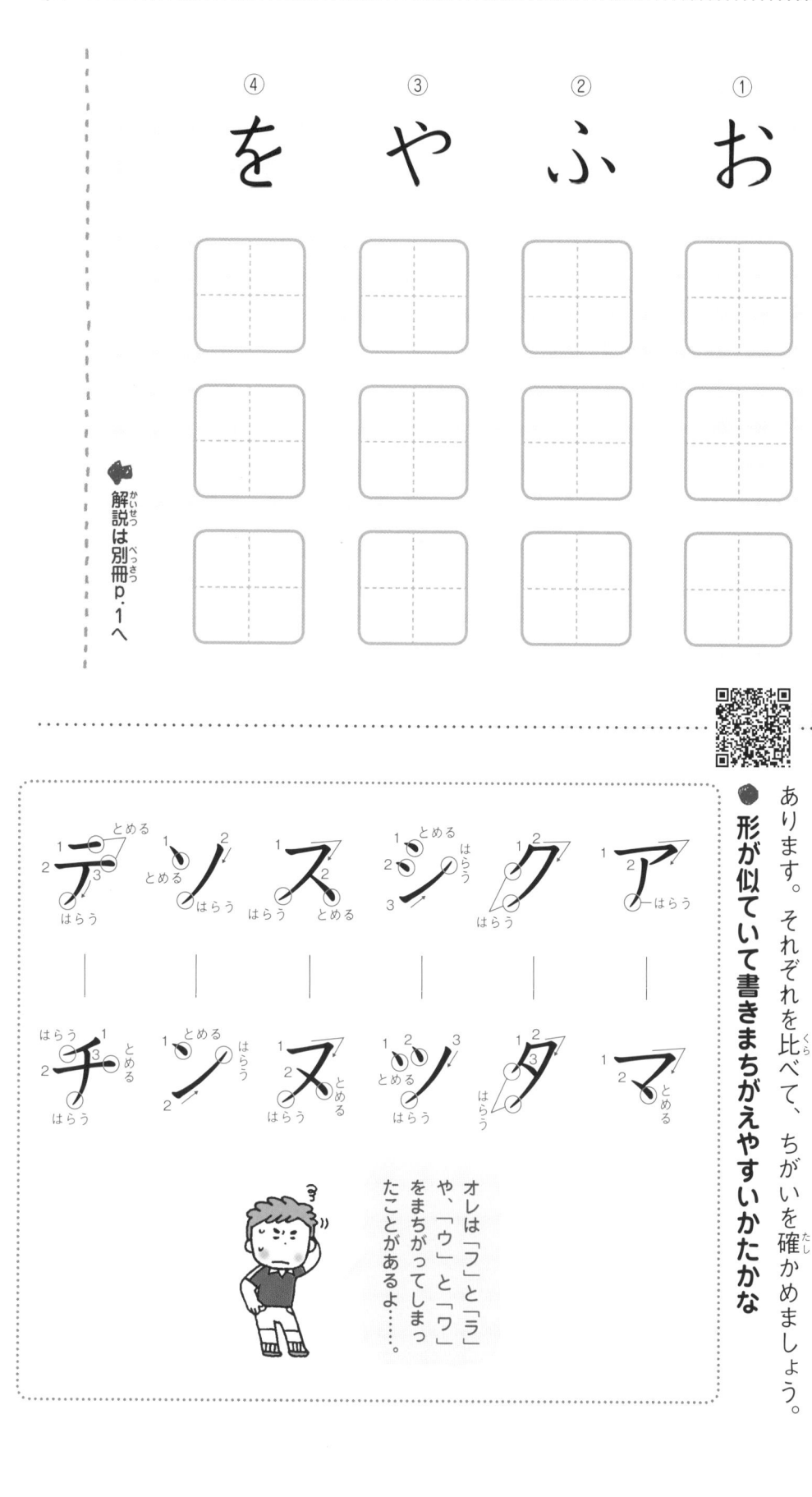

チェック5

形の似たかたかなに注意して、次の絵に合う正しいかたかなの言葉を選《えら》んで、記号で答えましょう。

① 
ア チレビ
イ テレビ
□

② 
ア スキー
イ ヌキー
□

③ 
ア シーソー
イ ツーンー
□

④ 
ア アスタ
イ マスク
□

解説は別冊p.1へ

書き順《じゅん》や向きをまちがってしまったり、ひらがなや漢字と形が似ていて混同《こんどう》しやすかったりするかたかなもあります。もう一度正しい書き方を復習《ふくしゅう》しましょう。

書き順や向きをまちがえやすいかたかな

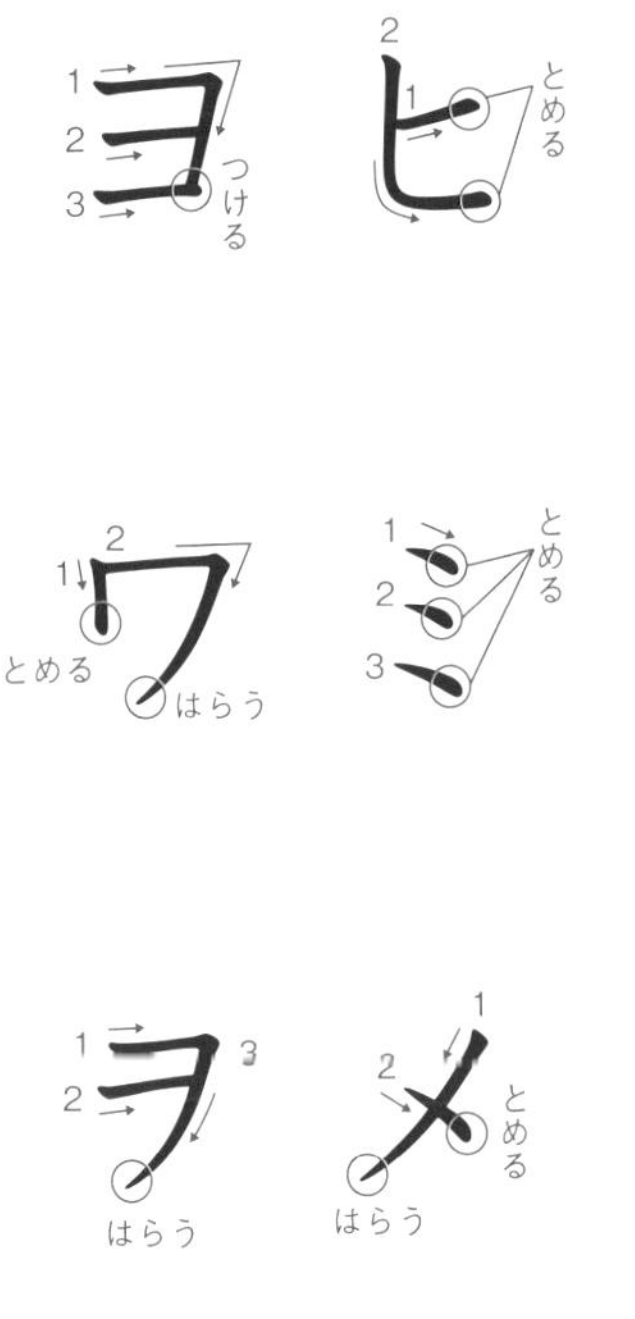

「シ」と「ツ」や、「ソ」と「ン」は、点やはらいの向きを正しく覚《おぼ》えれば、まちがえなくなるニャ。

チェック6

次のかたかなの赤い部分は、何画目に書きますか。それぞれ漢数字で答えましょう。

① メ □

② ヲ □

解説は別冊p.1へ

ひらがなや漢字と形をまちがえやすいかたかな

ウ — う
キ — き
セ — せ
ハ — 八
モ — も
ヤ — や
リ — り

「八」は、漢字の「八」と形が似《に》ているよね。

チェック7

形の似《に》たひらがなや漢字に注意して、次の絵に合う正しいかたかなの言葉を選《えら》んで、記号で答えましょう。

① 
ア うインク
イ ウインク

② 
ア セーター
イ せーター

③ 
ア 八ート
イ ハート

④ 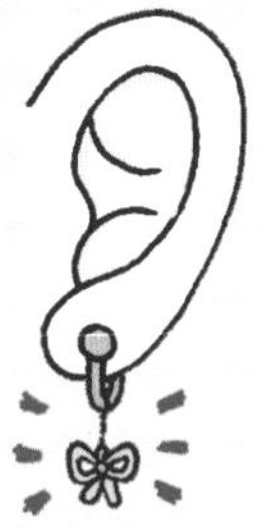
ア イやリング
イ イヤリング

解説《かいせつ》は別冊《べっさつ》p.2へ

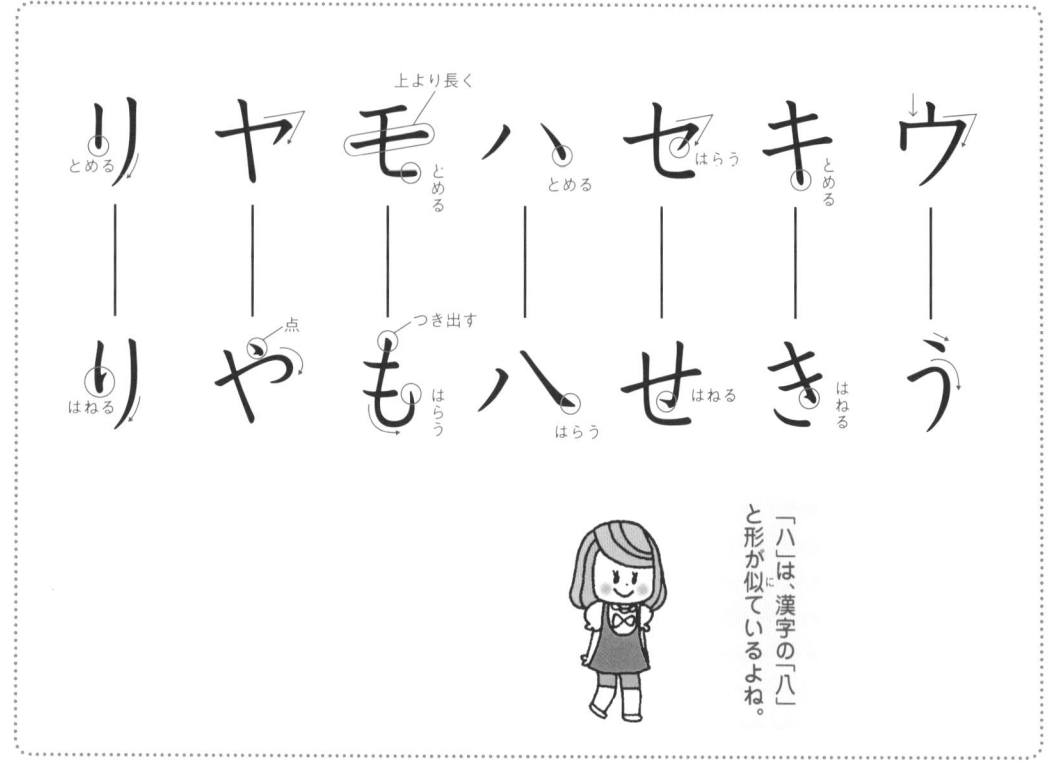

レッスン1 の力だめし

1 絵に合うように、次の字で始まる一画で書くひらがなの言葉をきれいに書きましょう。

(1) 

へ

(2) 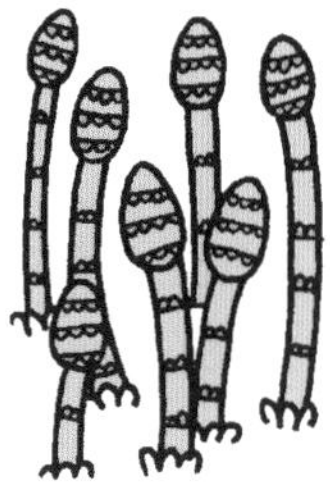

つ

2 次の――線部のひらがなの言葉を、文の意味に合うように正しく書き直しましょう。

(1) きれいな貝がらを小さなほこにしまった。（　　）

(2) おそば屋さんで出されたねりぼしを割《わ》って、そばを食べた。（　　）

(3) さばくにすむろくだは、背中《せなか》にこぶをもつ動物だ。（　　）

3 次のかたかなの赤い部分は、どんな向きで書きますか。あとから選《えら》んで、それぞれ記号で答えましょう。

(1) ヒ　□　(2) ミ　□

ア　右からやや左下に向かって書く。
イ　左からやや右上に向かって書く。
ウ　右から左なめ上に向かって書く。
エ　左から右なため下に向かって書く。

4 次の――線部のかたかなの言葉を、文の意味に合うように正しく書き直しましょう。

(1) オーストラリアにすむユアフは、ユーカリの葉しか食べない。（　　）

(2) 寒いので、分厚《ぶあつ》いンッタスをはいて出かけた。（　　）

(3) キャンプ場に着いてまず、父を手伝《てつだ》ってチソトを張《は》った。（　　）

授業動画《じゅぎょう》はこちらから 4

解説《かいせつ》は別冊《べっさつ》p.2へ

レッスン 2

漢字の音《おん》と訓《くん》・同じ読み方の漢字や言葉

［三年］ ［四～六年］

このレッスンのはじめ♪

小学校に入学し、ひらがなとかたかなを習ったあとで、たくさんの漢字を習いますね。多くの漢字は、複数《ふくすう》の読み方をもっていますが、その読み方にどんなちがいがあるか、覚《おぼ》えていますか？ 例《たと》えば、「山」であれば、「さん」と「やま」という読み方がありますね。

また、同じ読み方をする漢字や言葉が複数ある場合もあります。これらについても、それぞれの意味のちがいを確《たし》かめていきましょう。

1 漢字の音《おん》と訓《くん》

音読み・訓読みとは

漢字は、昔、中国《ちゅうごく》から伝《つた》わってきた文字です。漢字には、複数《ふくすう》の読み方をもつものがたくさんあります。

例《たと》えば、「花」には「カ」と「はな」という読み方があります。「カ」は音読み、「はな」は訓読みといいます。

まずは、音読みと訓読みのちがいをおさえましょう。

ポイント

音読み・訓読みのちがいは？

①音読み…中国語での発音がもとになってできた読み方。

②訓読み…漢字のもっている意味に対応《たいおう》する日本語の言葉を当てはめた読み方。

「花《はな》」のように、訓読みは、日本語を当てた読み方だから、それだけで意味がわかるんだね。

でも、「絵《エ》」「茶《チャ》」「駅《エキ》」などのように、音読みだけど意味がわかるものもあるんだニャ。

チェック1

漢字の読み方のうち、中国語の発音がもとになった読み方はどちらですか。記号で答えましょう。

ア　音読み

イ　訓読み

解説《かいせつ》は別冊《べっさつ》p.2へ

複数の音読みをもつ漢字

漢字には、複数の音読みをもつものがあるので、それぞれ熟語《じゅくご》によって読み分けるようにしましょう。

- 去｛キョ　例《れい》 去年《きょねん》／コ　例 過去《かこ》｝
- 漁｛ギョ　例 漁業《ぎょぎょう》／リョウ　例 大漁《たいりょう》｝
- 競｛キョウ　例 競争《きょうそう》／ケイ　例 競馬《けいば》｝
- 興｛コウ　例 興奮《こうふん》／キョウ　例 興味《きょうみ》｝
- 雑｛ザツ　例 混雑《こんざつ》／ゾウ　例 雑木林《ぞうきばやし》｝
- 治｛ジ　例 政治《せいじ》／チ　例 自治《じち》｝
- 臣｛シン　例 家臣《かしん》／ジン　例 大臣《だいじん》｝
- 省｛セイ　例 反省《はんせい》／ショウ　例 省略《しょうりゃく》｝
- 然｛ゼン　例 自然《しぜん》／ネン　例 天然《てんねん》｝
- 便｛ベン　例 便利《べんり》／ビン　例 郵便《ゆうびん》｝
- 平｛ヘイ　例 平和《へいわ》／ビョウ　例 平等《びょうどう》｝
- 無｛ム　例 無理《むり》／ブ　例 無礼《ぶれい》｝

チェック2

次の――線部の音読みの漢字の読み方を、ひらがなで答えましょう。

① ア 気象（　　） イ 子象（　　）
② ア 動物（　　） イ 食物（　　）
③ ア 登山（　　） イ 登校（　　）
④ ア 理由（　　） イ 由来（　　）

解説《かいせつ》は別冊《べっさつ》p.3へ

複数《ふくすう》の訓読《くんよ》みをもつ漢字

漢字には、複数の訓読みをもつ漢字もあります。それぞれ送りがなによって読み分けるようにしましょう。

「分」の「気分《きぶん》」「分別《ふんべつ》」「分《ぶ》が悪い」のように、三つ以上《いじょう》の音読みをもつ漢字もあるよ。

覚…おぼ（える）・さ（ます）・さ（める）
苦｛くる（しい）・くる（しむ）・くる（しめる）・にが（い）・にが（る）
群…む（れる）・む（れ）・むら
係…かか（る）・かかり
好…この（む）・す（く）
幸…さいわ（い）・しあわ（せ）
治…おさ（める）・おさ（まる）・なお（る）・なお（す）
初…はじ（め）・はじ（めて）・はつ
折…お（る）・おり・お（れる）
冷｛つめ（たい）・ひ（える）・ひ（や）・ひ（やす）・ひ（やかす）・さ（める）・さ（ます）
連…つら（ねる）・つら（なる）・つ（れる）

※（　）内は送りがな。

チェック3

次の――線部の訓読みの漢字の読み方を、ひらがなで答えましょう。

① 物好き（　　）
② 飼育係《しいく》（　　）
③ 群れる（　　）
④ 初雪（　　）

解説は別冊p.3へ

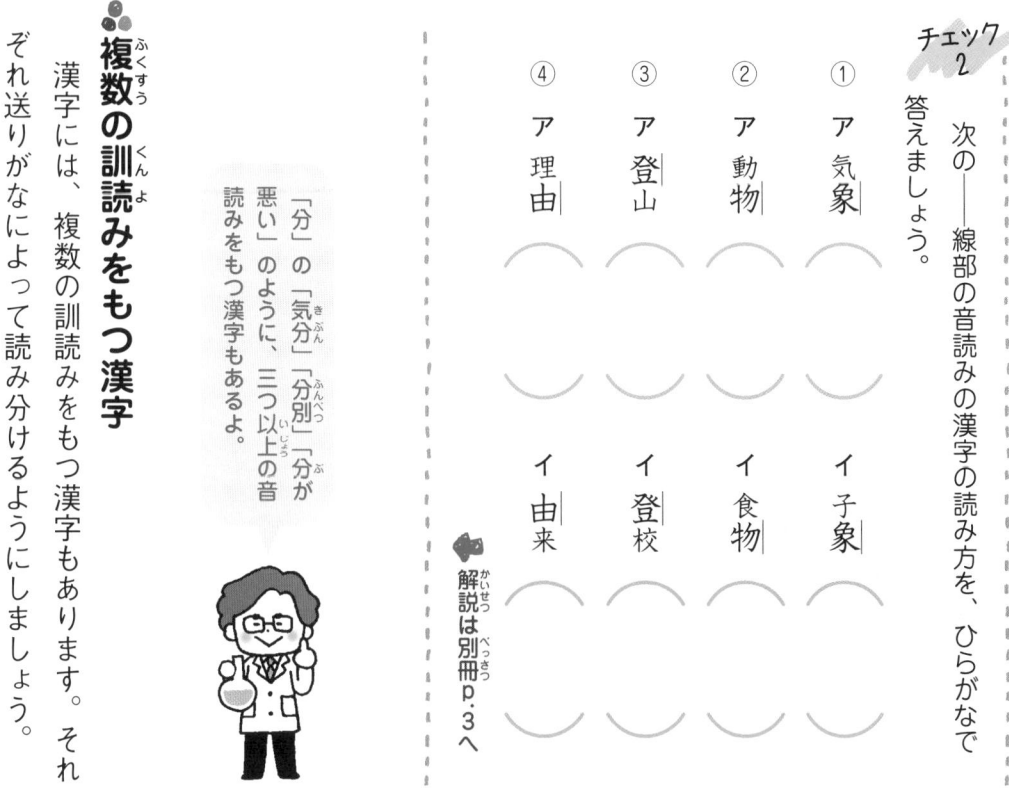

2 同じ読み方の漢字や言葉

同訓異字《どうくんいじ》とは

漢字には、同じ読み方をするものがたくさんあります。例《たと》えば、「人にあう」というときには、「会う」と書きます。一方、「気があう」というときには、「合う」と書きます。このように、訓読みが同じで意味が異《こと》なる漢字のことを「同訓異字」といいます。

- あたた（かい）
  - 温…例《れい》 温かいスープを飲む。
  - 暖…例 今年の冬は暖かい。
- あつ（い）
  - 暑…例 今年の夏は暑い。
  - 熱…例 熱いお茶を飲む。
  - 厚…例 分厚い辞書《じしょ》で調べる。
- うつ（す）
  - 写…例 遠足で集合写真を写す。
  - 移…例 となりの街《まち》に住所を移す。
  - 映…例 鏡《かがみ》に全身を映す。
- おさ（める）
  - 治…例 王が国を治める。
  - 修…例 大学で医学を修める。
  - 納…例 国に税金《ぜいきん》を納める。
  - 収…例 イベントが大成功《だいせいこう》を収める。
- やぶ（れる）
  - 破…例 くつ下のつま先が破れる。
  - 敗…例 決勝戦でライバルに敗れる。

※（ ）内は送りがな。
もっとくわしく

「生《う》まれる」と「産《う》まれる」、「計《はか》る」と「量《はか》る」と「測《はか》る」のように、厳密《げんみつ》な使い分けをしない同訓異字もたくさんあります。

チェック4

次の文の意味に合うほうの言葉を、記号で答えましょう。

① 子犬が｛ア 泣《な》く／イ 鳴く｝。

② 早めに家に｛ア 帰る／イ 返る｝。

解説は別冊p.3へ

同音異字《どうおんいじ》とは

漢字の音読みでは、「郵便局《ゆうびんきょく》」の「局《きょく》」、「作曲」の「曲《きょく》」、「北極《ほっきょく》」の「極《きょく》」のように、同じ読み方の漢字が複数《ふくすう》あることはよくあります。このように、音読みが同じで意味が異なる漢字のことを「同音異字」といいます。多くの場合、一つの音読みに対する同音異字はたくさんありますが、特《とく》に、同じ部分をもつ漢字に注意しましょう。

キョウ	境	例 国境《こっきょう》
	鏡	例 鏡台《きょうだい》
ケイ	径	例 半径《はんけい》
	経	例 経験《けいけん》
	軽	例 軽量《けいりょう》
ケン	検	例 検査《けんさ》
	険	例 危険《きけん》
	験	例 実験《じっけん》
コウ	構	例 構内《こうない》
	講	例 講演《こうえん》
セイ	清	例 清潔《せいけつ》
	晴	例 晴天《せいてん》
	精	例 精神《せいしん》
チュウ	注	例 注意《ちゅうい》
	柱	例 電柱《でんちゅう》
チョウ	帳	例 手帳《てちょう》
	張	例 主張《しゅちょう》
フク	復	例 復習《ふくしゅう》
	腹	例 腹痛《ふくつう》
	複	例 複雑《ふくざつ》

チェック5

次の各組《かくくみ》の漢字に共通《きょうつう》する音読みを、かたかなで答えましょう。

① 建・健（　　）

② 弟・第（　　）

解説《かいせつ》は別冊《べっさつ》p.3へ

同音異義語《どうおんいぎご》とは

二つ以上《いじょう》の漢字が結《むす》びついてできた熟語《じゅくご》にも、「講演《こうえん》」と「公園《こうえん》」のように同じ読み方をするものがあります。このように、読み方は同じで意味が異《こと》なる言葉のことを「同音異義語」といいます。

イガイ	以外…例	関係者《かんけいしゃ》以外は立ち入り禁止《きんし》だ。
	意外…例	物語の意外な展開《てんかい》におどろく。
カンシン	感心…例	真面目《まじめ》な態度《たいど》に感心する。
	関心…例	科学に関心をもつ。
シュウカン	週刊…例	週刊の雑誌《ざっし》を買う。
	週間…例	週間の天気予報《よほう》を見る。
	習慣…例	早ね早起きを習慣にする。
ホケン	保健…例	けがをしたので保健室に行く。
	保険…例	生命保険に加入する。
ヨウイ	用意…例	明日の遠足の用意をする。
	容易…例	事件の解決《かいけつ》は容易ではない。

同音異義語の言葉もたくさんあるよ。意味がわからない言葉は、辞書《じしょ》を引いて確かめるニャ。

チェック6

次の文の意味に合うほうの熟語を、記号で答えましょう。

① アンケートに{ア 回答《かいとう》 イ 解答《かいとう》}する。

② 今後の予定を{ア 見当《けんとう》 イ 検討《けんとう》}する。

解説は別冊p.3へ

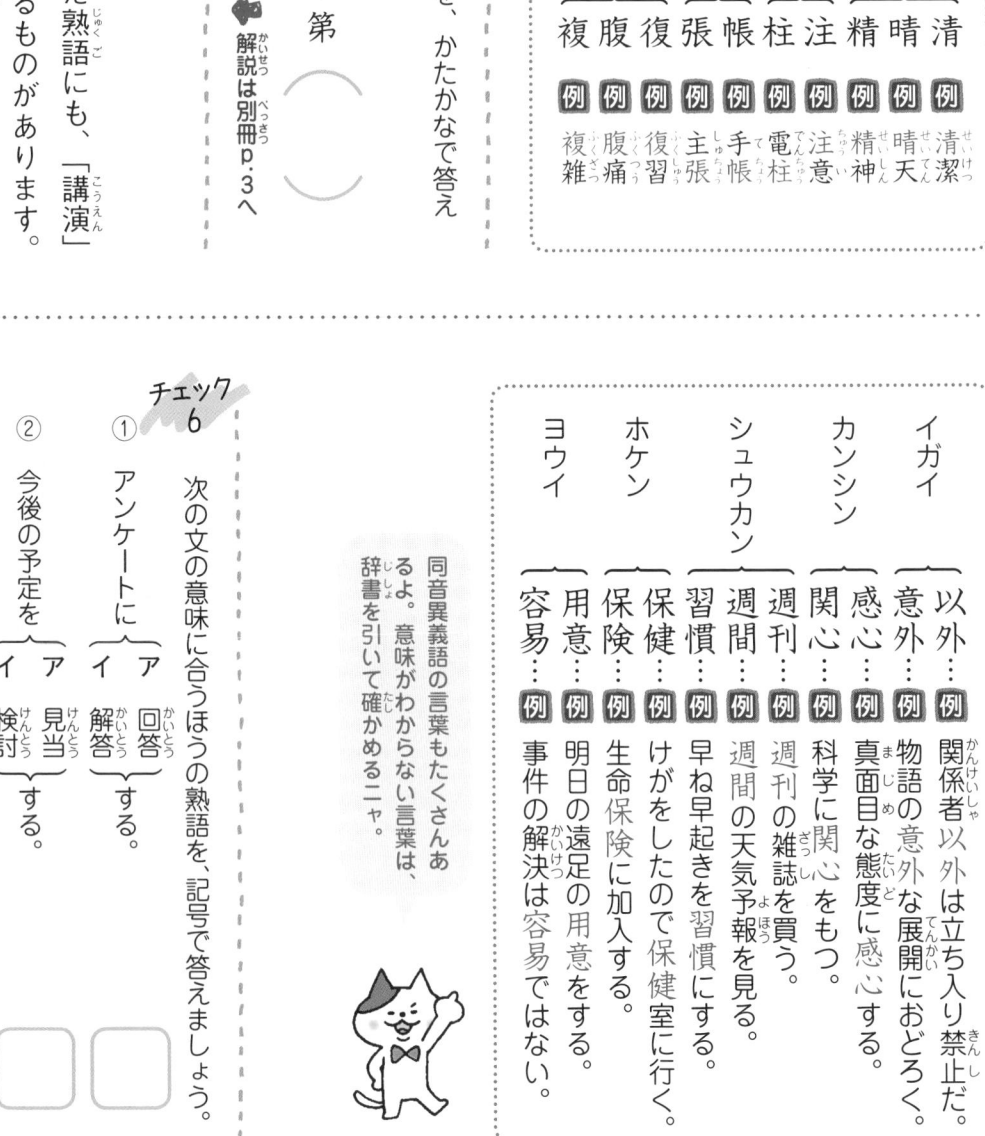

レッスン2の力だめし

1 次の――線部の漢字と同じ読み方をするものを選《えら》んで、記号で答えましょう。

(1) 無礼

ア 無言　イ 無事　ウ 無名

(2) 大漁

ア 漁港　イ 漁業　ウ 漁師

2 次の――線部の漢字を読み分けましょう。

(1)
ア 食べすぎて苦しい。
イ 苦いかぜ薬を飲む。

(2)
ア 新しい漢字を覚える。
イ 朝早く目を覚ます。

3 次の各《かく》組の□に当てはまる漢字を、それぞれ下のから選んで書きましょう。

(1)
ア 机《つくえ》を教室のすみに□す。
イ 好《す》きな詩をノートに□す。

移　映　写

(2)
ア 学級委員を□める。
イ 目標《もくひょう》の達成《たっせい》に□める。

務　努　勤

4 次の――線部の言葉を、正しく書きましょう。

(1) 室内のショウメイを明るくする。

(2) 計画ジタイに問題がある。

(3) 重大なシメイを果《は》たす。

(4) 放課後に校庭をカイホウする。

授業《じゅぎょう》動画はこちらから

解説《かいせつ》は別冊《べっさつ》p.3へ

レッスン3

送りがな・特別《とくべつ》な読み方の言葉

［五・六年］

このレッスンのはじめ♪

「歩く」の「く」や「早い」の「い」のように、訓読《くんよ》みの漢字のあとに付《つ》くひらがながありますね。これは読み方をはっきりさせるためにあります。どのようなきまりで付いているのかを理《り》解《かい》しましょう。

また、「大人《おとな》」や「今朝《けさ》」のように、漢字を一字ずつではなく、熟語《じゅくご》全体で特別《とくべつ》な読み方をする言葉があります。このような言葉には他にどんなものがあるかについても見ていきましょう。

1 形の変わる言葉の送りがな

「教える」の「える」と「教わる」の「わる」のように、訓読《くんよ》みの漢字の下に付《つ》いているひらがなによって、読み方を区別《くべつ》することができます。このように、漢字の読み方をはっきりさせるために漢字の下に付けて書くかなのことを、「送りがな」といいます。

送りがなの付け方には、だいたいのきまりがあります。

送りがなの付け方の原則《げんそく》

「買う」は「買った」、「安い」は「安かった」のように使い方によって形が変わる言葉です。このような言葉は、原則として形の変わる部分から送りがなを付けます。

例《れい》

買う	安い
買わない	安かろう
買います	安かった
買うとき	安くない
買えば	安いとき
買おう	安ければ
└送りがな	└送りがな

下に「ない」や「ます」がくることで、送りがなが変化《へんか》するのさ。

もっとくわしく

形の変わる言葉には、「歩く」「買う」のような動きを表す言葉と、「早い」「安い」「幸せだ」のような様子を表す言葉があります。（→p.88）

チェック1

次の言葉を漢字で書くとき、送りがなの付け方が正しいのは、どちらですか。記号で答えましょう。

① はこぶ　ア 運ぶ　イ 運こぶ

② はなす　ア 話す　イ 話なす

③ くらい　ア 暗い　イ 暗らい

解説《かいせつ》は別冊《べっさつ》p.5へ

ただし、例外《れいがい》もあります。読みまちがえやすい言葉などの一部の言葉は、送りがなの付け方が原則とは異《こと》なるので、注意しましょう。

送りがなの付《つ》け方の例外《れいがい》

「～しい」という形の言葉や、読みまちがえやすい言葉は、言葉の形が変《か》わる部分よりも一字前から送りがなを付けます。

◆「～しい」という形の言葉

例 美しい
美しかろう
美しかった
美しくない
美しいとき
美しければ

新しい
新しかろう
新しかった
新しくない
新しいとき
新しければ

◆読みまちがえやすい言葉

例 当たる
当たらない
当たります
当たるとき
当たれば
当たろう

大きい
大きかろう
大きかった
大きくない
大きいとき
大きければ

補足《ほそく》 「～しい」という形の言葉には、他に「悲しい」「楽しい」「正しい」などが、読みまちがえやすい言葉には、他に「味わう」「集まる」「明るい」などがあります。

9

2 形の変わらない言葉の送りがな

「山」「海」「町」のように、名前を表す言葉（→p.87）には、送りがなは付かないのが原則《げんそく》です。「1 形の変わる言葉の送りがな」で学習した動きを表す言葉や様子を表す言葉（→p.88）のように、使い方によって形が変わることはないからです。

ただし、例外《れいがい》もあります。一部の名前を表す言葉には、送りがなを付けることもあるので、注意しましょう。

チェック2

次の言葉を漢字で書くとき、送りがなの付け方が正しいのは、どちらですか。記号で答えましょう。

① くるしい ｛ア 苦い　イ 苦しい｝
② おそわる ｛ア 教わる　イ 教そわる｝
③ すくない ｛ア 少い　イ 少ない｝

解説《かいせつ》は別冊《べっさつ》p.5へ

形の変わらない言葉に付ける送りがな

「幸《しあわ》せ」と「幸《さいわ》い」のように、他の訓読《くんよ》みや音読みと読みまちがえやすい言葉や、動きや様子を表す言葉からできた言葉には、送りがなを付けます。

◆読みまちがえやすい言葉
例　辺《あた》り　後《うし》ろ　便《たよ》り　半《なか》ば　勢《いきお》い　自《みずか》ら

◆動きや様子を表す言葉からできた言葉
例　動き（←動く）　休み（←休む）
願《ねが》う（←願い）　代わり（←代わる）
暑さ（←暑い）　苦しみ（←苦しい）
悲しげ（←悲しい）

「辺り」には「辺《べ》」、「後ろ」には「後《あと》」「後《のち》」という、送りがなが付かない訓読みの読み方もあるよ。

チェック3　次の言葉を（　）の漢字で書くとき、送りがなを付けるのは、どれですか。記号で二つ答えましょう。

ア　はなし（話）　イ　こたえ（答）
ウ　まつり（祭）　エ　ひかり（光）

□・□

解説は別冊p.5へ

3 特別《とくべつ》な読み方の言葉

例《たと》えば、「七夕」は「たなばた」と読む言葉ですが、「七」に「たな」、「夕」に「ばた」という読み方があるわけではありません。

このように、漢字で書き表す言葉の中には、それぞれの漢字の音読みや訓読みで読まず、言葉全体で特別な読み方をするものがあります。どんなものがあるか、見ていきましょう。

月日に関係《かんけい》する言葉

明日《あす》　昨日《きのう》　今日《きょう》　今朝《けさ》　今年《ことし》
一日《ついたち》　二十日《はつか》　二日《ふつか》

人に対して使う言葉

大人《おとな》　母《かあ》さん　父《とう》さん　友達《ともだち》　一人《ひとり》
二人《ふたり》　迷子《まいご》　兄《にい》さん　姉《ねえ》さん　博士《はかせ》

「友達」の「達」には「タツ」という音読みしかないんだよな。

チェック4

次の特別《とくべつ》な読み方の言葉の読み方を書きましょう。

① 今朝（　　　）　② 二日（　　　）

③ 大人（　　　）　④ 迷子（　　　）

解説《かいせつ》は別冊《べっさつ》p.5へ

その他についても、見ていきましょう。

物・場所・職業《しょくぎょう》・行事などを表す言葉

河原《かわら》　川原《かわら》　果物《くだもの》　景色《けしき》　清水《しみず》　時計《とけい》

部屋《へや》　眼鏡《めがね》　八百屋《やおや》

様子や動きなどを表す言葉

手伝《てつだ》う　上手《じょうず》　下手《へた》　真《ま》っ赤《か》　真《ま》っ青《さお》

また、これらの特別な読み方の言葉の中には、音読みや訓読みでも読める言葉もあります。

二通りの読み方をする言葉の例《れい》

明日｛特 あす／みょうにち｝

昨日｛特 きのう／さくじつ｝

今日｛特 きょう／こんにち｝

今年｛特 ことし／こんねん｝

上手｛特 じょうず／うわて・かみて｝

一日｛特 ついたち／いちにち｝

博士｛特 はかせ／はくし｝

下手｛特 へた／したて・しもて｝

「上手」「一日」「博士」「下手」は、読み方によって意味も変《か》わるから、注意してね。

チェック5

次の特別な読み方の言葉の、読み方を書きましょう。

① 果物（　　　）　② 清水（　　　）

③ 眼鏡（　　　）　④ 下手（　　　）

解説は別冊p.5へ

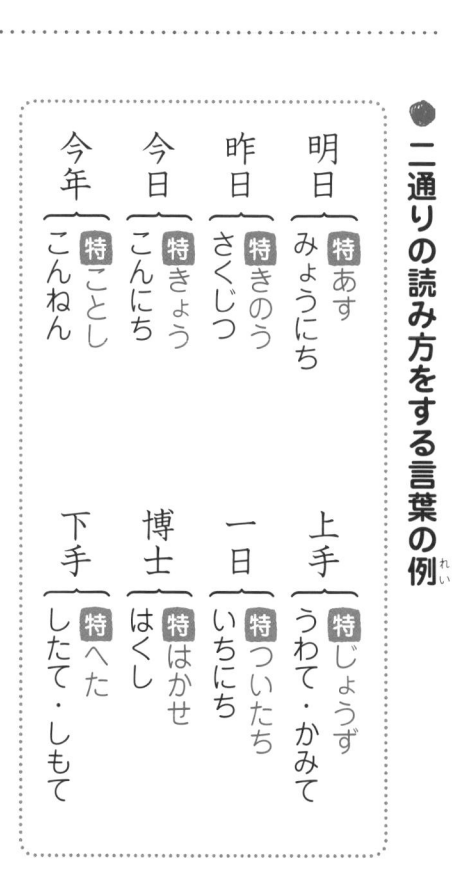

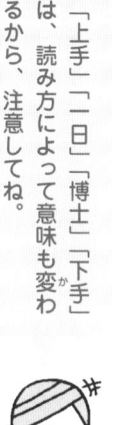

レッスン3 の力だめし

1 ――線部の言葉を、漢字と送りがなで書きましょう。

(1) 買い物しすぎて荷物がおもい。

(2) 去年より成績があがる。

(3) こまかいことは気にしない。

(4) 作品をじっくりあじわう。

(5) かなしい気持ちになる。

2 次の言葉を（　）の漢字で書くとき、送りがなを付《つ》けるのは、どれですか。記号で三つ答えましょう。

ア　こおり（氷）　イ　かかり（係）

ウ　たより（便）　エ　はしら（柱）

オ　ねがい（願）　カ　やすみ（休）

3 次の――線部は、特別《とくべつ》な読み方の言葉です。それぞれ読み方を書きましょう。

(1) 今月の二十日が誕生日《たんじょうび》だ。

(2) 川原でバーベキューをする。

(3) 料理や洗《せん》たくを手伝う。

4 次の――線部の読み方として正しいほうを、記号で答えましょう。

(1) 兄は、こん虫博士｛ア　はかせ　イ　はくし｝とよばれている。

(2) 宿題を一日｛ア　ついたち　イ　いちにち｝がかりで終えた。

(3) 折《お》り紙でつるを上手｛ア　じょうず　イ　うわて｝に折る。

(1)　(2)　(3)

授業動画《じゅぎょうどうが》はこちらから 11

解説《かいせつ》は別冊《べっさつ》p.5へ

レッスン4 部首［三～六年］

このレッスンのはじめ♪

毎年、学年が一つ上がるごとに、たくさんの新しい漢字を習いますね。「こんなに覚《おぼ》えきれない……」なんて、あきらめている人はいませんか?

多くの漢字は、いくつかの部分が組み合わさってできています。そして、複数《ふくすう》の漢字が共通《きょうつう》してもち、形のうえで分類《ぶんるい》するもととなるものを、「部首」といいます。

漢字は、この同じ部首をもつ漢字ごとにまとめて覚えると、覚えやすいですよ。

12

1 部首

漢字の大部分は、上と下、左と右などのように、部分に分けることができます。そして、複数《ふくすう》の漢字が共通《きょうつう》してもち、形のうえで分類《ぶんるい》するもととなるものを、「部首」といいます。

ポイント 部首とは？

・複数の漢字が共通してもつ部分。
・漢字を形のうえで分類《ぶんるい》するもととなる。
・部首には、それぞれ意味がある。

部首は二百以上《いじょう》もあるんだって。漢字ってスゲー んだな……。

チェック 1

部首とは、漢字を何のうえで分類するもととなるものですか。一つ選《えら》んで、記号で答えましょう。

ア 読み方　イ 形　ウ 意味

解説《かいせつ》は別冊《べっさつ》p.6へ

部首は、漢字の中での位置《いち》によって、「へん」「つくり」「かんむり」「あし」「たれ」「にょう」「かまえ」の七つに分けることができます。

まず、左右に分けられる「へん」と「つくり」、上下に分けられる「かんむり」と「あし」を見ていきましょう。

● へん

左右に分けられる漢字の左側《ひだりがわ》の部分

例《れい》 作・池・持・材・話

● つくり

左右に分けられる漢字の右側の部分

例 助・歌・教・都・顔

● かんむり

上下に分けられる漢字の上側の部分

例 家・花・会・空・雪

あし

上下に分けられる漢字の下側《したがわ》の部分

例《れい》　兄・思・熱・盛

チェック2

次の■は、部首の位置《いち》を示《しめ》しています。それぞれの部分の名前をあとから選《えら》んで、記号で答えましょう。

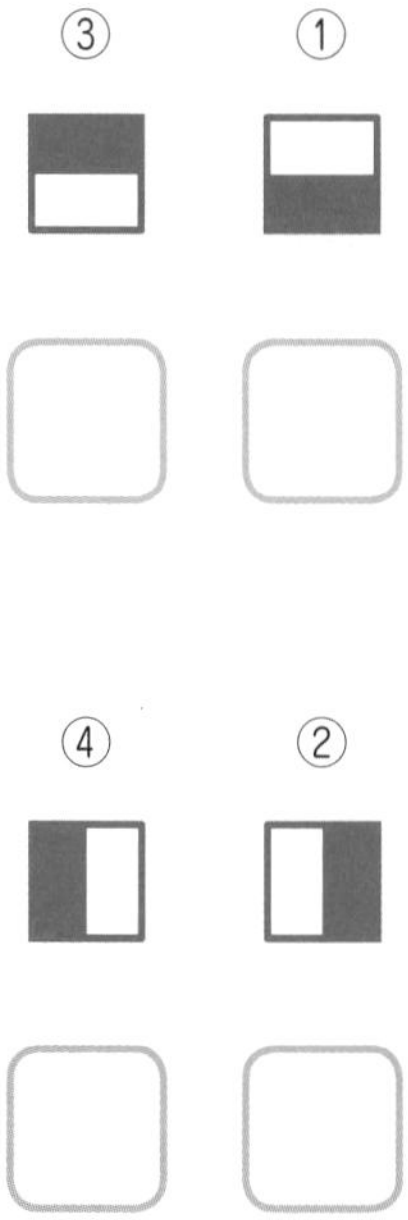

ア　へん　　イ　つくり

ウ　かんむり　　エ　あし

解説《かいせつ》は別冊《べっさつ》p.6へ

太郎《たろう》、漢字への苦手意識《いしき》は捨《す》て去って、まず、上下左右に位置する部首の名前を覚《おぼ》えるニャ。

次に、「たれ」「にょう」「かまえ」という、残《のこ》りの三つを見ていきましょう。

たれ

漢字の上から左下にのびている部分

例　原・広・屋

にょう

漢字の左側から右下にのびている部分

例　通・建・起

かまえ

漢字の外側を囲《かこ》む部分

例　国・回・冊・困

もっとくわしく

かまえの形は、□の他にも複数《ふくすう》あります。

例　関・開　例　医・区　例　包　例　衛・街

チェック3

次の■は、部首の位置を示しています。それぞれの部分の名前をあとから選んで、記号で答えましょう。

①  （　　）

②  （　　）

③  （　　）

ア　たれ　　イ　にょう　　ウ　かまえ

解説は別冊p.6へ

2 部首の名前と意味

「体」「仕」などの部首は「亻（にんべん）」といいます。このように、部首にはそれぞれ名前がついています。

また、「亻（にんべん）」は、人に関係《かんけい》することを表します。このように、部首から漢字の大まかな意味をつかむことができます。

代表的な部首の名前や意味・漢字の例《れい》を、それぞれまとめて覚《おぼ》えておくとよいでしょう。

へん

部首	部首名	部首の意味	漢字の例
氵	さんずい	水	池・海・湖
忄	りっしんべん	心	快・性・情
礻	しめすへん	神や祭り	礼・社・神

つくり

部首	部首名	部首の意味	漢字の例
刂	りっとう	刀や切ること	列・別・利
阝	おおざと	人の住む地域《ちいき》	郡・都・部
頁	おおがい	人の顔や頭	顔・頭・頂

かんむり

部首	部首名	部首の意味	漢字の例
宀	うかんむり	住居《じゅうきょ》	室・家・宅
艹	くさかんむり	植物	花・草・葉
雨	あめかんむり	雲や雨	雪・雲・電

あし

部首	部首名	部首の意味	漢字の例《れい》
儿	ひとあし（にんにょう）	人体	元・兄・児
灬	れんが（れっか）	火や熱《ねつ》	点・照・熱
皿	さら	食器《しょっき》	益・盛

たれ

部首	部首名	部首の意味	漢字の例
广	まだれ	家や屋根	広・店・庫
厂	がんだれ	がけや石・岩	厚・原
尸	しかばね	人の体	局・届・屋

にょう

部首	部首名	部首の意味	漢字の例
辶	しんにょう（しんにゅう）	道・行くこと・進むこと	道・進・遠
廴	えんにょう	道やのびること	延・建
走	そうにょう	走ること	起

かまえ

部首	部首名	部首の意味	漢字の例
囗	くにがまえ	囲《かこ》むこと	国・囲・園
門	もんがまえ	出入り口	門・開・間
行	ぎょうがまえ（ゆきがまえ）	道・歩くこと	行・術・街

チェック4

次の漢字の部首名を答えましょう。また、部首の意味をあとから選《えら》んで、記号で答えましょう。

① 湖　（　　　）・□

② 室　（　　　）・□

ア　火
イ　水
ウ　人の頭や顔
エ　住居《じゅうきょ》

解説《かいせつ》は別冊《べっさつ》p.7へ

レッスン4の力だめし

1 次の■の部分が部首になっている漢字を、下から二つずつ選《えら》んで書きましょう。

(1) ……□・□
(2) ……□・□
(3) ……□・□
(4) ……□・□
(5) ……□・□
(6) ……□・□
(7) ……□・□

持　第　底　者　新　近　間　建　札　無　利　図　元　病

2 次の漢字の赤い部分（部首）の名前を、下から選んで書きましょう。

(1) 強（　　）
(2) 形（　　）
(3) 起（　　）

さんずい
さんづくり
そうにょう
ゆみへん

3 次の各組《かくくみ》の漢字に共通《きょうつう》する部首の意味をあとから選んで、記号で答えましょう。

(1) 返・進・道・遠 □
(2) 部・都・郡・郷 □
(3) 門・開・間・関 □

ア　人の住む地域《ちいき》に関係《かんけい》すること。
イ　出入り口に関係すること。
ウ　道や行くこと・進むことなどに関係すること。

授業《じゅぎょう》動画はこちらから
14

解説《かいせつ》は別冊《べっさつ》p.7へ

レッスン5

漢字の成《な》り立ち ［五年］

このレッスンのはじめ♪

漢字は中国《ちゅうごく》で生まれた文字です。日本でも古くから使われていますが、いったいどれくらい前にできた文字だと思いますか？

答えは、三千年以上《いじょう》前。初《はじ》めは、今の漢字とはだいぶ形がちがっていましたが、長い時間をかけて、現在《げんざい》使われている漢字に発達《はったつ》し、統一《とういつ》されていきました。

今日は、そんな長い歴史《れきし》をもつ漢字の成《な》り立ちについて見ていきましょう。

15

1 象形《しょうけい》文字と指事《しじ》文字

漢字の成《な》り立ちは、大きく象形文字・指事文字・会意《かいい》文字・形声《けいせい》文字の四つに分けて説明《せつめい》することができます。

ポイント 漢字の成り立ちとは？

①象形文字…「形を象《かたど》る」ことからこうよばれる。
②指事文字…「事がらを指し示《しめ》す」ことからこうよばれる。
③会意文字…「意味を合わせる」ことからこうよばれる。
④形声文字…「意味（形）と音《おん》（声）を合わせる」ことからこうよばれる。

ではまず、象形文字と指事文字について、くわしく見ていきましょう。

象形文字

物の形をえがいた絵からできた文字。全部で六百字ほどあり、会意文字や形声文字のもとにもなっている。

例《れい》

日・月・川・木・火・雨・土・竹・鳥・馬・牛・魚・虫・人・首・耳・子

指事文字

数や位置などのように、絵では表しにくい物事を、線や点などを使って表した文字。

例

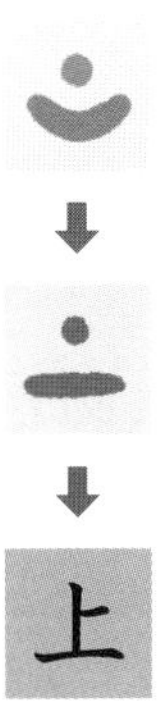

一・二・三・八・下・中・本・末・天

チェック1

次の漢字は、どのようにしてできたものですか。象形文字ならア、指事文字ならイと答えましょう。

①三 □　②川 □
③本 □　④木 □

解説《かいせつ》は別冊《べっさつ》p.7へ

16

2 会意文字と形声文字

では次に、残《のこ》りの二つ、会意文字と形声文字について、くわしく見ていきましょう。

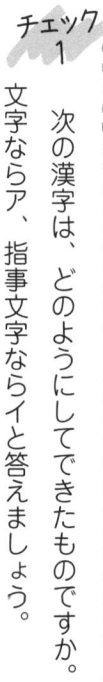

会意文字《かいい》

いくつかの漢字（象形文字《しょうけい》や指事文字《しじ》）を組み合わせて、一つの漢字として新しい意味を表した文字。

例《れい》　田 ＋ 力 → 男

林・森・印・信・位・岩・品・鳴・好・間・孫・赤・秋・明・絶・分

形声文字《けいせい》

意味を表す部分と、音を表す部分とを組み合わせて、一つの漢字として新しい意味を表した文字。漢字の約《やく》九割《わり》が、この形声文字にあたる。

例　寺（音を表す部分）＋ 日（意味を表す部分）→ 時

固・個・持・注・住・校・問・花・草・想・悲・清・晴・線・組・週・姉・河

もっとくわしく

形声文字の音を表す部分が、同時に意味も表すことがあります。例《たと》えば、「清」は、「青」の部分が「水がきよらかにすみきっている。」という意味も表しています。

このように、音を表す部分が同時に意味も表す形声文字を、「会意兼《けん》形声文字」ということもあります。

漢字の成《な》り立ちは、漢字辞《じ》典《てん》によってちがっていることがあるよ。つまり、どのように成り立ったか、いくつかの説《せつ》をもつ漢字もあるということなんだ。

チェック2

次の漢字は、どのようにしてできたものですか。会意文字ならア、形声文字ならイと答えましょう。

① 鳴　□
② 花　□
③ 週　□
④ 品　□

解説《かいせつ》は別冊《べっさつ》p.8へ

レッスン5の力だめし

1 次の文字の説明《せつめい》に合うものをあとから選《えら》んで、記号で答えましょう。

(1) 象形文字《しょうけいもじ》　□

(2) 指事文字《しじもじ》　□

(3) 会意文字《かいいもじ》　□

(4) 形声文字《けいせいもじ》　□

ア　物の形をえがいた絵からできた文字。
イ　意味を表す部分と、音《おん》を表す部分を組み合わせて、一つの漢字として新しい意味を表した文字。
ウ　数や位置《いち》などのように、絵では表しにくい物事を、線や点などを使って表した文字。
エ　いくつかの漢字を組み合わせて、一つの漢字として新しい意味を表した文字。

2 次の漢字を組み合わせてできた漢字を、書きましょう。

(1) 日 ＋ 月 ↓ □

(2) 山 ＋ 石 ↓ □

(3) 木 ＋ 木 ＋ 木 ↓ □

3 次の漢字を、ア「意味を表す部分」と、イ「音を表す部分」に分けて、書きましょう。

(1) 姉　ア □　イ □

(2) 悲　ア □　イ □

4 次の漢字の中に、一つだけ（　）に示《しめ》した成《な》り立ちの種類《しゅるい》とちがうものがあります。それを□に書きましょう。

(1) 目・貝・末・水（象形文字《しょうけいもじ》）　□

(2) 校・河・草・分（形声文字《けいせいもじ》）　□

授業動画《じゅぎょうどうが》はこちらから∴ 17

解説《かいせつ》は別冊《べっさつ》p.8へ

レッスン6 ローマ字［三年］

お兄ちゃん あの下の 何て読むの？
不動橋 Fudôbashi
ん!? あれは……。
えっと…
「ふどうばし」って 読むんだよ。
モテ助《すけ》 参上《さんじょう》!!
サラッ
ぱあああっ
……。
うっ
ガク
ぐぬぬ…
漢字もローマ字も、勉強し直して、しっかり 覚《おぼ》えればいいニャ。
ポン

このレッスンのはじめ♪

駅の構内《こうない》や道路で、行先を示《しめ》した標識《ひょうしき》を見たことがありますか。そこには、例《たと》えば「東京《とうきょう》」のような日本語だけでなく、「Tôkyô」のような表記でも地名が出ていますね。

これをローマ字表記といいます。ローマ字表記があることで、日本語の読めない外国の人でも、日本の地名を知ることができるのです。ローマ字の書き方やきまりを正しく覚《おぼ》えて、あなたも生活の中で使いこなせるようになりましょう。

1 ローマ字の種類《しゅるい》と書き方

18

ローマ字の大文字《おおもじ》・小文字《こもじ》とは

ローマ字とは、日本語を表記するために使われている文字です。もとはヨーロッパで生まれた文字ですが、私《わたし》たちの身の回りの日本語を表記するのにも使われているのです。これを「ローマ字表記」といいます。

ローマ字には、大文字と小文字が二十六個《こ》ずつあり、これらを組み合わせて使います。

まずは、ローマ字の大文字と小文字を覚《おぼ》えましょう。

大文字

ふつう、人の名前や国名、地名などを書く場合は、初《はじ》めの一字は大文字で書く。

A B C D E
F G H I J
K L※ M N O
P Q※ R S T
U V※ W X※ Y
Z

※日本語のローマ字表記では使わない。

小文字

a b c d e
f g h i j
k l※ m n o
p q※ r s t
u v※ w x※ y
z

※日本語のローマ字表記では使わない。

小文字は、大文字のあとに続《つづ》けて使われるよ。

チェック1 ローマ字のうち、地名や国名の初めに使われる文字は、どちらですか。記号で答えましょう。

ア 大文字

イ 小文字

解説《かいせつ》は別冊《べっさつ》p.8へ

ローマ字表

ローマ字では、ア行の音は一字で表します。そして、カ行より後のすべての音は、このア行の音と組み合わせた二字以上《いじょう》の文字で表します。

まずは、ローマ字表を見てみましょう。

【ローマ字表】

大文字/小文字	A/a	I/i	U/u	E/e	O/o			
	あ a	い i	う u	え e	お o			
K/k	か ka	き ki	く ku	け ke	こ ko	きゃ kya	きゅ kyu	きょ kyo
S/s	さ sa	し si [shi]	す su	せ se	そ so	しゃ sya [sha]	しゅ syu [shu]	しょ syo [sho]
T/t	た ta	ち ti [chi]	つ tu [tsu]	て te	と to	ちゃ tya [cha]	ちゅ tyu [chu]	ちょ tyo [cho]
N/n	な na	に ni	ぬ nu	ね ne	の no	にゃ nya	にゅ nyu	にょ nyo
H/h	は ha	ひ hi	ふ hu [fu]	へ he	ほ ho	ひゃ hya	ひゅ hyu	ひょ hyo
M/m	ま ma	み mi	む mu	め me	も mo	みゃ mya	みゅ myu	みょ myo
Y/y	や ya	(い) (i)	ゆ yu	(え) (e)	よ yo			
R/r	ら ra	り ri	る ru	れ re	ろ ro	りゃ rya	りゅ ryu	りょ ryo
W/w	わ wa	(い) (i)	(う) (u)	(え) (e)	を (o) [wo]			
N/n	ん n							
G/g	が ga	ぎ gi	ぐ gu	げ ge	ご go	ぎゃ gya	ぎゅ gyu	ぎょ gyo
Z/z	ざ za	じ zi [ji]	ず zu	ぜ ze	ぞ zo	じゃ zya [ja]	じゅ zyu [ju]	じょ zyo [jo]
D/d	だ da	ぢ (zi) [di]	づ (zu) [du]	で de	ど do	ぢゃ (zya) [dya]	ぢゅ (zyu) [dyu]	ぢょ (zyo) [dyo]
B/b	ば ba	び bi	ぶ bu	べ be	ぼ bo	びゃ bya	びゅ byu	びょ byo
P/p	ぱ pa	ぴ pi	ぷ pu	ぺ pe	ぽ po	ぴゃ pya	ぴゅ pyu	ぴょ pyo

[ ]の中の書き表し方をしてもいいニャ。また、( )は重ねて出してあるものなんだニャ。

ローマ字って、三年生で習うんだって。それなのに、お兄ちゃん、読めなかったんだ……。

19

2 ローマ字のつづり方のきまり

ローマ字で「アイウエオ」は大文字《おおもじ》では「A I U E O」、小文字《こもじ》では「a i u e o」と表記します。

カ行以降《いこう》の音《おん》は、「k」「s」「t」などと「a i u e o」を組み合わせて使います。例《たと》えば、「カ」であれば、「k」と「a」を組み合わせて「ka」と表記します。

例《れい》

kasa（かさ）　sora（空）　tanuki（たぬき）　neko（ねこ）　hana（花）

ローマ字のつづり方は、ふつう一つの音に対して一つの表記の仕方がありますが、二つの書き方をするものもあります。

例

susi　sushi（すし）

mati　machi（町）

tuki　tsuki（月）

huta　futa（ふた）

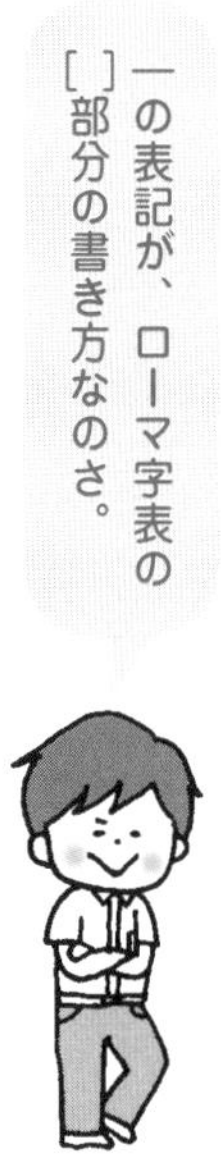

チェック2

次の言葉を、ローマ字に直して書きましょう。（すべて小文字で書きましょう。）

① 犬

② 梅

③ 島

解説《かいせつ》は別冊《べっさつ》p.8へ

それでは、さらにくわしいきまりについて、見ていきましょう。

のばす音を書く場合

「お父さん」の「とう」のように、「トー」とのばす音は、のばす音の母音《ぼいん》の上に「^」を付けて表す。

例

otôsan（お父さん）

okâsan（お母さん）

onêsan（お姉さん）

onîsan（お兄さん）

bôsi（ぼうし）

つまる音（小さい「っ」）を書く場合

「根っこ」「しっぽ」の「っ」のようにつまる音は、「っ」の次の音を表すローマ字の一字目を、二つ重ねて表す。

例《れい》
nekko（根っこ）
kitte（切手）
sippo（しっぽ）
zassi（雑誌《ざっし》）
batta（ばった）

はねる音を書く場合

「ほん（本）」「さんぽ（散歩）」の「ん」のようにはねる音は、「n」と書く。

例
hon（本）
sanpo（散歩）
enpitu（えんぴつ）
sanpai（参拝《さんぱい》）
sinbun（新聞）

はねる音のあとに「a・i・u・e・o・y」が続《つづ》く場合

「ほんや（本屋）」のように、「ん」というはねる音のあとに「a・i・u・e・o・y」で始まる音が続く場合には、その前に「'」を入れる。

例
hon'ya（本屋）
pan'ya（パン屋）
sin'ai（親愛）
zen'in（全員）

人名や国名、地名を書く場合

人名や国名、地名を書く場合には、初《はじ》めの文字を大文字で書く。（国名や地名はすべて大文字で書くこともあります。）

例
Tôkyô（東京）
Nippon（日本）
ÔSAKA（大阪《おおさか》）
YOKOHAMA（横浜《よこはま》）

チェック3

次の言葉を、ローマ字に直して書きましょう。

① 納豆《なっとう》

② 心配

③ 今夜

解説《かいせつ》は別冊《べっさつ》p.9へ

レッスン6の力だめし

1 次の言葉をローマ字で書いたものとして、正しいものはどれですか。記号で答えましょう。

(1) 道路

ア doro

イ douro

ウ dôro

(2) 石《せっ》けん

ア sessen

イ sekken

ウ seken

2 次の言葉をローマ字で書きましょう。

(1) おじいさん

(2) 病院

(3) 金曜日

3 次の人名や地名をローマ字で書く場合、どちらの表記が正しいですか。記号で答えましょう。

(1) 山田健太《やまだけんた》

ア Yamada Kenta

イ yamada kenta

(2) 京都市《きょうとし》

ア kyotosi

イ Kyôto-si

4 次の部分を別《べつ》の書き方にして、全体を書き直しましょう。

(1) 地図 tizu

(2) 船 hune

(3) 写真 syasin

授業《じゅぎょう》動画はこちらから

20

解説《かいせつ》は別冊《べっさつ》p.9へ

レッスン7

類《るい》義《ぎ》語《ご》・対《たい》義《ぎ》語《ご》

［五年］

このレッスンのはじめ♪

「あれ？　かみ型《がた》変《か》わった？」「うん。最新《さいしん》のヘアスタイルにしたんだ。」というときの「かみ型」と「ヘアスタイル」は意味が似《に》た言葉ですね。

また、「最近、暑かったり寒かったりで、気候《きこう》が不《ふ》順《じゅん》ですね。」というときの「暑い」と「寒い」は意味が反対の言葉です。

今回は、意味が似た言葉、類《るい》義《ぎ》語《ご》と、意味が反対の言葉、対《たい》義《ぎ》語《ご》について学びましょう。

1 類義語《るいぎご》

類義語とは、「美しい」と「きれいだ」や、「登山」と「山登り」のように、たがいに意味がほぼ同じだったり、似《に》ていたりする言葉です。

ここでは、そうした類義語の中の、二字熟語《じゅくご》について見ていきましょう。

一字が共通で類似《るいじ》しているもの

案外《あんがい》＝意外
感情《かんじょう》＝心情
空想＝想像《そうぞう》
経験《けいけん》＝体験
決意＝決心
結果《けっか》＝結末《けつまつ》
参考《さんこう》＝参照《さんしょう》

自然《しぜん》＝天然《てんねん》
将来《しょうらい》＝未来《みらい》
著名《ちょめい》＝有名
当然＝必然《ひつぜん》
不平《ふへい》＝不満《ふまん》
予想＝予測《よそく》
欲求《よっきゅう》＝欲望《よくぼう》

二字全体で類似しているもの

安全＝無事《ぶじ》
重荷＝負担《ふたん》
関心《かんしん》＝興味《きょうみ》
欠点《けってん》＝短所
原因《げんいん》＝理由

指示《しじ》＝命令《めいれい》
手段《しゅだん》＝方法《ほうほう》
準備《じゅんび》＝用意
心配＝不安《ふあん》
長所＝美点

もっとくわしく

複数《ふくすう》の類義語をもつ言葉もあります。

感心＝敬服《けいふく》＝感服《かんぷく》
休養《きゅうよう》＝静養《せいよう》＝保養《ほよう》
賛成《さんせい》＝同意＝賛同
死去＝他界＝死亡《しぼう》

失礼《しつれい》＝非礼《ひれい》＝無礼《ぶれい》
真意＝本意＝本心
適当《てきとう》＝適切＝適度
返事＝返答＝回答

類義語は、意味は似ていても、全く同じように使われるとは限《かぎ》らないので、注意が必要ニャ。例《たと》えば、「学習塾《じゅく》」と言うけど「勉強塾」とは言わないんだニャ。

チェック1

次の――線部の類義語はどれですか。あとから選《えら》んで、記号で答えましょう。

① 山の天気は変《か》わりやすい。
② 相手の態度《たいど》に不満をいだく。
③ 事故《じこ》を未然《みぜん》に防《ふせ》ぐ努力《どりょく》をする。

ア 事前　イ 天候《てんこう》　ウ 不平

解説《かいせつ》は別冊《べっさつ》p.10へ

2 対義語《たいぎご》

対義語とは、「上」と「下」や、「始まる」と「終わる」のように、たがいに意味が反対になる言葉です。

ここでは、そうした対義語の中の、二字熟語《じゅくご》について見ていきましょう。

一字が対立しているもの

悪意 ⇔ 善意《ぜんい》
以下《いか》 ⇔ 以上
開会 ⇔ 閉会《へいかい》
客観《きゃっかん》 ⇔ 主観
黒字 ⇔ 赤字
最高《さいこう》 ⇔ 最低《さいてい》

消極《しょうきょく》 ⇔ 積極《せっきょく》
進化 ⇔ 退化《たいか》
正常《せいじょう》 ⇔ 異常《いじょう》
短所 ⇔ 長所
輸入《ゆにゅう》 ⇔ 輸出
楽観《らっかん》 ⇔ 悲観

二字全体で対立しているもの

安全 ⇔ 危険《きけん》
拡大《かくだい》 ⇔ 縮小《しゅくしょう》
許可《きょか》 ⇔ 禁止《きんし》
形式 ⇔ 内容《ないよう》
結果《けっか》 ⇔ 原因《げんいん》
権利《けんり》 ⇔ 義務《ぎむ》
減少《げんしょう》 ⇔ 増加《ぞうか》

質疑《しつぎ》 ⇔ 応答《おうとう》
失敗《しっぱい》 ⇔ 成功《せいこう》
集合 ⇔ 解散《かいさん》
生産《せいさん》 ⇔ 消費《しょうひ》
全体 ⇔ 部分
単純《たんじゅん》 ⇔ 複雑《ふくざつ》
理想 ⇔ 現実《げんじつ》

もっとくわしく

上に打ち消しの語が付《つ》いた対義語もあります。

幸運 ⇔ 非運《ひうん》
平常《へいじょう》 ⇔ 非常
安心 ⇔ 不安
完備《かんび》 ⇔ 不備

満足《まんぞく》 ⇔ 不満《ふまん》
成熟《せいじゅく》 ⇔ 未熟《みじゅく》
有効《ゆうこう》 ⇔ 無効《むこう》
有名 ⇔ 無名

打ち消しの語には、「非」「不」「未」「無」があるわね。

チェック2

次の――線部の対義語はどれですか。あとから選《えら》んで、記号で答えましょう。

① 人口が減少する。
② 今後については楽観できない。
③ この計画は失敗だ。

ア 悲観　イ 成功　ウ 増加

解説《かいせつ》は別冊《べっさつ》p.10へ

レッスン7のおためし

1 次の——線部の熟語《じゅくご》の類義語《るいぎご》を、□から選《えら》んで書きましょう。

(1) 失敗《しっぱい》した原因《げんいん》を考える。（　　）

(2) 明日の遠足の準備《じゅんび》をする。（　　）

(3) 先生の指示《しじ》に従《したが》う。（　　）

用意　方法《ほうほう》　理由　命令《めいれい》　予想

2 次の各組《かくくみ》が類義語の関係《かんけい》になるように、□に〔　〕の読み方の漢字を書きましょう。

(1) 将来《しょうらい》 ＝ □来〔ミ〕

(2) 決意 ＝ 決□〔シン〕

(3) 意外 ＝ □外〔アン〕

3 次の——線部の熟語の対義語《たいぎご》を、□から選んで書きましょう。

(1) 外出は許可《きょか》されている。（　　）

(2) 閉会式《へいかいしき》後に解散《かいさん》する。（　　）

(3) この川べりは危険《きけん》だ。（　　）

安定　安全　禁止《きんし》　失敗《しっぱい》　集合

4 次の各組が対義語の関係になるように、□に〔　〕の読み方の漢字を書きましょう。

(1) 短所 ⇕ □所〔チョウ〕

(2) 積極《せっきょく》 ⇕ □極〔ショウ〕

(3) 最高《さいこう》 ⇕ 最□〔テイ〕

授業《じゅぎょう》動画はこちらから∵ 23

解説《かいせつ》は別冊《べっさつ》p.10へ

レッスン8

多《た》義《ぎ》語《ご》

［四年］

このレッスンのはじめ♪

「バスに乗る時間は、何時だっけ?」の「乗る」と、「なやみがあるなら、相談に乗るよ。」の「乗る」は、別《べつ》の意味で使われていることがわかりますか?

「バスに乗る」というときの「乗る」は「乗り物の中や上に身を置《お》く。」という意味で、「相談に乗る」というときの「乗る」は「相手になる。」という意味です。

今回は、このように複数《ふくすう》の意味をもつ言葉について学びましょう。

1 いろいろな多義語《たぎご》

「空を飛《と》ぶ。」というときの「飛ぶ」は「空中にうかんで進む。」の意味で、「うわさが飛ぶ。」というときの「飛ぶ」は「世の中に広まる。」という意味です。このように、複数《ふくすう》の意味をもつ言葉を「多義語」といいます。
どんなものがあるか、見ていきましょう。

●買う
①お金をはらって手に入れる。 例《れい》 ノートを買う。
②値打《ねう》ちを高くみとめる。 例 努力《どりょく》を買う。
③好《この》ましくないことを身に受ける。 例 人のうらみを買う。
④自ら進んで引き受ける。 例 けんかを買う。

●明るい
①光があり、よく見える様子。 例 室内が明るい。
②ほがらかな様子。 例 性格《せいかく》が明るい。
③よく知っている様子。 例 歴史《れきし》に明るい。

●見事だ
①美しくて立派《りっぱ》だ。 例 桜《さくら》の花が見事だ。
②上手《じょうず》だ。 例 見事に成《な》しとげる。
③完全《かんぜん》である。 例 見事に完敗《かんぱい》する。

「上がる」のように、意味が十以上《いじょう》もあるものもたくさんあるニャ。

もっとくわしく

「飛ぶ」「買う」「上がる」「明るい」「見事だ」などの言葉は、古くから日本語としてある言葉で、和語《わご》（→p.63）といいます。また、このような動きや様子を表す言葉（→p.88）だけでなく、「息切れ」や「持ち味」のように名前を表す言葉（→p.87）にも多義語はあります。

くわしい意味を知りたいときは、国語辞典《じてん》を引けばいいんだ。

チェック1 次の各《かく》組の□には、同じ言葉が入ります。それぞれひらがな三字で答えましょう。

①
ア ボールが窓《まど》ガラスに□。
イ ひんやりした夜風に□。
ウ 夕飯《ゆうはん》がカレーだという予想が□。

②
ア ネクタイを□。
イ 長年の努力《どりょく》が実を□。
ウ 二つの国が条約《じょうやく》を□。

解説《かいせつ》は別冊《べっさつ》p.11へ

2 多義語《たぎご》の漢字や熟語《じゅくご》

日本語の言葉には、多義語が数多くありますが、漢字そのものが、複数《ふくすう》の意味をもつ場合もあります。また、二字以上《いじょう》の漢字を組み合わせた熟語にも多義語はあります。

複数の意味をもつ漢字

●家

①人の住む家。 例《れい》 家屋・民家《みんか》

②一族。 例 家族・家庭

③それを専門《せんもん》にしている人。 例 作家・画家

④その性質《せいしつ》をもつ人。 例 勉強家・努力《どりょく》家

複数の意味をもつ熟語

●調子

①音の高低《こうてい》。 例 楽器《がっき》の調子を合わせる。

②言葉の言い回し。 例 強い調子で反論《はんろん》する。

③体や機械《きかい》などの働《はたら》き具合。 例 食べすぎて胃《い》の調子が悪い。

④物事の進み具合や勢《いきお》い。 例 その調子でがんばれと言われる。

もっとくわしく

「調子」のような音読みの熟語のことを、「漢語《かんご》」（→p.63）といいます。多義語の漢語は、多義語の和語に比《くら》べると、数は少なくなります。

チェック2

「番」という漢字のもつ、それぞれの意味に当てはまる熟語はどれですか。あとから二つずつ選《えら》んで、記号で答えましょう。

① 物事をするときの順序《じゅんじょ》。　□・□

② 見張《みは》る。　□・□

ア 番号　イ 番犬

ウ 門番　エ 番地

解説《かいせつ》は別冊《べっさつ》p.11へ

漢字のもつ意味を知りたいときは、漢字辞典《じてん》を調べればいいんだニャ。

レッスン8 の力だめし

1 次の各組《かくくみ》の□には、同じ言葉が入ります。それぞれ□に合うようにひらがなで答えましょう。

(1)
ア 久《ひさ》しぶりにかぜを□。
イ 十から三を□。
ウ 馬のたづなを□。

(2)
ア 商品を手に□。
イ 店長として責任《せきにん》を□。
ウ コンサートのチケットを□。

(3)
ア 庭が□。
イ 知識《ちしき》が□。
ウ □心で弟を許《ゆる》す。

2 次の――線部の「立てる」の意味をそれぞれ下から選《えら》んで、記号で答えましょう。

(1) 大きな音を立てる。
(2) 旅行の計画を立てる。
(3) 学級委員の候補者《こうほしゃ》を立てる。

(1)　(2)　(3)

ア 横になっている物を起こす。
イ 出す。表す。
ウ 作成《さくせい》する。～と定める。
エ ある役割につかせる。

3 次の漢字や熟語《じゅくご》の意味に当てはまる言葉や文を、あとからそれぞれ選んで、記号で答えましょう。

(1) 長
① 長い。
② 年上の人。
③ かしら。
④ すぐれる。

ア 長所　イ 長男　ウ 長期　エ 校長

(2) 呼吸《こきゅう》
① 息を吸《す》ったりはいたりすること。
② 物事をうまく行うためのやり方。

ア 仕事の呼吸がなかなかつかめない。
イ 森で大きく深呼吸する。

授業《じゅぎょう》動画はこちらから

26

解説《かいせつ》は別冊《べっさつ》p.11へ

レッスン9

熟語《じゅくご》の組み立て

［四～六年］

太郎《たろう》!! 今度は、新しいお役立ちペンを発明したぞ! 知りたいものを指すと、熟語《じゅくご》で答えてくれるんだ!!
へえ〜?
ピ
ためしに…
発明家
すげー!!
オレは…
おおーっ!!
ピ
小学生
ピ
えっ
小心者
ピピッ
ちょっ…
未熟者
ひでーじゃん、コレ!!
ちょっと正直なペンにしすぎた?
太郎がまだまだってことが、よーくわかるニャ!

このレッスンのはじめ♪

日本語で使われている言葉には、「国語」「宿題」のように二字の漢字が組み合わさった二字熟語《じゅくご》、「新学期」「運動会」のように三字の漢字が組み合わさった三字熟語、「東西南北」「家族旅行」のように四字の漢字が組み合わさった四字熟語と、熟語がたくさんあります。

これらの熟語には、いろいろな組み立てがあります。それらを知ることで、意味をとらえやすくなりますよ。

1 二字熟語《じゅくご》の組み立て

熟語とは、二つ以上《いじょう》の漢字が組み合わさって一つの言葉になったものです。組み合わさった漢字どうしの関《かか》わり方を知ることで、熟語の意味をとらえることができます。

まず、主な四つの組み立てを見ていきましょう。

● 似《に》た意味の漢字を重ねた組み立て

進行《しんこう》　寒冷《かんれい》

進＝行（進む＝行く）
寒＝冷（寒い＝冷《つめ》たい）

● 反対の意味の漢字を重ねた組み立て

前後《ぜんご》　遠近《えんきん》

前⇔後（前⇔後ろ）
遠⇔近（遠い⇔近い）

● 上の漢字が下の漢字を説明《せつめい》する組み立て

青空《あおぞら》　再会《さいかい》

青→空（青い空）
再→会（再《ふたた》び会う）

● 下の漢字が上の漢字の目的《もくてき》・対象《たいしょう》を表す組み立て

開会《かいかい》　加熱《かねつ》

開←会（会を開く）
加←熱（熱《ねつ》を加《くわ》える）

チェック 1　次の二字熟語の組み立てをあとから選《えら》んで、記号で答えましょう。

① 弱点 □　② 売買 □
③ 希望《きぼう》 □　④ 習字 □

ア　似た意味の漢字を重ねている。
イ　反対の意味の漢字を重ねている。
ウ　上の漢字が下の漢字を説明している。
エ　下の漢字が上の漢字の目的・対象を表している。

解説《かいせつ》は別冊《べっさつ》p.12へ

「軽重《けいちょう》」なら「軽い」と「重い」のように、訓読《くんよ》みに直せるものは、直して確《たし》かめるといいよ。

二字熟語《じゅくご》の組み立てを、他に四つ見ていきましょう。

● **上の漢字が主語で、下の漢字が述語《じゅつご》を表す組み立て**

国営《こくえい》　国営（国が営《いとな》む）

頭痛《ずつう》　頭痛（頭が痛《いた》い）

● **上の漢字が下の漢字の意味を打ち消す組み立て**

非常《ひじょう》　不安《ふあん》　未知《みち》　無事《ぶじ》

上の漢字は「非・不・未・無」など

● **下の漢字が上の漢字に意味をそえる組み立て**

進化《しんか》　急性《きゅうせい》　平然《へいぜん》　病的《びょうてき》

下の漢字は「化・性・然・的」など

● **上と下で同じ漢字を重ねた組み立て**

青青《あおあお》　木木《きぎ》　人人《ひとびと》　広広《ひろびろ》

もっとくわしく

「青青」「木木」のように上下の漢字が同じ場合、下の漢字は「青々」「木々」のように「々」を使うこともあります。「々」は、「おどり字」といいます。

チェック2

次の二字熟語の組み立てをあとから選《えら》んで、記号で答えましょう。

① 国有 □　② 天性《てんせい》 □

③ 日日 □　④ 無名《むめい》 □

ア　上の漢字が主語で、下の漢字が述語を表している。

イ　上の漢字が下の漢字の意味を打ち消している。

ウ　下の漢字が上の漢字に意味をそえている。

エ　上と下で同じ漢字を重ねている。

解説《かいせつ》は別冊《べっさつ》p.12へ

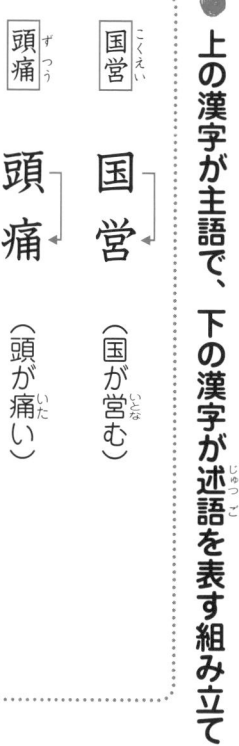

28

2 三字熟語《じゅくご》の組み立て

三字熟語とは、「衣食住《いしょくじゅう》」「不可能《ふかのう》」「小学校」のように、三字の漢字が組み合わさってできたものです。

三字熟語の組み立ては、大きく三つに分けられます。

ポイント

三字熟語の組み立てとは？

① □＋□＋□
一字ずつが対等に並《なら》ぶ組み立て

② □＋□□
二字熟語の上に、一字の漢字が付《つ》いた組み立て

③ □□＋□
二字熟語の下に、一字の漢字が付いた組み立て

チェック3

三字熟語の組み立ては、大きく分けるといくつに分けられますか。漢数字で答えましょう。

（　　）つ

解説は別冊p.12へ

まず、上の①～③の組み立てをくわしく見ていきましょう。最初《さいしょ》は、①の組み立てです。

一字ずつが対等に並ぶ組み立て（□＋□＋□）

市町村《しちょうそん》　市＋町＋村
大中小《だいちゅうしょう》　大＋中＋小

チェック4

次の三字熟語のうち、一字ずつが対等に並ぶ組み立てのものを一つ選んで、記号で答えましょう。

ア　未完成《みかんせい》
イ　上中下《じょうちゅうげ》
ウ　科学的《かがくてき》

（　　）

解説は別冊p.12へ

二字熟語でもいっぱいいっぱいなのに、三字熟語なんて無理だよ……。

あきらめるのは早いニャ！まず、一字ずつばらばらにしても意味が通じる言葉かを確《たし》かめるといいんだニャ。

次に②・③の組み立てを見ていきましょう。この二つは、二字熟語《じゅくご》と残《のこ》りの一字の関係《かんけい》をもとに分けます。

● 上の漢字が下の二字熟語の意味を打ち消す組み立て（□＋□□）

非《ひ》常識《じょうしき》　不《ふ》完全《かんぜん》　未《み》成年《せいねん》　無《む》意識《いしき》

上の漢字は「非・不・未・無」など

● 上の漢字が下の二字熟語の意味を説明《せつめい》する組み立て（□＋□□）

新学期《しんがっき》　新　学期（新しい学期）

銀世界《ぎんせかい》　銀　世界（銀の世界）

● 上の二字熟語に下の漢字が意味をそえる組み立て（□□＋□）

言語《げんご》化《か》　重要《じゅうよう》性《せい》　学者《がくしゃ》然《ぜん》　人間《にんげん》的《てき》

下の漢字は「化・性・然・的」など

● 上の二字熟語が下の漢字を説明する組み立て（□□＋□）

深海魚《しんかいぎょ》　深海　魚（深海の魚）

研究者《けんきゅうしゃ》　研究　者（研究する者）

チェック5

次の三字熟語の組み立てをあとから選《えら》んで、記号で答えましょう。

① 代表的　□　② 商店街《がい》　□

③ 手料理　□　④ 非公開　□

ア 上の漢字が下の二字熟語の意味を打ち消している。
イ 上の二字熟語に下の漢字が意味をそえている。
ウ 上の一字が下の二字熟語を説明している。
エ 上の二字熟語が下の漢字を説明している。

解説《かいせつ》は別冊《べっさつ》p.12へ

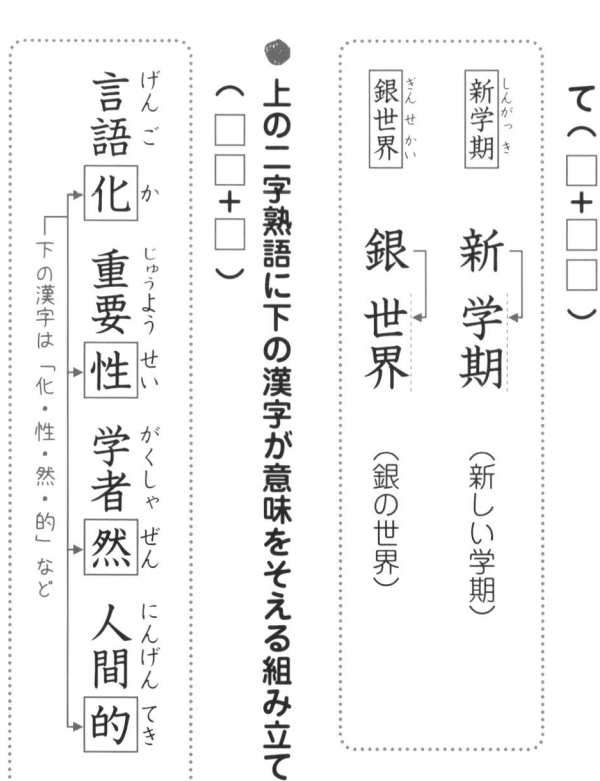

29

3 四字熟語《じゅくご》の組み立て

四字熟語とは、「東西南北」「天気予報《よほう》」のように、四字の漢字が組み合わさってできたものです。

四字熟語の組み立ては、大きく二つに分けられます。

ポイント

四字熟語の組み立てとは？

①□+□+□+□
一字ずつが対等に並《なら》ぶ組み立て

②□□+□□
二字熟語どうしが並ぶ組み立て

チェック6

四字熟語の組み立ては、大きく分けるといくつに分けられますか。漢数字で答えましょう。

□つ

解説は別冊p.12へ

二字熟語や三字熟語の組み立てと共通《きょうつう》しているよね。

まず、上の①・②の組み立てをくわしく見ていきましょう。最初は、①の組み立てです。

● 一字ずつが対等に並ぶ組み立て（□+□+□+□）

春夏秋冬《しゅんかしゅうとう》　春+夏+秋+冬

花鳥風月《かちょうふうげつ》　花+鳥+風+月

チェック7

次の四字熟語のうち、一字ずつが対等に並ぶ組み立てのものを一つ選んで、記号で答えましょう。

ア　右往左往《うおうさおう》
イ　身体検査《けんさ》
ウ　起承転結《きしょうてんけつ》

□

解説は別冊p.13へ

三字熟語のときと同じように見ていくニャ。

次に②の組み立てを見ていきましょう。これは、二字熟語《じゅくご》どうしの関係《かんけい》をもとに分けることができます。

似《に》た意味の二字熟語を重ねた組み立て（□□+□□）

自由自在《じゆうじざい》
自由 ＝ 自在

日進月歩
日進 ＝ 月歩

反対の意味の二字熟語を重ねた組み立て（□□+□□）

半信半疑《はんしんはんぎ》
半信 ⇔ 半疑

一進一退《いっしんいったい》
一進 ⇔ 一退

上の二字熟語が下の二字熟語を説明《せつめい》する組み立て（□□+□□）

安全地帯《ちたい》
安全 → 地帯（安全な地帯）

群集心理《ぐんしゅう》
群集 → 心理（群集の心理）

上の二字熟語が主語、下の二字熟語が述語《じゅつご》を表す組み立て（□□+□□）

大器晩成《たいきばんせい》
大器 → 晩成（大器は晩成する）

意気投合
意気 → 投合（意気が投合する）

チェック8

次の四字熟語の組み立てをあとから選《えら》んで、記号で答えましょう。

① 用意周到《しゅうとう》 □
② 質疑応答《しつぎおうとう》 □
③ 完全無欠《かんぜんむけつ》 □
④ 満員電車《まんいん》 □

ア 似た意味の二字熟語を重ねている。
イ 反対の意味の二字熟語を重ねている。
ウ 上の二字熟語が下の二字熟語を説明している。
エ 上の二字熟語が主語、下の二字熟語が述語を表している。

解説《かいせつ》は別冊《べっさつ》p.13へ

レッスン9の力だめし

1 次の二字熟語《じゅくご》は、ア「似《に》た意味の漢字を重ねた組み立て」と、イ「反対の意味の漢字を重ねた組み立て」のどちらですか。記号で答えましょう。

(1) 競争《きょうそう》 □　(2) 生死 □

(3) 終始 □　(4) 救助《きゅうじょ》 □

2 次の二字熟語の組み立ての説明《せつめい》に当てはまる熟語を、あとから選《えら》んで書きましょう。

(1) 上の漢字が下の漢字の意味を説《せつ》明《めい》している。（　　）（　　）

(2) 下の漢字が上の漢字の目的《もくてき》・対《たい》象《しょう》を表している。（　　）（　　）

(3) 上の漢字が主語で、下の漢字が述語《じゅつご》を表している。（　　）（　　）

習字　回転　市立　天地　他人　知的

3 「非《ひ》・不《ふ》・未《み》・無《む》」の中から、次の□に当てはまる漢字を選んで書き、三字熟語を完成《かんせい》させましょう。

(1) □景気《けいき》　(2) □意味

(3) □完成　(4) □公式

4 【例《れい》】にならって、次の三字熟語、四字熟語の組み立てを書きましょう。

【例】予定表→（予定＋表）

(1) 短時間 →（　　）

(2) 安全性《あんぜんせい》 →（　　）

(3) 都道府県《とどうふけん》 →（　　）

(4) 有名無実《ゆうめいむじつ》 →（　　）

授業《じゅぎょう》動画はこちらから

30

解説《かいせつ》は別冊《べっさつ》p.13へ

レッスン10

和語《わご》・漢語《かんご》・外来語《がいらいご》［五年］

やったあ!!
やっと給食《きゅうしょく》の時間だぜー!!
あーーん
ひょいっ
「給食」は、音読みで読む言葉だから、漢語ニャ。
うわっ!! ビックリした～！
「ハンバーグ」は、外国から入ってきた言葉、つまり外来語なんだニャ。
では、「昼飯《ひるめし》」は？
…。
ああ…うん。わかったから。今、腹減《はらへ》ってるし。
タッ
あっ!!
あああっ!!
ちゃんと答えるまで、これはおあずけニャ！

このレッスンのはじめ♪

「昼飯《ひるめし》」「昼食《ちゅうしょく》」「ランチ」これらの言葉は、同じ意味を表していますね。なぜ、三通りの言い方があるのだと思いますか？

「昼飯」は訓読《くんよ》みで読む和語、「昼食」は音読みで読む漢語、「ランチ」はかたかなで書く外来語なのです。

日本語の言葉は、この和語、漢語、外来語の三種類《しゅるい》に分けることができます。それでは、次のページからくわしく見ていきましょう。

31

1 和語・漢語・外来語

何か新しいことをする場合、それは「始まり」であり「開始」であり「スタート」でもあります。「始まり」は和語、「開始」は漢語、「スタート」は外来語の言葉です。

ポイント

和語・漢語・外来語とは？

①和語…もともと日本にあった言葉。

②漢語…昔、中国《ちゅうごく》から入ってきた言葉。

③外来語…中国以外《いがい》の外国から入ってきた言葉。

外来語には、英語《えいご》、ドイツ語、フランス語など、いろいろな国から入ってきた言葉があるのよ。

では、和語・漢語・外来語のちがいを、さらにくわしく見ていきましょう。

和語

日本で生まれ、昔から日本にあった言葉。漢語・外来語が入ってくる前から存在《そんざい》しており、「大和言葉《やまとことば》」ともよばれる。訓読みの漢字か、ひらがなで書く。二字以上の漢字だけでできた熟語《じゅくご》でも、訓読みで読むものは和語である。

読む　楽しい　物語　わくわく
すると　だけ　そうだ

漢語

昔、漢字とともに中国から入ってきた言葉。ふつう、音読みする漢字で表記される。日本で新たに作られた音読みの言葉も、漢語にふくまれる。

門　人間　校内放送（中国から伝《つた》わった漢語）
会社　科学　自動車（日本で作られた漢語）

チェック1

次の言葉は、ア和語、イ漢語のどちらですか。それぞれ記号で答えましょう。

① 歩く　□

② 徒歩《とほ》　□

③ 積雪《せきせつ》　□

④ 雪国　□

解説《かいせつ》は別冊《べっさつ》p.14へ

最後《さいご》に、外来語について見てみましょう。

● **外来語**

中国《ちゅうごく》以外の外国から、主に文化や品物が伝《つた》わってきたときにいっしょに入ってきた言葉。基本的《きほんてき》にかたかなで表記される。日本で独自《どくじ》に作られた言葉もある。

カステラ　パン（ポルトガル語）
ガラス　ボタン
オムレツ　コーヒー　ペンキ（オランダ語）
スキー　クレヨン　ズボン（フランス語）
スカート　ボール（英語《えいご》）

もっとくわしく

古い時代にポルトガルから伝わったといわれる言葉は、「かるた」「たばこ」「天ぷら」などのように、ひらがなや漢字で表記されることもあります。

チェック2

外来語は、主に何で表記しますか。記号で答えましょう。

ア　ひらがな　イ　かたかな　ウ　漢字

解説《かいせつ》は別冊《べっさつ》p.14へ

32

2 和語と漢語で意味がちがう言葉

「幸せ」「幸福」「ハッピー」のように、和語・漢語・外来語で似《に》た意味を表す言葉もありますが、同じ熟語《じゅくご》でも、和語と漢語で、読み方によって全く別《べつ》の意味の言葉になるものもあります。

風車 ｛和語…かざぐるま／漢語…フウシャ｝

生物 ｛和語…なまもの／漢語…セイブツ｝

色紙 ｛和語…いろがみ／漢語…シキシ｝

和語は訓《くん》読《よ》みする言葉、漢語は音読みする言葉だったニャ。

チェック3

次のうち、和語と漢語で意味がちがう言葉を一つ選《えら》んで、記号で答えましょう。

ア　草原　イ　牧場　ウ　初日

解説は別冊p.14へ

レッスン10の力だめし

1 次の言葉は、ア「和語」、イ「漢語」、ウ「外来語」のうちの、どれですか。記号で答えましょう。

(1) 徒競走《ときょうそう》
(2) コロッケ
(3) 見事だ
(4) 花畑
(5) 様子
(6) 庭園
(7) ガーゼ
(8) ゆっくり

2 次の外来語と意味が似《に》ている言葉を一つ選《えら》んで、記号で答えましょう。

(1) ルール　ア 基本《きほん》　イ 考え方　ウ きまり

(2) スピード　ア 速報《そくほう》　イ 速度　ウ 快速《かいそく》

3 次の文の――線部の言葉を、〈　〉に示《しめ》した言葉に直して、□に合うように書きましょう。

(1) 休日に友人と出かける。〈和語〉

(2) 南国のめずらしい果実《かじつ》をもらう。〈外来語〉

(3) 立派《りっぱ》なホテルにとまる。〈漢語〉

4 次の――線部の言葉の、ア和語での読み方をひらがなで、イ漢語での読み方をかたかなで書きましょう。

(1)
ア あれから三月たった。
イ 卒業式《そつぎょうしき》は三月に行われる。

(2)
ア 大学生のダンスが見物だ。
イ さるの曲芸《きょくげい》を見物する。

授業《じゅぎょう》動画はこちらから 33

解説《かいせつ》は別冊《べっさつ》p.14へ

レッスン11

慣用句《かんようく》・ことわざ・故事成語《こじせいご》［四年］

このレッスンのはじめ♪

ある人が、強い相手と試合《しあい》をすることになって、「今度の相手には、歯が立たないよ……。」と言いました。友人たちは、「案《あん》ずるより産《う》むがやすいだよ。がんばって！」「背水《はいすい》の陣《じん》で臨《のぞ》めば、勝てるかもしれないよ。」などとはげましました。

「歯が立たない」は慣用句《かんようく》、「案ずるより産むがやすい」はことわざ、「背水の陣」は故事成語《こじせいご》です。今回は、これら三種類《しゅるい》の言葉について学びましょう。

1 慣用句《かんようく》

慣用句とは、二つ以上《いじょう》の言葉が組み合わさって、全体で、ある特別《とくべつ》な意味を表す言い回しのことです。例《たと》えば、「骨《ほね》を折《お》る」は言葉どおりにとらえると、体のどこかの骨が折れることを意味します。しかし、慣用句では「一生けんめい働《はたら》く」や「人のために努力《どりょく》する」という意味です。どんなものがあるか、見ていきましょう。

体の一部を表す言葉を使った慣用句

頭が下がる…相手が立派《りっぱ》なので、感心する。
顔が広い…多くの人と付《つ》き合いがある。
鼻が高い…得意《とくい》になる。
耳が痛《いた》い…欠点《けってん》や弱みを言われ、聞くのがつらい。
口がかたい…秘密《ひみつ》を守り、簡単《かんたん》には言わない。
舌《した》を巻《ま》く…ひどく感心する。
歯が立たない…自分の力ではとてもかなわない。
首を長くする…今か今かと待つ。
かたを落とす…がっかりして、気力をなくす。
胸《むね》を打つ…深く感動させる。
こしが低《ひく》い…れいぎ正しくて、いばらない。
手を焼《や》く…どうやってもうまくいかず、持て余《あま》す。
足が棒《ぼう》になる…歩き回ったりして、足がつかれる。

体の働きや気持ちに関係《かんけい》した慣用句

息《いき》をのむ…おどろいて、思わず息を止める。
気が置《お》けない…遠りょせず、気軽に付き合える。
きもをつぶす…非常《ひじょう》におどろく。
心を痛める…同情《どうじょう》したり不安《ふあん》に思ったりして、あれこれ心配する。

「気が置けない」は、「気が許《ゆる》せなくて、油断《ゆだん》できない」と、まちがった意味で使う人も多いんだ。

チェック1

次の慣用句の□には、体の部分を表す同じ漢字が入ります。当てはまる漢字を、それぞれ書きましょう。

① □が広い／□から火が出る
□が立つ／□をつぶす

② □を焼く／□塩にかける
□を貸《か》す／□を差《さ》しのべる

③ □に刻《きざ》む／□を打たれる
□をはずませる／□をなで下ろす

解説《かいせつ》は別冊《べっさつ》p.15へ

生き物を使った慣用句《かんようく》

ねこの手も借《か》りたい…だれでもいいから手伝《てつだ》いがほしいほどいそがしい。

馬が合う…たがいに気が合う。

牛の歩み…物事の進み方がおそいこと。

すずめのなみだ…非常《ひじょう》に少ないこと。

うのみにする…内容《ないよう》を理解《りかい》せずにそのまま受け入れる。

虫がいい…自分の都合《つごう》ばかり考えて、ずうずうしい。

植物を使った慣用句

青菜《あおな》に塩《しお》…今まで元気だった人が、急に元気をなくす。

いもを洗《あら》うよう…大勢《おおぜい》の人が集まって、非常に混雑《こんざつ》する。

うり二つ…顔つきや姿《すがた》がよく似《に》ていること。

木で鼻をくくる…相手に対して冷《つめ》たい態度《たいど》を取る。

竹を割《わ》ったよう…性質《せいしつ》がさっぱりしている。

根も葉もない…事実を裏《うら》づけるものが何もない。

花を持たせる…相手に勝ちやめいよをゆずる。

「木で花をくくる」とまちがえないように、注意するニャ。

火や水を使った慣用句

火に油を注ぐ…勢《いきお》いの強いものを、さらに勢いづける。

水と油…性質などが正反対で、全く合わないこと。

何らかのものや様子にたとえた慣用句

お茶をにごす…適当《てきとう》なことを言ってその場をごまかす。

くぎをさす…まちがいのないように念《ねん》をおす。

さじを投げる…見こみがないとあきらめる。

チェック2

次の慣用句の□には、同じ言葉が入ります。当てはまる言葉を、それぞれ書きましょう。

① □の手も借りたい／□の額《ひたい》／□をかぶる／□もしゃくしも　（　　）

② □も葉もない／□が生える／□に持つ／□を下ろす　（　　）

③ □と油／□に流す／□のあわ／□が合わない　（　　）

解説《かいせつ》は別冊《べっさつ》p.15へ

2 ことわざ

ことわざとは、古くから言い伝《つた》えられてきた、教えやいましめ、生活のちえなどがふくまれているひと続《つづ》きの言葉のことです。ことわざには、似《に》た意味のものや、反対の意味のものも多くあります。どんなものがあるか、いくつかの種類《しゅるい》に分けて、見ていきましょう。

動物を使ったことわざ　※想像上《そうぞう》の生き物もふくむ。

とらぬたぬきの皮算用《かわざんよう》…まだ手に入らないうちから、あれこれ当てにして計算したり計画を立てたりすること。

立つ鳥あとをにごさず…他へ移《うつ》るときは、今までいた場所をきちんと始末《しまつ》しておかなければならない。

馬の耳に念仏《ねんぶつ》…いくら忠告《ちゅうこく》をしても聞き入れられず、何の効《き》き目もないこと。

おにに金棒《かなぼう》…もともと強いものが、さらに強くなること。

泣《な》き面《つら》にはち…不幸《ふこう》や不運の上に、さらによくないことが重なること。　**＝弱り目にたたり目**

さるも木から落ちる…どんな名人でも、ときには失敗《しっぱい》することがある。

＝河童《かっぱ》の川流れ・弘法《こうぼう》にも筆の誤《あやま》り・上手《じょうず》の手から水がもる

ねこに小判《こばん》…貴重《きちょう》なものであっても、その価値《かち》がわからない人にとっては役に立たないこと。　**＝ぶたに真じゅ**

職業《しょくぎょう》を使ったことわざ

医者の不養生《ふようじょう》…人には立派《りっぱ》なことを言いながら、自分は実行していないこと。　**＝紺屋《こうや》（こんや）の白《しろ》ばかま**

船頭《せんどう》多くして船山に登る…指図する人が多くて統一《とういつ》が取れず、物事がとんでもない方向に進む。

馬子《まご》にも衣装《いしょう》…だれでも立派な服を着てかざれば、立派に見えること。

「紺屋」とは染《そ》め物屋さんのこと、「馬子」とは馬を引いて人や荷物を運ぶ人のこと。「孫《まご》にも衣装」とまちがえないようにね！

チェック3

「河童の川流れ」と似た意味のことわざとして当てはまらないのは、どれですか。一つ選んで、記号で答えましょう。

ア　弘法にも筆の誤り
イ　さるも木から落ちる
ウ　ねこに小判
エ　上手の手から水がもる

解説は別冊p.16へ

努力《どりょく》や成功《せいこう》などについて述《の》べたことわざ

ちりも積《つ》もれば山となる…わずかなものでも、積み重なれば大きなものになる。

石の上にも三年…しんぼうして続《つづ》ければ、最後《さいご》にはきっと成功するということ。　**＝雨垂《あまだ》れ石をうがつ**

好《す》きこそものの上手《じょうず》なれ…何事も、好きなことは熱心《ねっしん》に取り組むので上達《じょうたつ》が早い。　**⇕下手《へた》の横好き**

人生や生き方、世間などについて述べたことわざ

うそから出たまこと…うそで言ったことが、いつの間にか本当になってしまうこと。　**＝ひょうたんからこま**

せいては事を仕損《しそん》じる…物事をあせってやると、かえって失敗する。　**＝急がば回れ　⇕先《さき》んずれば人を制《せい》す**

捨《す》てる神あれば拾う神あり…人はさまざまなので、見捨てる人もあれば、助けてくれる人もある。

＝わたる世間におにはない　⇕人を見たらどろぼうと思え

そでふり合うも多生《たしょう》のえん…ちょっとした出来事も、単なるぐう然《ぜん》ではなく、運命によるものだということ。

情《なさ》けは人のためならず…人に親切にしておけば、いつか自分も人から親切にされることがある。

待てば海路《かいろ》の日和《ひより》あり…落ち着いて待っていれば、そのうちよいことがある。　**＝果報《かほう》はねて待て**

体の一部を使ったことわざ

かべに耳あり障子《しょうじ》に目あり…どこでだれが見聞きしているかわからず、秘密《ひみつ》はもれやすい。

ぬれ手であわ…苦労《くろう》しないで大もうけすること。

のど元《もと》過ぎれば熱《あつ》さを忘《わす》れる…苦しいときが過ぎてしまえば、そのときの苦しみや受けた恩《おん》も忘れてしまう。

良薬《りょうやく》は口に苦《にが》し…本当にためになる忠告《ちゅうこく》は、聞くのがつらい。

「あわ」とは穀物《こくもつ》の一種《いっしゅ》で、米や麦よりも、ずっとつぶが小さいんだって。

チェック4

「せいては事を仕損じる」と反対の意味のことわざはどれですか。一つ選《えら》んで、記号で答えましょう。

ア　雨垂れ石をうがつ
イ　急がば回れ
ウ　待てば海路の日和あり
エ　先んずれば人を制す

解説《かいせつ》は別冊《べっさつ》p.16へ

38

3 故事成語《こじせいご》

故事成語とは

故事成語とは、主に中国《ちゅうごく》に昔から伝《つた》えられてきた、いわれのある話（故事）からできた言葉のことです。人生の教えやいましめなどがふくまれています。

熟語《じゅくご》の形の故事成語

杞憂《きゆう》…不要《ふよう》な心配をすること。
推敲《すいこう》…文章などの表現《ひょうげん》を、何度も練り直すこと。
蛇足《だそく》…あとから付け加《くわ》えられた、余計《よけい》なもの。
矛盾《むじゅん》…二つの事がらのつじつまが合わないこと。
登竜門《とうりゅうもん》…そこを通れば出世できるといわれる関門《かんもん》。
温故知新《おんこちしん》…昔のことを研究して、新しい知識《ちしき》や方法《ほうほう》を身につけること。
呉越同舟《ごえつどうしゅう》…仲《なか》の悪い者どうし同じ場所に居合《いあ》わせること。
五里霧中《ごりむちゅう》…心が迷《まよ》って、どうすべきかわからないこと。
四面楚歌《しめんそか》…周《まわ》りが敵《てき》ばかりで、味方がいないこと。
大器晩成《たいきばんせい》…すぐれた人物は、若《わか》いころは目立たず、ゆっくりと時間をかけて立派《りっぱ》になるということ。
朝三暮四《ちょうさんぼし》…目先の損得《そんとく》にとらわれて、結果《けっか》が同じになることに気づかないこと。
五十歩百歩《ごじっぽひゃっぽ》…少しのちがいはあっても、実際《じっさい》はほとんど同じであること。

それ以外《いがい》の形の故事成語

漁夫《ぎょふ》の利《り》…二人が争《あらそ》っているすきに、他の者が利益《りえき》を横取りすること。
塞翁《さいおう》が馬…人の幸《こう》・不幸《ふこう》は予測《よそく》できないということ。
他山《たざん》の石…自分の人格《じんかく》をみがくのに役立つ、他の人のつまらない行いや言葉。
背水《はいすい》の陣《じん》…絶対《ぜったい》に失敗《しっぱい》できない立場・方法《ほうほう》で物事に当たること。
とらの威《い》を借《か》るきつね…自分には力がないのに、強い人の勢《いきお》いや力をたよっていばる人のこと。

「五里霧中」は「五里夢中」、「大器晩成」は「大器晩生」と書かないように注意するニャ。

チェック5

「蛇足《だそく》」とはどんな意味ですか。一つ選んで、記号で答えましょう。

ア　不要な心配をすること。
イ　二つの事がらのつじつまが合わないこと。
ウ　あとから付け加えられた、余計なもの。
エ　人の幸・不幸は予測できないということ。

解説は別冊p.16へ

故事成語《こじせいご》の元になった話（故事）とは

故事成語には、その言葉が生まれることになった、元になる話（故事）があります。どんな故事だったかを知っておくことで、故事成語の意味を覚《おぼ》えやすくなります。

いくつかの故事成語で見ていきましょう。

「朝三暮四《ちょうさんぼし》」の元になった話

昔、中国《ちゅうごく》の宋《そう》という国で、さるを飼《か》っている人がいた。あるとき、えさ代に困《こま》って、えさを減《へ》らそうとして、さるに「木の実を朝に三つ、夕方に四つやろう。」と持ちかけた。すると、さるがおこったので、「では、朝四つ、夕方三つにしよう。」と言うと、さるは喜《よろこ》んだ、という話から。

「漁夫《ぎょふ》の利《り》」の元になった話

あるとき、シギという鳥とハマグリという貝が争《あらそ》っていた。そこに漁師《りょうし》が通りかかって、両方ともつかまえてしまった。

「塞翁《さいおう》が馬」の元になった話

昔、中国の国境《こっきょう》の近くに住んでいる塞翁という老人《ろうじん》がいた。あるとき、塞翁の飼っていた馬がにげてしまった。塞翁ががっかりしていたところ、やがてその馬は、足の速い名馬を連《つ》れてもどってきたので、不幸《ふこう》は転《てん》じて幸福となった。

しかし、老人のむすこがその名馬に乗ったところ、落ちて足の骨《ほね》を折《お》ってしまった。しかし、そのおかげで戦《せん》争《そう》に行かずに済《す》んで無事《ぶじ》であったので、再《ふたた》び不幸が転じて幸福となった。

チェック6

「塞翁が馬」の元になった話で、不幸と幸福が起こった順《じゅん》になるように並《なら》べかえて、記号で答えましょう。

ア　塞翁のむすこが落馬して骨折《こっせつ》した。
イ　にげた馬が足の速い名馬を連れてもどってきた。
ウ　塞翁のむすこは戦争に行かずに済んだ。
エ　塞翁の飼っていた馬がにげてしまった。

□→□→□→□

解説《かいせつ》は別冊《べっさつ》p.16へ

レッスン11のカだめし

1 次の意味の慣用句《かんようく》になるように、□に当てはまる言葉を書きましょう。

(1) れいぎ正しくて、いばらない。
→□が低《ひく》い

(2) たがいに気が合う。
→□が合う

(3) 顔つきや姿《すがた》がよく似《に》ていること。
→□二つ

(4) まちがいのないように念《ねん》をおす。
→□をさす

2 次のことわざと似た意味のことわざを、□から選《えら》んで、記号で答えましょう。

(1) ぶたに真じゅ
(2) ぬかにくぎ
(3) 石の上にも三年
(4) 石橋をたたいてわたる

(1) □　(2) □　(3) □　(4) □

ア 雨垂《あまだ》れ石をうがつ　イ 医者の不養生《ふようじょう》
ウ のれんにうでおし　エ ねこに小判《こばん》
オ 泣《な》き面《つら》にはち　カ 念《ねん》には念を入れる

3 次の故事成語《こじせいご》の意味を□から選んで、記号で答えましょう。

(1) 矛盾《むじゅん》 □　(2) 呉越同舟《ごえつどうしゅう》 □
(3) 杞憂《きゆう》 □　(4) 他山《たざん》の石 □
(5) 登竜門《とうりゅうもん》 □　(6) 背水《はいすい》の陣《じん》 □

ア 仲《なか》の悪い者どうしが同じ場所に居合《いあ》わせること。
イ 二つの事がらのつじつまが合わないこと。
ウ 絶対《ぜったい》に失敗《しっぱい》できない立場で物事に当たること。
エ そこを通れば出世できるといわれる関門《かんもん》。
オ 不要《ふよう》な心配をすること。
カ 自分をみがくのに役立つ、他人のつまらない言動。

授業《じゅぎょう》動画はこちらから∵ 40

解説《かいせつ》は別冊《べっさつ》p.17へ

国語辞典《じてん》の引き方［三年］・漢字辞典の引き方［四年］

このレッスンのはじめ♪

日常生活《にちじょうせいかつ》の中で、聞いたことがない言葉が出てきたり、漢字の書き方を忘《わす》れてしまったりした場合に、こまめに国語辞典《じてん》や漢字辞典を引いていますか？

面《めん》どうだと思ってそのままにしたり、周囲《しゅうい》の人に聞いて済《す》ませたりするのは、もったいないですよ。実際《じっさい》に辞典を引くことで、知りたかったこと以外《いがい》の知識《ちしき》を得《え》られることもあるからです。

今日は、辞典の調べ方についてしっかり学びましょう。

1 国語辞典《じてん》の引き方

国語辞典は、日本語の言葉の意味や使い方などを調べるときに使う辞典です。

例《たと》えば、「安全」という言葉の意味を調べたいときは、国語辞典の「あ」のところから探《さが》します。この「安全」のような辞典に示《しめ》されている言葉を、「見出し語」といいます。

見出し語　漢字での書き表し方　言葉の意味

あんぜん【安全】きけんがないこと。あぶなくないこと。例交通《こうつう》安全。／安全な場所《ばしょ》ににげる。対危険《きけん》。

言葉の使い方　類義語《るいぎご》や対義語《たいぎご》（ある場合のみ）

多くの国語辞典では、見出し語は、原則《げんそく》として言い切りの形で、一定の法則《ほうそく》に従《したが》って並《なら》べられています。

「言い切りの形」については、次のページで説明《せつめい》するニャ。

それでは、どんな法則で並べられているのかを見ていきましょう。

五十音順《じゅん》

見出し語となる言葉は、「あいうえお」から「わをん」までの五十音順に沿《そ》って並べられている。いちばん上に同じ音の言葉が続《つづ》く場合は、二字目よりあとの音で判断《はんだん》する。

例《れい》

一字目：あき【秋】→いぬ【犬】→うた【歌】→えき【駅】→おと【音】

二字目：きかん【機関】→ききて【聞き手】→きくず【木くず】→きけん【危険】→きこく【帰国】

三字目：たいさく【大作】→たいしつ【体質】→たいする【対する】→たいせつ【大切】→たいそう【体操】

チェック1　次の「あ」から始まる言葉が、国語辞典にのっている順になるように並べかえて、記号で答えましょう。

ア　暗記
イ　安息
ウ　安心
エ　安静《あんせい》

□→□→□→□

解説《かいせつ》は別冊《べっさつ》p.18へ

42

だく音《おん》・半《はん》だく音《おん》のある言葉

だく音（「ざじずぜぞ」のようににごる音）や半だく音（「ぱぴぷぺぽ」のような音）は、清音《せいおん》（「〃」や「。」が付《つ》かない音）のあとに並《なら》べられている。

例《れい》
はす
バス
パス

はは【母】
はば【幅】
ばば【馬場】
パパ

小さく書く「っ」「や・ゆ・よ」のある言葉

小さく書く「っ」や「ゃ・ゅ・ょ」は、大きく書く字のあとに並べられている。（ただし、逆《ぎゃく》の並び方の辞書《じしょ》もある）

例
きよう【器用】
きょう【今日】

びよういん【美容院】
びょういん【病院】

「ー」というのばす音をふくむ言葉

「ー」というのばす音をふくむかたかなの言葉は、のばす音を前の音の「ア・イ・ウ・エ・オ」に置《お》きかえて並べられている。

例
アート ◀ アアト
シーツ ◀ シイツ
ルール ◀ ルウル
ケーキ ◀ ケエキ
ホース ◀ ホオス

形の変《か》わる言葉

動きや様子を表す言葉（→p.88）は、言い切りの形で出ている。

例
走ります ▶ 走る（動きを表す言葉）
美しくなる ▶ 美しい（様子を表す言葉）
静《しず》かだろう ▶ 静か（様子を表す言葉）
└言い切りが「〜だ」の言葉は、「だ」を省《はぶ》いた形で出ている

チェック2

次の言葉のうち、国語辞典《じてん》で二番目にのっている言葉はどれですか。一つ選《えら》んで、記号で答えましょう。

ア ビュッフェ　イ 百人力《ひゃくにんりき》
ウ 冷《ひ》やかす　エ 病院

解説《かいせつ》は別冊《べっさつ》p.18へ

2 漢字辞典《じてん》の引き方

43

漢字辞典は、漢字の意味や読み方、画数や成《な》り立ちなどを調べるときに使う辞典です。

漢字辞典に見出しとしてのせられている漢字を、「親《おや》字《じ》」といいます。親字は、原則《げんそく》として部首ごとにまとめられ、その部首の中で画数の少ない順《じゅん》に並《なら》べられています。（部首を除《のぞ》いた画数で数えられています。）

【浴】 氵7 10画 4年
〈浴〉 おん ヨク くん あびる・あびせる
（読み方）

浴《1》浴《2》浴《3》浴《4》浴《5》浴《6》浴《7》浴《8》浴《9》浴《10》
4・5画《かく》目ははなし、6・7画目の書《か》きだしはつけて書く。
（筆順）

なりたち 𣲙－浴 谷《コク》（くぼんだあな）と氵（＝水）を合《あ》わせた字《じ》。くぼんだところ（ゆぶねなど）にからだを入《い》れてあらうことをあらわした。
（成り立ち）

意味 ❶水《みず》や湯《ゆ》をからだにかける。あびる。あびせる。「海水浴《かいすいよく》・入浴《にゅうよく》」❷こうむる。うける。「森林浴《しんりんよく》・日光浴《にっこうよく》」
（意味）

注意「浴」とまちがえないこと。
難読《なんどく》「浴衣《ゆかた》」
（注意点など（ある場合のみ））

【浴衣】ゆかた もめんでつくった、ひとえの着物《きもの》。ふろ上《あ》がりや、夏《なつ》にきる。
【浴室】よくしつ ふろのあるへや。ふろば。
【浴場】よくじょう ①ふろや。銭湯《せんとう》。例公衆浴場《こうしゅうよくじょう》。②ふろば。浴室《よくしつ》。
【浴槽】よくそう ふろおけ。ゆぶね。
（その漢字を使った語句《ごく》）

漢字辞典で、調べたい漢字を引くためには、次の三つの方法《ほうほう》があります。

部首さくいんで引く

部首を画数の少ない順に並べ、その部首の漢字のページを示《しめ》しているもの。調べたい漢字の部首がわかっているときは、この部首さくいんで引くことができる。

①部首の画数から、その部首のページを調べる。

例

部首	名前	ページ
一画		
一	いち	一
丨	ぼう たてぼう	一九
丶	てん	二一
ノ	の（はらいぼう）	二四
乙（乚）	おつ おつにょう	二五
亅	はねぼう	二八
二画		
二	に	三〇
亠	なべぶた	三四
人（亻・𠆢）	ひと	三七
亻（人）	にんべん	三七
𠆢（人）	ひとやね	三七
儿	にんにょう ひとあし	七九
入	いる	八四
八	はち（は）	八六
冂	どうがまえ（けいがまえ）	九一
冖	わかんむり	九五
冫	にすい	九六
几	つくえ	九八
凵	うけばこ（かんにょう）	九九
刀（刂）	かたな	一〇二
刂（刀）	りっとう	一〇二
力	ちから	一一七
勹	つつみがまえ	一二七
匕	ひ	一二八
匚	はこがまえ	一二九
匸（乚）	かくしがまえ	一[illegible]九
十	じゅう	一[illegible]〇
卜	ぼく（うらない）	一[illegible]七
卩（㔾）	ふしづくり	一[illegible]七
厂	がんだれ	一[illegible]〇
厶	む	一[illegible]二
又	また	一[illegible]四
三画		
口	くち くちへん	一[illegible]〇
囗	くにがまえ	一七七
土（土）	つち つちへん	一八四
士	さむらい	一九九
夂	すいにょう（なつあし）（ふゆがしら）	二〇二
夕	ゆう（た）（ゆうべ）	二〇四
大	だい	二〇八
女（女）	おんな おんなへん	二二〇
子（子）	こ こへん	二二八
宀	うかんむり	二三二

②総《そう》画数から部首の画数を除《のぞ》いた画数をもとに、漢字を探《さが》す。例《たと》えば、「浴」なら「谷」の部分は七画。

チェック3

次の漢字を、漢字辞典にのっている順に並べかえて、記号で答えましょう。

ア 調　イ 説　ウ 訓

□→□→□

解説は別冊p.18へ

音訓《おんくん》さくいんで引く

漢字が音読み・訓読みの五十音順《じゅん》で、同じ読み方のものは画数順に並《なら》べられている。調べたい漢字の音読みか訓読みがわかっているときは、音訓さくいんを使う。

例《れい》

【ヨ】

与	一一三
予	二八
余	五七
誉	七六六
預	八五七
與	一一三
輿	八〇六
よ	
世	一七
代	四三
四	一七七
夜	二〇七
よい	
宵	二四三
よい	
良	七三〇
善	一七四
ヨウ	
幼	二八五
用	五九九
羊	六九九
妖	二二三
洋	五四〇
要	七四八
容	二四三
庸	二九〇
葉	三二二
遥	三四七
陽	三六二
揚	四二〇
揺	四二一
傭	七六
蓉	三二四
搖	四二一
楊	四九六
溶	五五八
瑶	五九五
腰	七二一
遙	三四七
様	四九八
瘍	六一一
踊	七九八
樣	四九八
窯	六五七
養	八六七
擁	四二四
謡	七七五
謠	七七五
曜	四五九
燿	五七六
耀	七〇五
鷹	八八二
よう	
八	八六
よう	
酔	八一〇
醉	八一〇
ヨク	
抑	四〇五
沃	五三一
浴	五四三
欲	五〇五
翌	七〇四
翼	七〇四
よこ	
横	四九八
橫	四九八
よごす	
汚	五二七
よごれる	
汚	五二七
よし	
由	六〇一
よしみ	
誼	七七〇
よせる	
寄	二四四
よそおう	
装	七四三
裝	七四三
よつ	
四	一七七
よっつ	
四	一七七
よど	
淀	五四九
よどむ	
淀	五四九
よぶ	
呼	一六五
よみがえる	
蘇	三一七
よむ	
詠	七六一
読	七六九
よめ	
嫁	二二七
よもぎ	
蓬	三二四
よる	
夜	二〇七
よる	
因	一七八
寄	二四四
寓	二四七
よろい	
鎧	八二七
よろこぶ	
欣	五〇五
喜	一七三
よわい	
弱	二九六
よわまる	
弱	二九六
よわめる	
弱	二九六
よわる	
弱	二九六
よん	
四	一七七

総画《そうかく》さくいんで引く

漢字が総画数の順に並べられている。調べたい漢字の部首も、音読み・訓読みもわからないときは、総画さくいんを使う。

例

1画	
一	一
乙	二五
2画	
七	六
丁	七
乃	二四
九	二五
了	二八
二	三〇
人	三七
入	八四
八	八六
刀	一〇二
力	一一八
十	一三〇
卜	一三七
又	一四四
3画	
下	八
三	九
上	十
丈	一二
万	一二
与	一三
丸	二一
之	二三
久	二四
及	二四
乞	二六
也	二六
亡	三四
凡	九八
刃	一〇二
勺	一二七
千	一三一
叉	一四四
口	一五〇
土	一八五
士	一九九
夕	二〇四
大	二〇八
女	二三〇
子	二二八
寸	二四九
小	二五五
山	二六五
川	二六九
工	二七〇
已	二七三
己	二七三
巳	二七三
巾	二七四
干	二八〇
弓	二九五
才	四〇〇
4画	
丑	一三
不	一三
中	二〇
丹	二二
乏	二四
予	二八
云	三一
五	三一
互	三二
井	三三
介	三九
今	四〇
仁	四〇
仏	四一
允	七九
元	七九
公	八六
六	八八

チェック4

漢字の読み方がわかっているときは、どのさくいんを使いますか。一つ選《えら》んで、記号で答えましょう。

ア 部首さくいん　イ 音訓さくいん

ウ 総画さくいん

解説《かいせつ》は別冊《べっさつ》p.18へ

レッスン12の力だめし

1 「はなばなしい」という言葉の意味を調べたいときに引くとよいのは、国語辞典《じてん》と漢字辞典のどちらですか。

（　　）

2 次のだく音《おん》・半《はん》だく音《おん》のつく言葉を、国語辞典にのっている順《じゅん》に並《なら》べかえ、記号で答えましょう。

ア ピザ
イ ひざ
ウ ビザ

□→□→□

3 次の――線部の言葉を国語辞典で調べるとき、どんな見出し語で引けばよいですか。それぞれ書きましょう。

(1) とても<u>さびしかっ</u>た。（　　）
(2) 顔を<u>しかめ</u>て記事を読む。（　　）
(3) <u>見事な</u>出来ばえにおどろく。（　　）

4 次の「广（まだれ）」の漢字を、漢字辞典にのっている順に並べかえて、記号で答えましょう。

ア 庫　イ 康　ウ 底　エ 広

□→□→□→□

5 次の音訓《おんくん》さくいんでの漢字の並び方について述《の》べた文のうち、正しいものを選《えら》んで、記号で答えましょう。

ア 音読みだけの五十音順で並んでいる。
イ 訓読みだけの五十音順で並んでいる。
ウ 音読み・訓読みを取りまぜた五十音順で並んでいる。

□

6 次の漢字を総画《そうかく》さくいんで調べる場合、何画のところを引けばよいですか。それぞれ漢数字で答えましょう。

(1) 近 □　(2) 民 □
(3) 馬 □　(4) 発 □

授業《じゅぎょう》動画はこちらから
45

解説《かいせつ》は別冊《べっさつ》p.18へ

レッスン13

文の組み立て（主語《しゅご》・述語《じゅつご》・修飾語《しゅうしょくご》）

［三～五年］

ボクのかの女のニャン美《み》ちゃんニャ♡
ニャーーーン♡
ニャン吉《きち》、かの女いたのかよ!?
ガーン…
ボクのかの女について主語＋述語《じゅつご》の文で言うとニャね……。
テレッ
ニャン美ちゃんがおどる♪
①何が――どうする
いよっ
ニャン美ちゃんはネコだ！
③何が――何だ
ニャー
いいぞ
……。
ニャン美ちゃんは美しい♡
②何が――どんなだ
キレイだ
ニャン美ちゃんがいる♡
④何が――ある・いる・ない
ああっ
ニャ
ニャ
ニャーーン

このレッスンのはじめ♪

- 父が　出かける。
- 父は　やさしい。

どちらも短い文ですが、お父さんのことを説明《せつめい》する内容《ないよう》の文ですね。

そこに、

- 父が急いで出かける。
- 父はとてもやさしい。

のように「急いで」「とても」などの言葉を加《くわ》えると、さらに様子がよくわかる文になります。

今回は、こうした、文を組み立てている言葉について学びましょう。

1 主語《しゅご》と述語《じゅつご》

主語とは

主語とは、文の中で「だれが（は）」「何が（は）」に当たる言葉です。

例《れい》
桜《さくら》がさく。　姉が走る。
桜はきれいだ。　姉はせっかちだ。
これが桜だ。　姉は中学一年生だ。

「桜」は「何」、「姉」は「だれ」に当たるんだニャ。

もっとくわしく
「ぼくも小学四年生だ。」「これこそ本物だ。」「子供《こども》でさえわかる。」「祖父《そふ》まで笑《わら》う。」のように、「～は」「～が」以外《いがい》の形の主語もある。

述語とは

述語とは、文の中で「どうする」「どんなだ」「何だ」「ある・いる・ない」に当たる言葉です。

例
桜がさく。　姉が走る。
桜がきれいだ。　姉はせっかちだ。
これが桜だ。　姉は中学一年生だ。
桜がある。　姉がいる。

チェック1 次の文の①・②からは主語、③～⑤からは述語の言葉を書きぬきましょう。

① テストが終わる。（　　）
② 先生はやさしい。（　　）
③ 国語が好《す》きです。（　　）
④ 授業《じゅぎょう》がおもしろい。（　　）
⑤ 宿題がたくさんある。（　　）

解説《かいせつ》は別冊《べっさつ》p.19へ

2 主語《しゅご》と述語《じゅつご》の関係《かんけい》

主語と述語の関係とは、「何が（だれが）」などを表す主語と、「どうする」などの述語に係る関係のことです。この主語と述語の関係が、文の骨組《ほねぐ》みとなっています。

「文の骨組み」とは、文の基本《きほん》となる型《かた》ということだよ。

主語と述語からなる基本文型《ぶんけい》は、四つあります。

●「何が―どうする」の型

例《れい》 日が　のぼる。
ぼくは　勉強する。

●「何が―どんなだ」の型

例 日差《ひざ》しが　暖《あたた》かだ。
バレリーナは　美しい。

述語は、ふつう、文の終わりにあるわね。

●「何が―何だ」の型

例 あれが　駅ビルだ。
母は　保育士《ほいくし》です。

●「何が―ある・いる・ない」の型

例 りんごが　ある。
からすが　いる。
川は　ない。

チェック 2 次の文の主語と述語は、どんな関係ですか。あとから選《えら》んで、記号で答えましょう。

① 本がない。（　）
② 魚が焼《や》ける。（　）
③ あれが弟だ。（　）
④ 子犬はかわいい。（　）

ア 何が―どうする　イ 何が―どんなだ
ウ 何が―何だ　エ 何が―ある・いる・ない

解説《かいせつ》は別冊《べっさつ》p.19へ

3 修飾語《しゅうしょくご》と被《ひ》修飾語

48

修飾語

文の基本的《きほんてき》な形は、主語と述語から成《な》り立っていますが、それだけでは伝《つた》えたいことを十分に表せないこともあります。そんなときに、内容《ないよう》をくわしく表す修飾語を入れます。

修飾語は、文の中で、「いつ」「どこで」「どんな」「何を」「どのように」などを表す言葉で、あとに続《つづ》く言葉をくわしく説明《せつめい》します。

例

桜《さくら》が　三月末に　さく。

花見を　公園で　行う。

この　桜は、見事な　大木だ。

桜の　下で　おにぎりを　食べる。

桜が　きれいに　さく。

修飾語が、あとに続く言葉をくわしくしていることをおさえよう。

被修飾語

被修飾語は、修飾語によってくわしくされる言葉です。

例

桜が　三月末に　さく。

花見を　公園で　行う。

この　桜は、見事な　大木だ。

桜の　下で　おにぎりを　食べる。

桜が　きれいに　さく。

被修飾語の「被」は、「～される・～を受ける」という意味だよ。

チェック3

次の文から、修飾語を書きぬきましょう。

① 真っ赤なりんごが実る。（　　）

② ぼくは必死《ひっし》で勉強した。（　　）

③ 駅ビルは秋に完成《かんせい》するそうだ。（　　）

解説は別冊p.19へ

49

4 修飾語《しゅうしょくご》と被《ひ》修飾語の関係《かんけい》

修飾語と被修飾語の関係とは、くわしく説明《せつめい》する働《はたら》きをもつ修飾語が、くわしく説明される被修飾語に係る関係のことです。

例《れい》 明日の（いつ）〔修飾語〕 大会は、〔被修飾語〕〔主語〕 公民館で（どこで）〔修飾語〕 行われる。〔被修飾語〕〔述語〕
白い（どんな）〔修飾語〕 雲が〔被修飾語〕〔主語〕 ゆっくりと（どのように）〔修飾語〕 流れる。〔被修飾語〕〔述語〕

「大会は行われる。」「雲が流れる。」という、主語・述語の文の骨組《ほねぐ》みに修飾語が入ると、様子がよくわかるね。

修飾語は、主語や述語《じゅつご》だけでなく、他の修飾語に係ることもあります。

例 私《わたし》は、〔主語〕 新しい（どんな）〔修飾語〕 駅ビルに（どこに）〔被修飾語〕 行った。〔述語〕

また、修飾語は、被修飾語の直前にあるものばかりとは限《かぎ》りません。

例 私は、〔主語〕 駅ビルで（どこで）〔修飾語〕 母と（だれと）〔修飾語〕 食事した。〔被修飾語〕〔述語〕

チェック4

次の文から、――線部の修飾語がくわしくしている言葉（被修飾語）を書きぬきましょう。

① 昨日《きのう》の 夕食は、カレーだった。（　　）

② ぼくは 一生けん命 練習した。（　　）

③ 祖母《そぼ》が おみやげを 私に くれた。（　　）

解説《かいせつ》は別冊《べっさつ》p.20へ

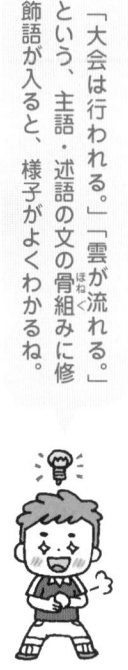

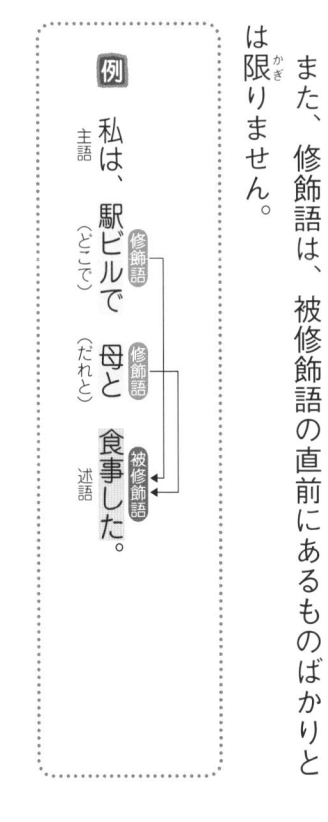

レッスン13 の力だめし

1 例《れい》のように、次の文からア主語《しゅご》、イ述語《じゅつご》に当たる言葉をそれぞれ書きぬきましょう。

例 真っ赤な　太陽が　ゆっくり　しずむ。
ア（太陽が）　イ（しずむ）

(1) ぼくは　明日　公園に　行く。
ア（　　）　イ（　　）

(2) 白い　雲が　とても　きれいだ。
ア（　　）　イ（　　）

2 次の文の主語と述語の関係《かんけい》は、あとのどれに当たりますか。それぞれ記号で答えましょう。

(1) 子犬が　ワンワン　鳴く。　□

(2) 大きな　銅像《どうぞう》が　ある。　□

(3) この　作品こそ　最《もっと》も　見事だ。　□

ア　何が―どうする　　イ　何が―どんなだ
ウ　何が―何だ　　エ　何が―ある・いる・ない

3 次の文の――線部の修飾語《しゅうしょくご》は、どんなことを表していますか。あとから選《えら》んで、記号で答えましょう。

● (1)土曜日に、私《わたし》は (2)公園で　遊んだ。
● (3)強い　雨が (4)ざあざあ　降《ふ》り出した。

(1) □　(2) □　(3) □　(4) □

ア　いつ　　イ　どこで　　ウ　どんな
エ　何を　　オ　どのように

4 次の文の――線部の修飾語がくわしくしている言葉（被《ひ》修飾語）を、書きぬきましょう。

(1) ご飯《はん》が　ふっくら　たける。　（　　）

(2) じっくりと　作品を　ながめる。　（　　）

授業《じゅぎょう》動画は こちらから 50

解説《かいせつ》は別冊《べっさつ》p.20へ

レッスン14

名前を表す言葉・動きや様子を表す言葉

［三年］

このレッスンのはじめ♪

①うぐいす・つばめ
②飛《と》ぶ・鳴く
③かわいい・きれいだ

①〜③の言葉それぞれに共通《きょうつう》する特《とく》ちょうは、何だと思いますか？

①は、鳥の名前を表す言葉ですね。②は、鳥がする動作を、③は、鳥の様子を表しています。

このように、言葉はどんなことを表すかによって分類《ぶんるい》することができます。それぞれの特ちょうについて、見ていきましょう。

1 名前を表す言葉

人や物事には、「森田《もりた》さん」「学級委員《いいん》」などのように、それぞれの名前がつけられています。このように、名前を表す言葉を「名詞《めいし》」といい、いくつかの種類《しゅるい》に分けられます。

一般的《いっぱんてき》な物事の名前を表すもの

小学校・教科書・ランドセル・ノート・運動ぐつ・校庭・宿題・おやつ・晩《ばん》ご飯《はん》・おふろ

人名・地名・国名・作品名などを表すもの

清少納言《せいしょうなごん》・ベートーベン・京都府《きょうとふ》・ウィーン・日本《にほん》・ドイツ・『枕草子《まくらのそうし》』・『エリーゼのために』

『枕草子』は清少納言《せいしょうなごん》という女性が書いた随筆《ずいひつ》だよ。随筆についてはp.150～155で勉強するよ。

物の数や量・時間・順序《じゅんじょ》などを表すもの

一人・二つ・三日・四か月・五年・第六位《い》・七番・八リットル・九メートル・十個《こ》

もっとくわしく

この他に、人や物事を指し示《しめ》すものもあります。

① 人を指し示すもの

例《れい》 ぼく・私《わたし》・あなた・君・かれ

② 事物・場所・方向を指し示すもの

例 これ・そこ・あちら・どっち

※②は、「こそあど言葉」（→p.91）ともよばれます。

チェック1

次の中から、それぞれ名前を表す言葉を選《えら》んで書きましょう。

① 温かい・スープ・好《す》きだ・飲む（　　）

② 書く・太い・えんぴつ・消す（　　）

③ きれいだ・さく・ばら・黄色い（　　）

④ 散歩《さんぽ》・出かける・歩く・近い（　　）

解説《かいせつ》は別冊《べっさつ》p.20へ

2 動きや様子を表す言葉

52

動きを表す言葉とは

動きを表す言葉は「動詞《どうし》」といい、「走る」「歌う」「ある」などのように、動作や存在《そんざい》を表します。こうした言葉は、言い切りの形が「ウ」段《だん》の音《おん》で終わります。

会う・買う・言う…「う（u）」で終わる。
さく・鳴く・気づく…「く（ku）」で終わる。
ある・いる・燃《も》える…「る（ru）」で終わる。

様子を表す言葉とは

様子を表す言葉は、物事の性質《せいしつ》や状態《じょうたい》、感情《かんじょう》などを表す言葉です。「長い」「新しい」などのように「～い」で終わる言葉を「形容詞《けいようし》」、「静《しず》かだ」「元気です」のように「～だ・です」で終わる言葉を「形容動詞」といいます。

「～い」で終わるもの（形容詞）

早い・おそい・長い・短い・新しい・古い・明るい・暗い・暑い・寒い・やさしい・こわい・楽しい・うれしい・悲しい・美しい・赤い・黄色い・無《な》い

「～だ・です」で終わるもの（形容動詞）

きれいだ・きれいです／好《す》きだ・好きです／幸せだ・幸せです／見事だ・見事です／にぎやかだ・にぎやかです／軽やかだ・軽やかです

もっとくわしく

「青白い」「塩《しお》からい」「歩きにくい」のように、複《ふく》合語《ごうご》（→p.99）の様子を表す言葉もあります。

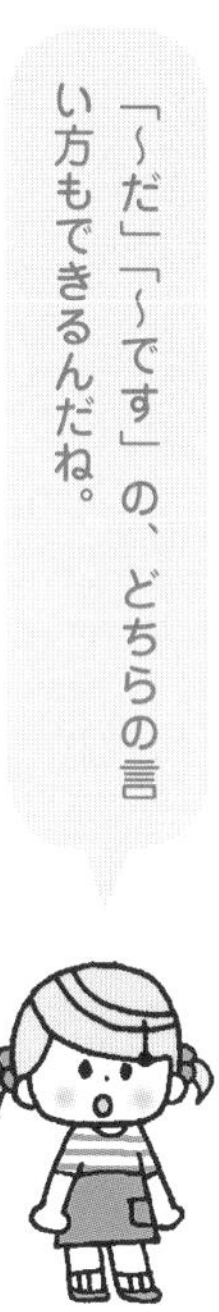

チェック2

次の言葉のうち、動きを表す言葉はア、様子を表す言葉はイと答えましょう。

① 待つ　② 便利《べんり》だ　③ 親切です　④ たたく

解説《かいせつ》は別冊《べっさつ》p.21へ

レッスン14のカだめし

1 次の言葉の説明《せつめい》に当てはまるものを、それぞれあとから三つずつ選《えら》んで、記号で答えましょう。

(1) 名前を表す言葉　□・□・□

(2) 動きを表す言葉　□・□・□

(3) 様子を表す言葉　□・□・□

ア　物事の性質《せいしつ》や状態《じょうたい》、感情《かんじょう》を表す。
イ　動作や存在《そんざい》を表す。
ウ　人名や地名、物の数や順序《じゅんじょ》などを表す。
エ　事物や場所、方向を表す。
オ　「～い」「～だ・です」で終わる。
カ　「ウ」段《だん》の音《おん》で終わる。
キ　「動詞《どうし》」という。
ク　「名詞」という。
ケ　「形容詞《けいようし》」「形容動詞」という。

2 次の□に当てはまる言葉を、あとの□から選んで（　）に書き、それがどんな種類《しゅるい》の言葉かを□から選んで、□に記号で答えましょう。（□の言葉は一度しか使えません。）

(1) 今日は、□が多い。　（　　）・□

(2) このゲームは□。　（　　）・□

(3) 高い山に□。　（　　）・□

(4) ぼくはとても□。　（　　）・□

(5) 遠足当日は朝早く□。　（　　）・□

(6) 家族□で出かける。　（　　）・□

登る　健康《けんこう》だ
宿題　楽しい
三人　起きる

ア　名前を表す言葉
イ　動きを表す言葉
ウ　様子を表す言葉

授業《じゅぎょう》動画はこちらから　53

解説《かいせつ》は別冊《べっさつ》p.21へ

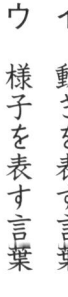

レッスン 15

こそあど言葉（指示語《しじご》）［三年］

太郎《たろう》ー、ちょっと
それ取って！
ジュー
えっ!?
これかな？
わあっ、びっくりさせんなよ！
ぬっ
いよっ
母さんと太郎が話していた「それ」「どれ」は、こそあど言葉ニャ！
この表を見てみるニャ。
	事物	場所	方向	状態《じょうたい》	指示《しじ》
こ	これ	ここ	こちら こっち	こんなだ こう	この
そ	それ	そこ	そちら そっち	そんなだ そう	その
あ	あれ	あそこ	あちら あっち	あんなだ ああ	あの
ど	どれ	どこ	どちら どっち	どんなだ どう	どの
これニャ！
…
そろ〜っ
へえーーっ
…って、あーっ！
ニャーーン♪

このレッスンのはじめ♪

「このパンを三つください。」

「こちらでよろしいですか？」

「いえ、それではなくとなりのものをお願《ねが》いします。」

目の前にあるものや、少しはなれたところにあるものを、「この」「こちら」「それ」のような言葉を使って、指し示《しめ》すことがありますね。このような言葉を、こそあど言葉といいます。

今回は、こそあど言葉がどんな役目を果《は》たしているかを学びましょう。

1 こそあど言葉の使い分け

こそあど言葉は、「これ・それ・あれ・どれ」「この・その・あの・どの」などのように何かを指し示《しめ》す働《はたら》きをする言葉のことで、「指示語《しじご》」ともいいます。

こそあど言葉は、次のように使い分けます。

こ　話し手に近い物事を指す。
そ　相手（聞き手など）に近い物事を指す。
あ　話し手からも相手からも遠い物事を指す。
ど　何を指し示すかはっきりしない物事を指す。

例《たと》えば、「この本」と言ったら自分に近く、「その本」と言ったら相手に近いんだニャ。

チェック1　話し手からも相手からも遠い物事を指すときには、どのこそあど言葉を使いますか。一つ選《えら》んで、記号で答えましょう。

ア　こちら　イ　そちら
ウ　あちら　エ　どちら

解説《かいせつ》は別冊《べっさつ》p.21へ

2 いろいろなこそあど言葉

こそあど言葉の種類《しゅるい》

こそあど言葉は、物や場所、方向などを指すときに使います。こそあど言葉にはどんなものがあって、どのような働きをするのかを見てみましょう。

	事物	場所	方向	状態《じょうたい》	指示
こ	これ	ここ	こちら こっち	こんなだ こう	この
そ	それ	そこ	そちら そっち	そんなだ そう	その
あ	あれ	あそこ	あちら あっち	あんなだ ああ	あの
ど	どれ	どこ	どちら どっち	どんなだ どう	どの

例えば、方向についてだったら、「駅はどちらですか。」「あちらの建物を右に曲がってすぐです。」などのように使うわね。

もっとくわしく
人や物を指して言うときには、「こいつ・そいつ・あいつ・どいつ」というこそあど言葉を使うこともあります。（※少し乱暴《らんぼう》な言い方です。）

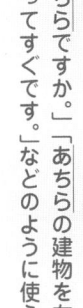

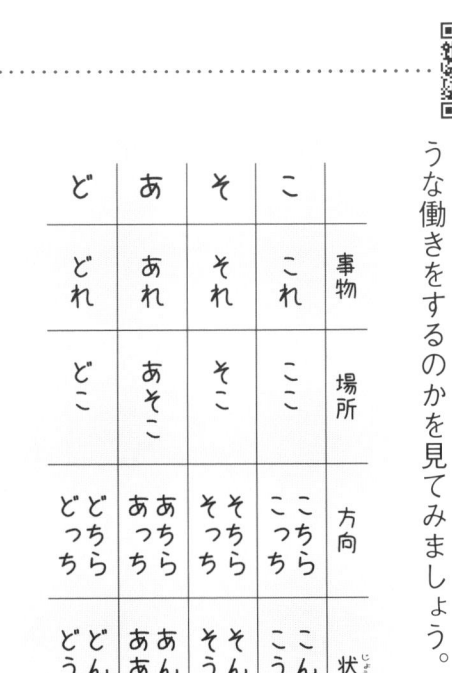

チェック2

次の□に当てはまるこそあど言葉を選《えら》んで、それぞれ記号で答えましょう。（ア〜エは一度しか使えません。）

① あなたが持っている、□本を貸《か》してくださいませんか。

② □映画《えいが》なのか、とても楽しみだ。

③ 私《わたし》がいちばんおすすめしたいのは、□だ。

④ 向こうに見える□の商品が、当店の人気商品です。

ア　これ　　イ　その
ウ　あちら　　エ　どんな

①□　②□　③□　④□

解説《かいせつ》は別冊《べっさつ》p.21へ

説明文《せつめいぶん》の中のこそあど言葉

こそあど言葉は、説明文や物語文、作文などの文章の中でもよく使われています。

こそあど言葉を使うことで、同じ言葉や内容《ないよう》のくり返しをさけて、わかりやすい文章にすることができます。

一ぴきのありが、小さな虫の死がいを運んでいた。しかし、不意《ふい》に、それ（小さな虫の死がい）を地面に置《お》いた。草むらのかげに横たわるせみの死がいに気づいたのだ。ありは、「おーい、ここ（草むらのかげ）に食べ物があるぞ。」と仲間《なかま》たちに伝《つた》えようとするかのように、近くをうろうろしている仲間たちのもとに、急いで向かったのだ。

文章中では、「こ」や「そ」から始まるこそあど言葉がよく使われるよ。

チェック3

次の――線部のこそあど言葉が指しているものを、書きぬきましょう。

① まん画を読んでいると、弟が、「それ、ぼくも読みたい。」と言い出した。
（　　　　）

② 白い花をさかせた木が遠くに見える。あちらに向かって進もう。
（　　　　）

解説は別冊p.22へ

レッスン15のカだめし

授業《じゅぎょう》動画はこちらから 57

解説《かいせつ》は別冊《べっさつ》p.22へ

1 次のこそあど言葉をまとめた表の①～⑤に入る言葉を、あとの　から選《えら》んで、（　）に書きましょう。

	事物	場所	方向	状態《じょうたい》	指示《しじ》
こ	これ	ここ	（③） こっち	こんなだ こう	この
そ	（①）	そこ	そちら そっち	そんなだ （④）	その
あ	あれ	（②）	あちら あっち	あんなだ ああ	あの
ど	どれ	どこ	どちら どっち	どんなだ どう	（⑤）

①（　）　②（　）
③（　）　④（　）
⑤（　）

そう　ああ　どの
それ　どっち　あそこ
そちら　こちら

2 次の文の（　）に当てはまるこそあど言葉を、　から選んで書きましょう。

(1) いちばん上にある（　）かばんがほしい。

(2) 人に（　）に喜《よろこ》ばれるとは思わなかった。

(3) この気持ちを（　）伝《つた》えようか。

こんな　そこ　あの　どう

3 次の――線部のこそあど言葉が指しているものを、（　）に書きぬきましょう。

(1) 公園の真ん中に、大きな池がある。わたり鳥たちは、そこを目がけてやってくる。

（　）

(2) 先生は、あきらめるなとおっしゃった。この言葉が私《わたし》の支《ささ》えとなった。

（　）

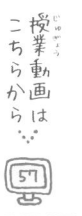

レッスン16

つなぎ言葉（接続語《せつぞくご》）

［四年］

このレッスンのはじめ♪

- 急いだ。だから、発車時《じ》刻《こく》に間に合った。
- 急いだ。しかし、発車時刻に間に合わなかった。

右の二組の文章で、一つ目の文は「急いだ。」という同じ内容《ないよう》ですが、あとに続《つづ》く結果《けっか》はそれぞれちがっていますね。このようなとき、「だから」「しかし」のように文と文をつなぐ言葉を使って、前後の関係《かんけい》を表します。

今回は、こうしたつなぎ言葉について学びましょう。

1 つなぎ言葉の働《はたら》き

つなぎ言葉とは、言葉と言葉、文と文、段落《だんらく》と段落をつなぐ働きをする言葉のことで、「接続語《せつぞくご》」ともいいます。よく使われるつなぎ言葉で見てみましょう。

例《れい》 ご飯《はん》をおかわりした。—だから—満腹《まんぷく》になった。

ここで使われている「だから」は、前の内容《ないよう》の自然《しぜん》な結果《けっか》があとに続《つづ》くことを表しています。

例 ご飯をおかわりした。—しかし—まだ食べ足りない。

ここで使われている「しかし」は、前の内容から予想されることとは逆《ぎゃく》の結果があとに続くことを表しています。

つなぎ言葉があることで、その前後がどんな関係《かんけい》でつながっているかがわかるんだ。

チェック1

「だから」はどんな働きをするつなぎ言葉ですか。合うほうの記号を答えましょう。

ア 前の内容の自然な結果があとに続くことを表す働き。

イ 前の内容から予想されることとは逆の結果があとに続くことを表す働き。

解説《かいせつ》は別冊《べっさつ》p.22へ

2 いろいろなつなぎ言葉

つなぎ言葉は、働きによって、大きく六種類《しゅるい》に分けることができます。まずは、三種類の働きを見てみましょう。

前の内容の自然な結果があとに続くことを表す
例 だから・それで・そこで・すると・したがって

前の内容から予想されることとは逆の結果があとに続くことを表す
例 しかし・でも・だが・けれども・ところが

前の内容に並《なら》べたり、付《つ》け加《くわ》えたりすることを表す
例 また・それから・そして・しかも・それに

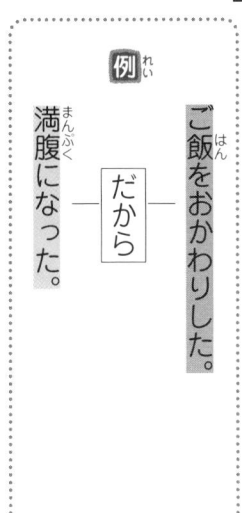

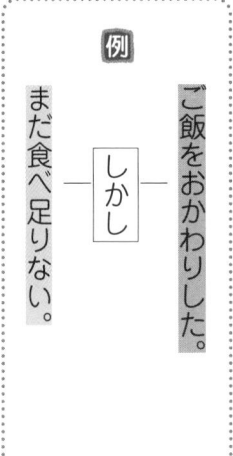

もっとくわしく

「ご飯《はん》をおかわりしたので、満腹《まんぷく》になった。」「ご飯をおかわりしたが、まだ食べ足りない。」のように、「ので」「が」などのつなぎ言葉を使って、一つの文にすることもできます。

「だから」は「ので」「から」、「しかし」は「が」「けれど」、「すると」は「と」などと言いかえることで、一つの文にまとめることができるニャ。

チェック2

次の各組《かくくみ》のつなぎ言葉には、他とは働《はたら》きのちがうものがあります。一つずつ選《えら》んで、記号で答えましょう。

① ア それで　イ しかも　ウ すると　エ だから

② ア だが　イ けれども　ウ ところが　エ したがって

③ ア また　イ それに　ウ でも　エ それから

①□　②□　③□

解説《かいせつ》は別冊《べっさつ》p.22へ

それでは、残《のこ》りの三つの働きを見てみましょう。

前の内容《ないよう》とあとの内容を比《くら》べたり、どちらかを選んだりすることを表す

例《れい》 または・あるいは・それとも・もしくは

前の内容に、あとの内容が説明《せつめい》や補足《ほそく》を加《くわ》えることを表す

例 つまり・すなわち・なぜなら・ただし

前の内容とは別《べつ》の話を始めることを表す

例 さて・ところで・では・それでは

チェック3

次の各組のつなぎ言葉には、他とは働きのちがうものがあります。それぞれ一つ選んで、記号で答えましょう。

① ア または　イ もしくは　ウ それとも　エ すなわち

② ア それでは　イ つまり　ウ なぜなら　エ ただし

③ ア ところで　イ さて　ウ あるいは　エ では

①□　②□　③□

解説は別冊p.23へ

レッスン16の力だめし

1 次の二つの文をつなぐ言葉として適切《てきせつ》なほうを選《えら》んで、記号で答えましょう。

(1) 簡単《かんたん》なテストだろうと思っていた。{ア ですから／イ ところが}、とても難《むずか》しかった。

(2) お飲み物は、紅茶《こうちゃ》にしますか。{ア それとも／イ それから}コーヒーにしますか。

(3) 午後から強い雨が降《ふ》ってきた。{ア あるいは／イ そのうえ}強風もふき始めた。

2 次の文の□に当てはまるつなぎ言葉をあとのから選んで、記号で答えましょう。

(1) ぼくはその意見に賛成《さんせい》だ。□、みんなのことをよく考えた内容《ないよう》だからだ。

(2) お久《ひさ》しぶりですね。□、今日はどちらにお出かけですか。

(3) 暑くてあせをかいた。□、シャワーを浴《あ》びることにした。

(4) この数日間はよく晴れていた。□、今朝、急にくもってしまった。

(5) 近年、大気おせん、□、空気のよごれのひどさが問題となっている。

ア でも　イ なぜなら　ウ ところで
エ また　オ あるいは　カ そこで
キ もしくは　ク つまり

3 次の二つの文を、「ので」か「のに」のどちらかのつなぎ言葉を使って、一つの文に書き直しましょう。

(1) 毎日努力《どりょく》した。だから、上達《じょうたつ》した。

(2) 毎日努力した。でも、なかなか上達できない。

授業《じゅぎょう》動画はこちらから 61

解説《かいせつ》は別冊《べっさつ》p.23へ

レッスン17

複合語《ふくごうご》

［五年］

このレッスンのはじめ♪

海辺《うみべ》の町で、お昼にあなたが食べたいのは、次のうち、どれですか？

①さし身定食
②まぐろ丼《どん》
③シーフードパスタ

それぞれちがうメニューですが、言葉としては共通《きょうつう》することがあります。それは複合語《ふくごうご》であるということ。

①は「さし身」と「定食」、②は「まぐろ」と「丼《どん》」、③は「シーフード」と「パスタ」が組み合わさった言葉です。今回は、こうした複合語について学びます。

1 いろいろな複合語《ふくごうご》

複合語とは

「色」と「えんぴつ」を合わせると「色えんぴつ」、「話す」と「始める」を合わせると「話し始める」という言葉ができます。このように、二つ以上《いじょう》の言葉が組み合わさってできた言葉を複合語といいます。

複合語には、次のようなものがあります。

和語《わご》の複合語（「和語＋和語」の組み合わせ）

春休み（春＋休む）
飛《と》び起きる（飛ぶ＋起きる）
青白い（青い＋白い）

漢語《かんご》の複合語（「漢語＋漢語」の組み合わせ）

新学期（新＋学期）
救急車《きゅうきゅうしゃ》（救急＋車）
家族旅行（家族＋旅行）

和語・漢語・外来語については、p.62～65で勉強したよ。お兄ちゃん、覚《おぼ》えてる？

外来語《がいらいご》の複合語（「外来語＋外来語」の組み合わせ）

サッカーボール（サッカー＋ボール）
チキンカレー（チキン＋カレー）
バーゲンセール（バーゲン＋セール）

チェック1

次の言葉は、どんな種類《しゅるい》の複合語ですか。それぞれ一つ選《えら》んで、記号で答えましょう。

① アップルパイ　□
② 草もち　□
③ 書道教室　□

ア　和語の複合語
イ　漢語の複合語
ウ　外来語の複合語

解説《かいせつ》は別冊《べっさつ》p.24へ

また、和語どうし、漢語どうし、外来語どうしの複合語だけでなく、和語・漢語・外来語がたがいに組み合わさった複合語もあります。

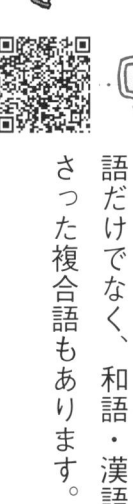

和語《わご》・漢語《かんご》・外来語《がいらいご》の組み合わさった複合語《ふくごうご》

ひな人形（ひな＋人形）…和語＋漢語
スープ皿（スープ＋皿）…外来語＋和語
進級テスト（進級＋テスト）…漢語＋外来語

チェック2

次の言葉のうち、和語＋漢語の複合語はどれですか。二つ選《えら》んで、記号で答えましょう。

ア　鼻血　イ　保健室《ほけんしつ》
ウ　糸電話　エ　雪合戦《ゆきがっせん》

解説《かいせつ》は別冊《べっさつ》p.24へ

64

2 もとの言葉と形や発音が変《か》わる複合語

複合語になることで、もとの言葉と形や発音が変わることがあります。

上の言葉が変わる場合

買い物（買う＋物）…「買う」が「買い」に変わっている

下の言葉が変わる場合

昔話（昔＋話）…「はなし」が「ばなし」に変わっている

上の言葉も下の言葉も変わる場合

長生き（長い＋生きる）…「長い」が「長」、「生きる」が「生き」に変わっている

もっとくわしく

三つ以上《いじょう》の言葉が組み合わさって、すべての言葉の形や発音が変わることもあります。

例《れい》　折《お》りたたみがさ（折る＋たたむ＋かさ）
「折る」→「折り」、「たたむ」→「たたみ」、「かさ」→「がさ」と変わっている。

チェック3

次の言葉のうち、元の言葉と形や発音が変わっている複合語はどれですか。一つ選んで、記号で答えましょう。

ア　紙コップ　イ　綿毛《わたげ》　ウ　損害保険《そんがいほけん》

解説は別冊p.24へ

レッスン17 力だめし

1 次の二つの言葉を組み合わせて一つの複合語《ふくごうご》にし、すべてひらがなで書きましょう。

(1) 雨 ＋ かっぱ →（　　）

(2) 見る ＋ 上げる →（　　）

(3) 歩く ＋ つらい →（　　）

2 次の複合語を、元の言葉に分けてひらがなで書きましょう。

(1) 語り合う →（　　）＋（　　）

(2) 細長い →（　　）＋（　　）

(3) 目覚《めざ》まし時計 →（　　）＋（　　）＋（　　）

3 次の言葉を、一つの複合語に書きかえましょう。

(1) 走って去る（　　）

(2) 月の明かり（　　）

(3) 息が苦しい（　　）

4 次の言葉は、どんな組み合わせでできていますか。あとから選《えら》んで、記号で答えましょう。

(1) 豆電球 [　]

(2) スキー場 [　]

(3) 船旅 [　]

(4) テレビゲーム [　]

(5) 画像《がぞう》 [　]

(6) 卵《たまご》スープ [　]

ア 和語《わご》と和語
イ 漢語《かんご》と漢語
ウ 外来語《がいらいご》と外来語
エ 和語と漢語
オ 和語と外来語
カ 外来語と漢語

授業《じゅぎょう》動画はこちらから 65

解説《かいせつ》は別冊《べっさつ》p.24へ

レッスン18

書き言葉と話し言葉・方言《ほうげん》

［五年］

このレッスンのはじめ♪

自分がねこを飼《か》っていることを作文などに書く場合、「私《わたし》は、ねこを飼っている。」などと書きますね。これを書き言葉といいます。

一方、だれかに話して伝《つた》える場合、「私、ねこ飼ってるんだ。」などと言いますね。これを話し言葉といいます。

話し言葉には、地方特有《とくゆう》の言葉づかいである方言《ほうげん》もありますよ。

それぞれのちがいについて、見ていきましょう。

66

1 書き言葉

書き言葉とは、文章を書くときに使う言葉です。つまり、文字で伝《つた》える言葉のことです。

文末《ぶんまつ》は「だ・である」か「です・ます」のどちらかに統一《とういつ》して、言葉の使い方のきまりや表記にもとづいて書きます。

書き手側《がわ》

書き言葉には、次のような特《とく》ちょうがあります。

- よく考えて言葉を選《えら》ぶことができる。
- あとから読み直して、改《あらた》めることができる。
- 漢字を使うので、同じ発音の言葉（同訓異字《どうくんいじ》・同音異義語《どうおんいぎご》→p.21〜22）を区別《くべつ》して伝えることができる。

例《れい》「科学」と「化学」　「市立」と「私立《しりつ》」

もっとくわしく

文章は、正しい書き言葉を使って書くことが大切です。

例
- ○とても（非常《ひじょう》に）うれしかった。
- ×とっても（すごく）うれしかった。

- ○なぜなら、自分の気持ちが伝わったからだ。
- ×だって、自分の気持ちが伝わったからだ。

読み手側

- 文字として形に残《のこ》っているので、何度でもくり返して読むことができる。
- わからない言葉が出てきたら、辞書《じしょ》を引いて調《しら》べることができる。

この問題集の場合、説明《せつめい》の部分や問題部分には書き言葉が使われているニャ。で、ぼくがこうして発言している部分は、話し言葉だニャ。

チェック1

書き言葉の特ちょうを説明した文として、当てはまらないものを二つ選《えら》んで、記号で答えましょう。

ア　文末を「だ・である」か「です・ます」に統一する。
イ　作文や手紙を書くときに使う。
ウ　身ぶりや表情《ひょうじょう》を使って伝えられる。
エ　わからない言葉は、辞書を引いて調べることができる。
オ　言いまちがえても、言い直すことができる。

□・□

解説《かいせつ》は別冊《べっさつ》p.25へ

67

2 話し言葉

話し言葉とは、口に出して話すときに使う言葉です。話し言葉には、次のような特《とく》ちょうがあります。

話し手側《がわ》

- 声の大きさを変《か》えたり、表情《ひょうじょう》や身ぶりを加《くわ》えたりして、伝えることができる。
- 言いまちがえたら、その場で言い直すことができる。
- 「ええと」「あの」などの言葉が入ることもある。
- その場にあるものや、ものの様子などを、こそあど言葉（→p.91）を使って示《しめ》すことができる。

例《れい》 これ、かわいいね。
あんなワンピースが着たいな。

- 話す相手によって、いろいろな話し方ができる。

例 目上の相手…敬語《けいご》（→p.109）
同じ地方の出身者…方言《ほうげん》（→p.105）
同年代や年下の相手…くだけた言い方

別《わか》れるとき、友達《ともだち》に対しては、「じゃあね」とか「バイバイ」と言うけど、先生に対しては、「さようなら」と言うよね。

聞き手側

- 話し手の話した内容《ないよう》に対して、その場で反応《はんのう》することができる。

例 わからないことがあったら→質問《しつもん》する
深く共感《きょうかん》したら→声に出したりうなずいたりして同意する

書き言葉の特ちょうも、話し言葉の特ちょうも、代表的な例《れい》だよ。この他にどんな特ちょうがあるか、自分でも考えてみよう。

チェック2

話し言葉の特ちょうを説明《せつめい》した文として、当てはまらないものを二つ選《えら》んで、記号で答えましょう。

ア 気になったところは、あとから読み直すことができる。
イ 周囲《しゅうい》の人と話をするときに使う。
ウ わからないことは、その場で質問することができる。
エ 同じ発音の言葉を漢字で区別《くべつ》して示すことができる。
オ 「ええと」「あの」などの言葉が入ることもある。

□・□

解説《かいせつ》は別冊《べっさつ》p.25へ

68

3 方言《ほうげん》と共通語《きょうつうご》

方言と共通語のちがい

「めんこい」「もじっこい」「いちゃきな」「あいらしか」「むぞか」「うじらーさん」――これらはすべて、「かわいい」を表す方言で、地域《ちいき》によっていろいろな言い方をします。

方言と共通語には、次のようなちがいがあります。

ポイント

方言・共通語とは？

①方言
- ある地域だけで使われる言葉で、形やアクセントがその地域ごとに異《こと》なる。
- その地域の生活に深く根ざしているので、そこで暮《く》らす人々の気持ちや感覚《かんかく》をぴったり言い表せる。

②共通語
- 全国のどの地域でも通じる標準的《ひょうじゅんてき》な言葉。
- 全国向けのニュースや講演会《こうえんかい》の他、文章を書くときや、日常《にちじょう》生活において改《あらた》まった場面で話すときに使われる。

チェック3

次の文の説明《せつめい》が、方言についてならア、共通語についてならイと答えましょう。

① 全国のどの地域にも通じる言葉。
② ある地域だけで使われる言葉。
③ その地域に暮らす人々の生活と深く結《むす》び付《つ》いている言葉。
④ 全国向けのニュースや講演会などで使われる言葉。

解説は別冊p.26へ

69

方言の特《とく》ちょう

方言は、それぞれの地域ごとに異なるため、他の土地の人には意味が通じないことがあります。こうした方言について、もう少しくわしく見ていきましょう。

昔は、交通手段《しゅだん》が発達《はったつ》していなかったから、地方どうしの交流は少なかったんだ。だから、山や海にへだてられたそれぞれの地域ごとに、独自《どくじ》の言葉が生まれたんだよ。

言葉そのものの形のちがい

同じ、または似《に》た意味でも、地域《ちいき》によって、全くちがった形の言葉があります。

例《れい》【ようこそ（共通語）】

おいでやす…京都府《きょうとふ》など

めんそーれ…沖縄県《おきなわけん》など

アクセントのちがい

同じ言葉でも、地域によってアクセントがちがうことがあります。

例【はし（橋）】

高 は↗し 低	関東《かんとう》地方…「は」は低《ひく》く、「し」は高く発音。
高 は↘し 低	関西《かんさい》地方…「は」は高く、「し」は低く発音。

食事のときに使う「はし」の場合、関東地方では、関西地方の「橋」、関西地方では、関東地方の「橋」の発音になるよ。おもしろいね。

文末表現《ぶんまつひょうげん》のちがい

地域によって、文末表現の言い方がちがうことがあります。

例【そうだ（言い切る言い方）】

●そうだ…東部《とうぶ》地方（東北《とうほく》や関東地方）

●そうや・そうじゃ…西部《せいぶ》地方（関西や四国《しこく》地方）

●そうじゃ・そうたい…九州《きゅうしゅう》地方

「行かない」のような打ち消しの言い方の場合、方言《ほうげん》では、「行かん」「行かへん」などのような言い方があるニャ。

チェック4

各地域《かくちいき》の方言には、どんなちがいがありますか。それを説明《せつめい》した文として、当てはまらないものを一つ選《えら》んで、記号で答えましょう。

ア　文末表現がちがうことがある。

イ　言葉の形そのものがちがうことがある。

ウ　言葉を使う場面がちがうことがある。

エ　アクセントがちがうことがある。

解説《かいせつ》は別冊《べっさつ》p.26へ

レッスン18 の力だめし

1 次の各組《かくくみ》のうち、話し言葉はどちらですか。記号で答えましょう。

(1) ア 少しつかれてしまいました。
イ ちょっとくたびれちゃった。

(2) ア 晩《ばん》ご飯《はん》をいっぱい食べた。
イ 夕食をたくさん食べた。

(3) ア では、明日話し合いましょう。
イ じゃあ、明日話し合おうよ。

(4) ア それ、使いたいな。
イ そのペンを使いたいです。

2 次の――線部の話し言葉を、書き言葉に直して書きましょう。

(1) 一時間もおくれちゃった。

(2) がんばったけど、間に合いませんでした。

3 次の会話のうち、方言《ほうげん》を話しているのはどちらですか。記号で答えましょう。

ア：木村《きむら》さん、おはようございます。
イ：田川《たがわ》さん、おはよごす。
ア：今日はまた、特別《とくべつ》に寒いねえ。
イ：うん。しばれるなあ。
イ：手も顔もしゃっこい。
ア：ほんと。こごえそう。

4 次の場面で使うとよいのが方言ならア、共通語ならイと答えましょう。

(1) 不特定《ふとくてい》多数の人が参加《さんか》する講演会《こうえんかい》。

(2) 地元に帰省《きせい》して数年ぶりの同窓会《どうそうかい》。

(3) その地域《ちいき》の町内会の話し合い。

(4) 全国向けのニュース。

授業《じゅぎょう》動画はこちらから 70

解説《かいせつ》は別冊《べっさつ》p.26へ

レッスン19

敬《けい》語《ご》

［五・六年］

このレッスンのはじめ♪

先生が教室に入ってきたとき、「先生が来た！」なんてさけんでいませんか？「先生」のような目上の相手に敬意《けいい》を表した言い方をすると、「先生がいらっしゃった。」となりますよ。「いらっしゃる」のような言葉を敬語といいます。

相手によって言い方を変《か》えなければならないなんて、めんどうだと思う人もいるかもしれませんが、年れいや立場のちがう人たちが暮《く》らす社会では、敬語が必要《ひつよう》な場もあるんですよ。

1 敬語《けいご》

71

「先生がおっしゃる。」「父が申し上げる。」「私《わたし》が言います。」というときの――線部は、敬語に当たります。

敬語は、話し手（書き手）が、話題の中の人や話の聞き手（読み手）に対して敬意やていねいな気持ちを表すために使う表現《ひょうげん》です。敬語には、「おっしゃる」のような尊敬語《そんけいご》、「申し上げる」のようなけんじょう語、「ます」のようなていねい語の、三種類《しゅるい》があります。

ポイント

敬語の種類

①尊敬語…目上の相手や話題の中の人の、動作や様子を高めて言う言葉。

②けんじょう語…話し手（書き手）が、自分や自分の側《がわ》の人（家族など）の、動作や様子を低《ひく》めて言う言葉。

③ていねい語…話し手（書き手）の、聞き手（読み手）へのていねいな気持ちを表す言葉。

尊敬語、けんじょう語、ていねい語、それぞれ使い分けるなんて、オレにできるかな……。

チェック1 相手の動作や様子を高めて言う敬語は、どれですか。一つ選《えら》んで、記号で答えましょう。

ア　尊敬語

イ　けんじょう語

ウ　ていねい語

解説《かいせつ》は別冊《べっさつ》p.27へ

それでは、尊敬語、けんじょう語、ていねい語、それぞれについて、くわしく見ていきましょう。

2 尊敬語

72

尊敬語は、相手や話題の中の人について述《の》べるときに、尊敬の気持ちを表すために使います。それで、目上の相手や話題の中の人物の動作や様子に対して使うのです。

自分や自分の身内の動作や様子をよその人に話すときには、尊敬語は使わないようにね。

尊敬語には、次のような種類があります。

尊敬《そんけい》の意味をもつ特別《とくべつ》な言葉を使った言い方

例《れい》 先生が言う。→先生がおっしゃる。
お客様が来る。→お客様がいらっしゃる。

補足

●尊敬の意味をもつ特別な言葉

尊敬語	ふつうの言い方
いらっしゃる	行く・来る・いる
おっしゃる	言う・話す
めし上がる	食べる・飲む
くださる	くれる
なさる	する
ご覧《らん》になる	見る

ふつうの言い方とは、全くちがう言い方になるんだね。

「お（ご）～になる」を使った言い方

例 先生が出かける。→先生がお出かけになる。
市長が説明《せつめい》する。→市長がご説明になる。

もっとくわしく

「お（ご）～になる」だけでなく、「お（ご）～なさる」を使うこともあります。

例 先生がお喜《よろこ》びなさる。 お客様がご見学なさる。

尊敬の意味の「れる・られる」を付《つ》けた言い方

例 お客様が話す。→お客様が話される。
社長が出かける。→社長が出かけられる。

「お」「ご」を付けた言い方

例 お住まい　おいそがしい　ご両親　ご立派《りっぱ》だ

チェック2

次の――線部の言葉を、尊敬の意味をもつ特別な言葉に直して書きましょう。

① 先生が作品を見る。（　　）

② お客様がお茶を飲む。（　　）

解説《かいせつ》は別冊《べっさつ》p.27へ

3 けんじょう語

けんじょう語は、自分や自分の身内の動作を低《ひく》めて言うことで、動作の受け手である目上の人などを敬《うやま》う気持ちを表すために使います。

けんじょう語には、次のような種類《しゅるい》があります。

● けんじょうの意味をもつ特別《とくべつ》な言葉を使った言い方

例 ぼくが言う。→ぼくが申し上げる。
私《わたし》が行く。→私がうかがう。

補足
● けんじょうの意味をもつ特別な言葉

けんじょう語	ふつうの言い方
うかがう・参《まい》る	行く・来る
申す・申し上げる	言う・話す
いただく・ちょうだいする	食べる・飲む・もらう
差《さ》し上げる	あたえる・やる
いたす	する
拝見《はいけん》する	見る

● 「お（ご）～する」を使った言い方

例 先生にわたす。→先生におわたしする。
部長に相談する。→部長にご相談する。

もっとくわしく
「お（ご）～する」だけでなく、「お（ご）～いたします」を使うこともあります。

例 先生にお聞きいたします。

尊敬語の「お（ご）～になる（なさる）」という言い方と混同《こんどう》しないように、しっかり覚《おぼ》えよう。

チェック3
次の――線部の言葉を、けんじょうの意味をもつ特別な言葉に直して書きましょう。

① ぼくが作品を見る。（　　）
② 私がケーキを食べる。（　　）

解説は別冊p.27へ

4 ていねい語

ていねい語は、ていねいな言い方をすることで、話の聞き手（読み手）を敬《うやま》う気持ちを表すために使います。

ていねい語には、次のような種類《しゅるい》があります。

● ていねいの意味の「です・ます」を付《つ》けた言い方

例《れい》 ぼくは小学生だ。 → ぼくは小学生です。

私《わたし》は五年生になる。 → 私は五年生になります。

● ていねいの意味の「ございます」を使った言い方

例 お手洗《てあら》いはあちらにある。 → お手洗いはあちらにございます。

私が店長の中山《なかやま》だ。 → 私が店長の中山でございます。

もっとくわしく

物の名前を表す言葉の上に「お」「ご」を付けて、ていねいに言う言い方もあります。これを「美化語《びかご》」といいます。

例 お米　お花　お茶　ご飯《はん》　ごちそう

補足

ていねい語の「ます」は、尊敬語《そんけいご》やけんじょう語の下に付いて使われることもよくあります。

例 お客様がおみやげをくださいました。（尊敬語）

教授《きょうじゅ》がお出かけになります。（尊敬語）

先生にお礼を申し上げます。（けんじょう語）

社長にご報告《ほうこく》しました。（けんじょう語）

会話の中で尊敬語やけんじょう語を使うときは、ていねい語の「ます」を付けて使うことが多いのよ。

チェック4

次の――線部の言葉を、「です」か「ます」を付けて、ていねい語の言い方に直して書きましょう。

① 日曜日は家にいる。（　　　）

② 出発は八時だ。（　　　）

解説《かいせつ》は別冊《べっさつ》p.27へ

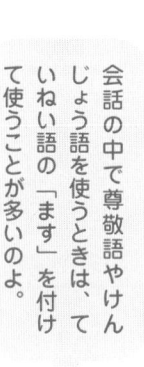

レッスン19 の力だめし

1 次の文では、それぞれどんな敬語《けいご》を使っていますか。あとから選《えら》んで、記号で答えましょう。

(1) 私《わたし》は遠足について相談しました。

(2) 私は遠足についてご相談した。

(3) 先生は遠足についてご相談なさった。

ア 尊敬語《そんけいご》　イ けんじょう語　ウ ていねい語

2 次の文に続《つづ》く言葉としてふさわしいほうを選んで、記号で答えましょう。

(1) 父がよろしくと｛ア おっしゃっています。／イ 申しています。｝

(2) これから先生の家に｛ア いらっしゃいます。／イ うかがいます。｝

(3) 校長先生が全体集会で｛ア お話しになる。／イ お話しする。｝

3 次の――線部を、〈　〉の言い方に直して書きましょう。

(1) 先生が黒板に字を書く。〈「れる」を使った尊敬語〉

(2) 私がお客様を見送る。〈「お～する」を使ったけんじょう語〉

(3) 先生が職員室《しょくいんしつ》にいる。〈特別《とくべつ》な言い方を使った尊敬語〉

(4) お客様にお茶をあたえる。〈特別な言い方を使ったけんじょう語〉

4 次の――線部を、文に合った正しい敬語に直して書きましょう。

(1) ぼくは、先生を教室でお待ちになった。

(2) 先生は、十分後に教室に参《まい》った。

授業《じゅぎょう》動画はこちらから 75

解説《かいせつ》は別冊《べっさつ》p.27へ

レッスン20 物語文①［一・二年］

アハハハ
マンガ
ギクリ
太郎《たろう》は、いつもマンガばっかり読んでるニャ。
でも、マンガも物語文も時・場所・登場人物などお話の設定《せってい》が決まってる点では、同じニャ。例《たと》えば……
太郎は、小学四年生。一年生の妹がいる。
ボケ〜っ
勉強は苦手。好きな子にはモテない。
けれど、ニャン吉《きち》という、男前で頭のよい、すばらしい相棒《あいぼう》がいる!!
バンッ
…なんちゃってね！
コラーッ
べーっ

このレッスンのはじめ♪

小さいころ読み聞かせてもらった絵本や、教科書にのっている物語の中で、好《す》きなお話はありますか？

学年が上がるにつれて、だんだんと長い物語を読む機会《きかい》が増《ふ》えてきますね。長くて文字が多いというだけで、いやだなあと思ったりはしていませんか？

物語の内容《ないよう》をきちんと理《り》解《かい》して読み味わうには、ちょっとした読み方のコツがあるのです。今回から三回にわたって学んでいきましょう。

76

1 物語の設定《せってい》をとらえる

物語に書かれた内容《ないよう》をきちんとつかむには、まず、どんな設定の話なのかをとらえることが大切です。

物語の設定とは、「時（いつ）」「場所（どこで）」「登場人物（だれが）」のことです。

それぞれ、どのような点に注意して読めば設定をとらえることができるかを、確《たし》かめましょう。

ポイント

物語の設定とは？

①時（いつ）…時代、季節《きせつ》、時間帯《たい》などを表した部分。

②場所（どこで）…どんな場所が舞台《ぶたい》となっているかや、どんな様子の場所かについて表した部分。

③登場人物（だれが）…主人公はだれか（性別《せいべつ》・年れい・性格《せいかく》など）、主人公以外《いがい》にはだれが出てくるかを表した部分。

物語では、「いつ」「どこで」「だれが」が必《かなら》ず順番《じゅんばん》どおりに出てくるとは限《かぎ》らないけど、だいたい、物語の初《はじ》めの部分に出てくることが多いニャ。

具体的《ぐたいてき》に、それぞれの例《れい》を見てみましょう。

時（いつ）

例《れい》 昔々の（時代）お話です。うららかな春（季節）の明け方（時間帯）に、小さな小さな花がさきました。

場所（どこで）

例 小さな花は、黄緑色のじゅうたんのような野原（場所の様子）の真ん中で、ひっそりとゆれていました。

登場人物（だれが）

例 まず、うさぎ（登場人物①）が小さな花を見つけました。

「おや、今年初《はじ》めて見つけたよ。」

うさぎは、とてもうれしそうです。その声を聞きつけたりす（登場人物②）も、木からかけ下りてきました。

「どこどこ？　春を知らせる幸せの花！」

チェック1 次の物語文の一部を読んで、答えましょう。

いよいよ明日だ。

夜、ベッドに入る前に、直人《なおと》はカレンダーをにらみつけた。初《はじ》めて転校先の学校に行く日が、明日なのだ。直人にとっては、初めての転校だった。

生まれてから小学校四年まで過《す》ごしてきたこの街《まち》をはなれることになると知ったとき、直人は泣《な》いていやがった。お父さんの会社では、転勤《てんきん》はよくあることだとは聞いていたけれど、直人はずっと同じ街で育ってきたのだ。

① ――線部「明日」とはどんな日かが書かれている一文を探《さが》し、初めの三字を書きぬきましょう。

② ア登場人物の名前と、イ年れいがわかる言葉を、文章中から書きぬきましょう。

ア（　　）　イ（　　）

解説《かいせつ》は別冊《べっさつ》p.28へ

2 物語の場面をとらえる

物語の設定《せってい》をとらえたら、次は、どんな場面なのかを読み取りましょう。場面とは、物語の中にえがかれている一つ一つのまとまりのことです。

例《れい》 うさぎとりすの喜《よろこ》びの声を聞きつけて、野原や森の仲間《なかま》たちが集まってきました。

小さな小さな花だけれど、かおりがとてもよいのです。この花のかおりをかぐことで、動物たちは、春のおとずれを知ることができました。

冬みんしていたくまは、この花のかおりで、すっきり目を覚《さ》ますことができます。冬の間、寒さで元気をなくしていた動物たちはみんな、この花のかおりで元気を取りもどすことができるのでした。

小さな小さな花を囲《かこ》んで、動物たちがうれしそうにしている場面。

初《はじ》めにその物語がどんな設定《せってい》なのかが書かれて、そのあとに、場面が展開《てんかい》していくことが多いんだって。

チェック2

次の物語文の一部を読んで、答えましょう。

明日が、今日になった。

直人《なおと》はどきどきしながら、先生のあとについて教室に向かった。ぎゅっと手をにぎりしめて、直人は教室に入った。

しかし、そこには意外な展開《てんかい》が待っていた。

「大林《おおばやし》直人くん、四年二組にようこそ！」

声は少しばらばらだったけれど、クラスメートとなる子どもたちが、いっせいにそう言って、はく手しながらむかえてくれたのだ。

◎この物語の場面は、どんな場面ですか。それを説明《せつめい》した文の（　）に当てはまる言葉を書きましょう。

・（　　　　）が、四年二組の（　　　　）となる子どもたちと、初《はじ》めて出会う場面。

解説は別冊p.28へ

3 登場人物の特《とく》ちょうをとらえる

78

物語の設定や場面をとらえたら、今度は登場人物にどんな特ちょうがあるかに注目しましょう。

たいていの物語には、複数《ふくすう》の人物が登場します。「登場人物」といっても、人間だけではなく、動物や植物など人間以外《いがい》の場合もあります。

その物語の最《もっと》も中心的《ちゅうしんてき》な登場人物のことを「主人公」といいます。主人公以外の登場人物は、主人公に対してえいきょうをあたえる役割《やくわり》をします。

どのような点に注意して読めば、登場人物の特ちょうをとらえることができるかを、確《たし》かめましょう。

ポイント

登場人物の特ちょうをとらえるには？

①年れいはいくつくらいなのか。
②性別《せいべつ》は。
③どんな性格《せいかく》や外見をしているか。
④どんな状《じょう》きょうに置《お》かれているか。
⑤どんな家族構成《こうせい》か。
⑥周《まわ》りにいる人物はどんな人たちか。（友人関係《かんけい》や、恋人《こいびと》関係など）

具体的《ぐたいてき》に、それぞれの例《れい》を見てみましょう。

年れい・性別《せいべつ》・性格《せいかく》・外見など

例

春を告《つ》げる花を見つけた動物たちは、みんなうれしそうでしたが、中でもりすの男の子（性別・年れい）は、とりわけうれしそうでした。ふさふさとしたしっぽ（外見）をゆらしながら、全身で喜《よろこ》びを表していました。

状《じょう》きょう・家族構成《こうせい》や友人関係《かんけい》など

例

それというのも、りすの男の子のおばあさん（家族構成）は、冬の寒さに負けて、すっかり体が弱ってしまっていたからです。（状きょう）

この花をおばあさんに見せれば、おばあさんは元気になってくれるにちがいない。

そう思うと、うれしくてたまらないのでした。りすの男の子と仲良《なかよ》しのうさぎの男の子（友人関係）も、同じ気持ちでした。

物語の最初《さいしょ》のころの場面で、主人公がしょうかいされることが多いよ。この本の主人公はオレさ！

チェック3

次の物語文の一部を読んで、答えましょう。

直人《なおと》は、クラスメートたちの様子を見て、あっけにとられた。すでにクラス内がまとまっている三学期になって転校していっても、だれも仲間《なかま》に入れてくれないのではないかと、ひそかに心配していたからだ。

人見知りで心配性《しんぱいしょう》なところがあるくせに、負けずぎらいでもある直人は、「負けるものか」という気持ちで転校当日をむかえたのだった。

それが、予想外《よそうがい》のこの温《あたた》かなふん囲気《いき》。友達《ともだち》が見つからなくても、前の小学校の友達を心の支《ささ》えにがんばろうと意気ごんでいた気持ちが、みるみるやわらいでいった。

◎ この物語に書かれた直人の性格を表す言葉を、文章中から三つ書きぬきましょう。

（　　　）・（　　　）・（　　　）

解説《かいせつ》は別冊《べっさつ》p.28へ

レッスン20の力だめし

□ 次の物語文の一部を読んで、あとの問いに答えましょう。

小岩井《こいわい》農場の北に、黒い松《まつ》の森が四つあります。いちばん南がオイノ森で、その次がざる森、次は黒坂《くろさか》森、北のはずれはぬすと森です。

この森がいつごろどうしてできたのか、どうしてこんなきたいな名前がついたのか、それをいちばんはじめから、すっかり知っているものは、おれ一人だと黒坂森のまんなかのおおきないわが、ある日、いばってこのおはなしをわたくしに聞かせました。

ずうっと昔、岩手山《いわてさん》が、何べんもふん火しました。その灰《はい》で、そこらはすっかりうずまりました。この真っ黒なおおきないわも、やっぱり山からはね飛《と》ばされて、今のところに落ちて来たのだそうです。

ふん火がやっとしずまると、野原やおかには、ほのある草やほのない草が、南の方からだんだん生えて、とうとうそこらいっぱいになり、それからかしわや松も生え出し、しまいに、いまの四《よ》つの森ができました。けれども森にはまだ名前もなく、めいめい勝手に、おれはおれだと思っているだけでした。

（宮沢賢治《みやざわけんじ》「狼森《オイノ》と笊森《ざる》、盗森《ぬすと》」『注文の多い料理店』〈偕成社〉より）

(1) この物語に出てくる黒い松の森は、どこにあると書かれていますか。文章中から書きぬきましょう。

（　　　）

(2) 松の森の名前を、文章中から四つ書きぬきましょう。

（　　）・（　　）・（　　）・（　　）

(3) 松の森ができたのは、アいつごろのことで、イ何のふん火がしずまったあとだと書かれていますか。それぞれ文章中から書きぬきましょう。

ア（　　）　イ（　　）

(4) 松の森ができるまでのことを話してくれたのは、だれですか。文章中から書きぬきましょう。

（　　）

授業《じゅぎょう》動画はこちらから 79

解説《かいせつ》は別冊《べっさつ》p.29へ

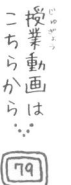

レッスン21 物語文② ［三・四年］

このレッスンのはじめ♪

物語では、ストーリーに沿《そ》って場面が次々と展開《てんかい》していきます。そして、そこで登場人物がどんな行動をしたかや、どんな気持ちになったかがえがかれています。私《わたし》たち読み手は、この先どうなるのかと、どきどきしながら読み進めますね。

こうした場面の展開や登場人物の気持ちは、テストでよく問われるところです。

そこで、今回は、物語の場面の変化《へんか》のとらえ方や、登場人物の気持ちのとらえ方のコツを学びましょう。

80

1 場面の変化《へんか》をとらえる

物語の設定《せってい》や場面、登場人物の特ちょう《とく》など、物語の最初《さいしょ》のほうに書かれている基本的《きほんてき》な事《こと》がらをとらえたら、次は場面の変化を読み取りましょう。物語は、複数《ふくすう》の場面が続《つづ》きながら進んでいくのです。

場面① 出来事 → 場面② 出来事 → 場面③ 出来事

場面がどのように変化するかを読み取ることで、物語の流れや、登場人物の気持ち（→p.123）の変化をとらえることができます。

場面の変化を読み取るときは、おもに次のような点に注目しましょう。

ポイント 場面の変化をとらえるには？

①季節《きせつ》や時間が変化しているかどうか。
②場所が移《うつ》り変《か》わっているかどうか。
③新しい出来事が起こっているかどうか。
④登場人物の気持ちが大きく変化しているかどうか。

では、具体的《ぐたいてき》にそれぞれの例《れい》を見てみましょう。

季節や時間の変化

例《れい》 秋が過《す》ぎ、やがて冬をむかえた。そんな、ある寒い夜のことである。

場所の移り変わり

例 何度も電車を乗りつぎ、ようやく目的地にたどり着いた。すでに夜ふけであった。

新しい出来事の発生

例 四年生の三学期。明生《あきお》のクラスに一人の転校生がやってきた。転校生なんて、この村にはめったに来ない。だからみな、ざわついた。

登場人物の気持ちの変化

例 都会からやってきた転校生を、明生は最初《さいしょ》は素直《すなお》に受け入れる気にはなれなかった。しかし、となりの席になり、だんだん打ち解《と》けていくにしたがい、明生は、自分の世界が広がっていくように感じた。

チェック1

次の物語文の一部を読んで、答えましょう。

少女の家に子犬が四ひき生まれた。おすが二ひき、めすが二ひきである。三びきは母犬と同じ茶色い毛《け》並《な》み、めすの一ぴきだけが父犬と同じ黒い毛並みをしていた。少女は、小さく愛《あい》らしい子犬たちに夢中《むちゅう》になった。少女が学校から帰ると、毎日子犬たちがかけ寄《よ》ってくる。そのかわいらしさといったら、たとえようもないくらいだった。

子犬たちが生まれて、ふた月ほどたったころのことである。少女の父親がこう言った。

「そろそろ、もらい手を探《さが》さなければならないな。」

少女は初《はじ》めて気づいた。そうだ、母犬もふくめて五ひきもの犬を、自分の家で飼《か》えるはずがない。そう遠くないうちに、子犬たちは新しい飼い主の元にもらわれていくのだ。

◎　この文章を二つの場面に分けるとしたら、どこで分けられますか。後半の場面の、初《はじ》めの五字を書きぬきましょう。

解説《かいせつ》は別冊《べっさつ》p.29へ

81

2 情景《じょうけい》をとらえる

物語には、必《かなら》ず情景がえがかれています。「情景」とは、ある場面の風景や様子のことです。情景は、単《たん》なる景色《けしき》を指すのではなく、登場人物の気持ちが映《うつ》し出されたものなので、情景をとらえることによって、登場人物の気持ち（→p.123）を読み取ることもできます。

例《れい》

朝からひどいどしゃぶりだった。（春花の重たい気分と結《むす》びついている情景）春花《はるか》は、なんとなく重たい気分で、学校に行くしたくをしていた。そんなときである。おじいちゃんがたおれたという知らせが届《とど》いた。

電話を受けたお母さんは青ざめて、春花と妹の夏実《なつみ》に、こう言った。

「あなたたちは学校に行ってらっしゃい。お母さんは、これから病院に行ってくるから。」

春花も夏実もついて行きたいとうったえたが、聞き入れてはもらえなかった。まずは、お母さんが様子を見てきてからだというのである。

二人は、しぶしぶ学校に向かった。真っ黒で分厚《ぶあつ》い雨雲が、空をおおっている。（二人の不満《ふまん》・不安な気持ちと結びついている情景）

チェック2

次の物語文の一部を読んで、答えましょう。


　わかってはいるものの、少女の心はいっぺんに暗くなった。この子たちと別《わか》れたくない。これからも成長《せいちょう》していく様子を見ていたいし、いっしょに暮《く》らしたい。少女はベッドに入ってからも、しばらくねむることができなかった。

　翌朝《よくあさ》は、どんよりとしたくもり空だった。少女が起きていくと、子犬たちがわっと集まってきた。少女でも、これまでのように、単純《たんじゅん》にかわいいと思えない。さびしさが、つーんとこみ上げてくる。

① この文章から、情景《じょうけい》がえがかれた一文を探《さが》して、書きぬきましょう。

（　　　　　）

② ①の情景は、少女のどんな気持ちを表していると考えられますか。次から一つ選《えら》んで、記号で答えましょう。

ア　うれしい気持ち。　イ　腹立《はらだ》たしい気持ち。
ウ　さびしい気持ち。　エ　不安《ふあん》な気持ち。

[　　]

解説は別冊p.29へ

82

3 登場人物の気持ちをとらえる

　物語の内容《ないよう》を理解《りかい》するうえで最《もっと》も重要《じゅうよう》なのは、登場人物の気持ちを読み取ることです。「気持ち」とは、登場人物が感じたことや思ったことです。「心情《しんじょう》」ともいいます。

　登場人物の気持ちは、「うれしい」「悲しい」などのように、わかりやすい言葉で直接的《ちょくせつてき》に書かれているとは限《かぎ》りません。登場人物の話す言葉や行動など、いろいろなところに表れているので、それらの部分から読み取ることが必要《ひつよう》です。

　登場人物の気持ちを読み取るときは、おもに次のような点に注目しましょう。

ポイント

登場人物の気持ちをとらえるには？

① 気持ちを直接表す言葉や表現《ひょうげん》があるかどうか。
② 登場人物の表情やしぐさはどうか。
③ 登場人物の会話や、話し方の様子はどうか。
④ 登場人物の行動のしかたはどうか。
⑤ 情景がえがかれた部分があるかどうか。（→p.122）

登場人物の気持ちについては、物語文の問題ではよく出題されるニャ。

それぞれの例《れい》を、具体的《ぐたいてき》に見てみましょう。

気持ちを直接《ちょくせつ》表す言葉や表現《ひょうげん》

例《れい》 楽しい・うれしい・悲しい・つらい・苦しい・はずかしい・あきれる・さびしい・〜と思う・〜と感じる・〜という気がする・〜と考える

登場人物の表情《ひょうじょう》やしぐさ

例 自分の心を見すかされたようで、さきは真《ま》っ赤《か》になってうつむいた。
⬇はずかしい気持ち

登場人物の会話や、話し方の様子

例 「これから、どうしたらいいんだろう……。」と、健太《けんた》は泣《な》き出しそうな声でつぶやいた。
⬇困《こま》っている気持ち

登場人物の行動

例 たくやは、ドアを思い切りバタンと閉《し》めた。
⬇おこっている気持ち

チェック3

次の物語文の一部を読んで、答えましょう。

「なんだよ、太田《おおた》が勝手にやったことだろ。」そう、はきすてるように言われて美紀《みき》は、かああっと顔が赤くなるのを感じた。（ひどい！）

確《たし》かに、よかれと思って一人で学級文庫の整理をしたのは、美紀だ。だれかにお礼を言われようと思ってしたことではない。でも、そんな言い方はないのではないか。

「中野君《なかのくん》に何がわかるの！」

思わず、バンと机《つくえ》をたたいて反論《はんろん》した。

① この場面で、登場人物の気持ちを直接的《ちょくせつてき》に表している言葉を、四字で書きぬきましょう。（記号も字数に数えます。）

［　　　　］

② この場面で、登場人物の気持ちが表情に表れた様子は、どのようにえがかれていますか。（　）に当てはまる言葉を書きぬきましょう。

・かああっと（　　　　）のを感じた。

解説《かいせつ》は別冊《べっさつ》p.29へ

レッスン21のカだめし

□ 次の物語文の一部を読んで、あとの問いに答えましょう。

〔絵をかくのが好《す》きな「ぼく」は、ある日の昼休みの教室で、前からほしいと思っていたジムの絵の具をぬすんでしまう。しかし、それに気づいたジムとその友達《ともだち》から呼《よ》び出される。〕

「①きみはジムの絵の具をもっているだろう。ここにだしたまえ。」

そういってその生徒《せいと》はぼくのまえに大きくひろげた手をつきだしました。そういわれるとぼくはかえって心がおちついて、

「そんなもの、ぼくもってやしない。」

と、ついでたらめをいってしまいました。そうすると三、四人の友だちといっしょにぼくのそばにきていたジムが、

「ぼくは昼休みのまえにちゃんと絵の具箱をしらべておいたんだよ。一つもなくなってはいなかったんだよ。そして昼休みがすんだら二つなくなっていたんだよ。そして休みの時間に教場《きょうじょう》*にいたのはきみだけじゃないか。」

と②すこしことばをふるわしながらいいかえしました。

ぼくはもうだめだとおもうときゅうに頭のなかに血がながれこんできて顔がまっかになったようでした。するとだれだったかそこに立っていたひとりがいきなりぼくのポケットに手をさしこもうとしました。

*教場・教室

（有島武郎《ありしまたけお》「一ふさのぶどう」『少年少女世界文学全集22』〈学習研究社〉より）

(1) ——線部①のように言われたときの「ぼく」はどんな心の状態《じょうたい》でしたか。文章中の言葉を使って書きましょう。

（　　　　）

(2) ——線部②のときのジムの気持ちに当てはまるものはどれですか。一つ選《えら》んで、記号で答えましょう。

ア さびしい気持ち。
イ 腹立《はらだ》たしい気持ち。
ウ 悲しい気持ち。

□

(3) ——線部②のようにジムに言い返された「ぼく」は、どんな様子になりましたか。その様子が書かれた一文の、初《はじ》めの五字を書きぬきましょう。

□□□□□

授業《じゅぎょう》動画はこちらから 83

解説《かいせつ》は別冊《べっさつ》p.30へ

レッスン22

物語文③

［五・六年］

ポワワ
物語文でもマンガでも、山場ってものがあるんだニャ。例《たと》えば……
ニャ ニャ ニャ ニャーーン
ニャ〜〜ン
ニャーー
ジャーーーン!
ニャーーッ
ニャ ニャ ニャ
ニャーーン
…とまあ、これがボクとニャン美《み》ちゃんの出会いの物語なわけニャ♡
ニャ ニャ ニャ ニャーーン
…へぇ。

このレッスンのはじめ♪

物語には必《かなら》ず、作者が伝《つた》えたいこと＝主題がこめられています。ただし、「これが主題です」と、どこかにわかりやすく書かれている訳《わけ》ではありませんよ。

その作品の主題は、物語のあらすじをつかみ、山場《やまば》となる場面から、自分で読み取る必要《ひつよう》があるのです。

物語文の最後《さいご》のレッスンとなる今回は、あらすじのつかみ方や主題の読み取り方のコツを見ていきましょう。

84

1 あらすじをとらえる

一つの物語には、多くの場面の移《うつ》り変《か》わりがあり、登場人物の気持ちの変化《へんか》があります。それらの場面や気持ちの変化が、どんな順序《じゅんじょ》で書かれ、どんな内容《ないよう》なのかを、出来事の順に短くまとめたものを、「あらすじ」といいます。

あらすじをとらえるには、次のような手順で、総合的《そうごうてき》に物語の流れをつかむことが大切です。

ポイント

あらすじをとらえるには？

① 設定《せってい》（時・場所・登場人物→p.115）をとらえる。
② どんな出来事や事件《じけん》が起きたのかをとらえる。
③ 場面や、登場人物の気持ちの移り変わりをとらえる。
④ どんな結末《けつまつ》で終わったのかをとらえる。

物語では、ふつう、初《はじ》めの部分に設定が書かれているニャ。それから、場面が展開《てんかい》していろいろな出来事が起こり、結末《けつまつ》をむかえるという流れになっているんだニャ。

では、多くの人が知っている「うさぎとかめ」のお話で、あらすじを確《たし》かめてみましょう。

確かめること

① **設定**
時…昔／場所…野山／主な登場人物…うさぎ・かめ

② **起こった出来事**
- うさぎが、かめの足のおそさをばかにする。
- かめが、うさぎにかけっこの勝負を申し出る。

③ **場面の移り変わり**
勝っていたうさぎが、油断《ゆだん》していねむりをする。

④ **結末**
うさぎがいねむりをしているうちに、かめに追いぬかれ、かめが勝利《しょうり》する。

「うさぎとかめ」のあらすじ

あるとき、かめはうさぎに足のおそさをばかにされる。くやしく思ったかめは、うさぎに、かけっこの勝負を申し出る。最初《さいしょ》は、うさぎが先を行っていたが、うさぎは油断していねむりをしてしまう。その間にもかめはこつこつ進み続《つづ》け、うさぎが目を覚《さ》ましたときには、先にゴールしていた。

チェック 1

次の物語文の一部を読んで、答えましょう。

ことしも、残雪《ざんせつ》はガンの群《む》れをひきいてぬま地にやってきました。

残雪というのは、一羽《わ》のガンにつけられた名まえです。左右のつばさに、一か所ずつ、まっ白なまじり毛をもっていたのでかりゅうどたちから、そうよばれていました。

残雪は、このぬま地にあつまるガンの頭領《とうりょう》＊らしい、なかなかりこうなやつで、なかまがえさをあさっているまも、ゆだんなく気をくばって、りょうじゅうのとどくところまで、けっして人間をよせつけませんでした。

＊頭領…ある集団《しゅうだん》をまとめるかしら。

大造《だいぞう》じいさんは、このぬま地をかり場にしていましたが、いつごろからか、この残雪がくるようになってから、一羽のガンも手にいれることができなくなったので、いまいましく思っていました。

そこで残雪がやってきたと知ると、大造じいさんは、ことしこそはと、かねて考えておいた、とくべつな方《ほう》法《ほう》にとりかかりました。

それは、いつもガンのえさをあさるあたりいちめんに、くいをうちこんで、タニシをつけたウナギつりを、たたみ糸でむすびつけておくことでした。じいさんは、ひと晩《ばん》じゅうかかって、たくさんのウナギつりをしかけておきました。

こんどは、なんだかうまくいきそうな気がしてなりませんでした。

翌日《よくじつ》の昼ちかく、じいさんは胸《むね》をわくわくさせながらぬま地にいきました。

昨晩《さくばん》つりばりをしかけておいたあたりに、何かバタバタしているものが見えました。

（椋鳩十《むくはとじゅう》「大造じいさんとガン」『子ども図書館　大造じいさんとガン』〈大日本図書〉より）

◎ 物語のこの部分のあらすじになるように、ア〜エの文を並《なら》べかえ、記号で答えましょう。

ア　残雪のせいで、ガンを手に入れられなくなった大造じいさんは、いまいましく思っていた。

イ　ことしこそはと、とくべつな方法にとりかかった。

ウ　翌日、ぬま地に行くと、しかけのあるあたりでバタバタしているものが見えた。

エ　ことしも残雪が、ガンの群れをひきいてぬま地にやってきた。

□→□→□→□

解説《かいせつ》は別冊《べっさつ》p.30へ

2 山場《やまば》と主題をとらえる

物語には、主題がこめられています。「主題」とは、作者が、その作品を通して読み手に最《もっと》も強く伝《つた》えようとしている事がらのことで、「テーマ」ともいいます。

主題は、物語の山場にえがかれている出来事や登場人物（主人公）の気持ちの変化《へんか》に深く結《むす》びついています。「山場」とは、物語の場面の中で、最も盛《も》り上がる部分のことで、「クライマックス」ともいいます。山場で起こっている出来事のうちの何が、登場人物（主人公）に変化をもたらしたのかを読み取ることが大切です。

まず、主題をとらえるためにはどんなことに注意したらよいかを、確《たし》かめましょう。

ポイント

主題をとらえるには？

①あらすじ（→p.127）をとらえる。
②物語の山場にえがかれている出来事や登場人物（主人公）の気持ちをとらえる。
③人物の特《とく》ちょう（→p.117）からわかる、登場人物（主人公）の生き方や考え方をとらえる。

では、前の 1 と同じように「うさぎとかめ」のお話で、主題を確かめてみましょう。

確かめること

①**あらすじ→p.127**
②**山場にえがかれている出来事**
油断《ゆだん》していねむりをしているうさぎが、かめに追いぬかれる。
③**登場人物の生き方や考え方**
●うさぎ…能力《のうりょく》を過信《かしん》して油断したことで失敗《しっぱい》する。
●かめ…能力が低《ひく》くても着実に行うことで成功《せいこう》する。

「うさぎとかめ」の主題

能力が高くても、思い上がっていれば失敗するものだし、能力が低くても、地道に努力《どりょく》を続《つづ》けることで成《せい》果《か》をあげることができる。

チェック2

次の物語文の二つの山場の場面を読んで、答えましょう。

1

〔大造《だいぞう》じいさんは、つかまえたガンをおとりにして、残《ざん》雪《せつ》のなかまのガンをしとめてやろうと思い立った。しかし、そのおとりのガンが、ハヤブサにおそわれてしまった。〕

もうひとけりと、ハヤブサがこうげきのしせいをとったとき、さっ、と大きなかげが空を横ぎりました。

残雪です。

大造じいさんは、ぐっとじゅうをかたにあてて残雪をねらいました。が、なんと思ったか、またじゅうをおろしてしまいました。

残雪の目には、人間もハヤブサもありませんでした。ただすくわねばならぬなかまのすがたがあるだけでした。

いきなり、敵《てき》にぶつかっていきました。そして、あの大きな羽で、力いっぱいあいてをなぐりつけました。

2

〔大造じいさんのおとりのガンをすくうためにハヤブサと戦《たたか》った残雪は、大けがをしてしまった。大造じいさんが近づいても、残雪はもうにげることはできなかった。〕

残雪は、胸《むね》のあたりをくれないにそめて、ぐったりとしていました。しかし、第二のおそろしい敵が近づいたのを感じると、のこりの力をふりしぼって、ぐっと長い首を持ちあげました。そして、じいさんを正面からにらみつけました。

それは、鳥とはいえ、いかにも頭領《とうりょう》らしい、どうどうたる態度《たいど》のようでありました。

大造じいさんが手をのばしても、残雪はもうじたばたさわぎませんでした。

さいごのときを感じて、せめて頭領としてのいげんをきずつけまいと努力《どりょく》しているようでもありました。

大造じいさんはつよく心をうたれて、ただの鳥にたいしているような気がしませんでした。

（椋鳩十《むくはとじゅう》「大造じいさんとガン」『子ども図書館　大造じいさんとガン』〈大日本図書〉より）

◎ 1と2の二つの場面から、大造じいさんが残雪のどんなところに心を打たれたことがわかりますか。適切《てきせつ》なものを次から二つ選《えら》んで、記号で答えましょう。

ア　ハヤブサと対等に戦えるほど強いところ。

イ　なかまを大切に思っているところ。

ウ　大造じいさんを相手にしなかったところ。

エ　頭領としてのいげんがあるところ。

□　□

解説《かいせつ》は別冊《べっさつ》p.30へ

レッスン22 の力だめし

次の物語文の一部を読んで、あとの問いに答えましょう。

〔ジムの絵の具をぬすみ、大好《だいす》きな先生に呼《よ》び出された「ぼく」だったが、先生は「ぼく」をしからなかった。〕

「①あなたはじぶんのしたことをいやなことだったとおもっていますか。」

もういちどそう先生がしずかにおっしゃったときには、②ぼくはもうたまりませんでした。ぶるぶるとふるえてしかたがない口びるを、かみしめてもかみしめても泣《な》き声がでて、目からはなみだがむやみにながれてくるのです。もう先生にだかれたまま死んでしまいたいような心もちになってしまいました。

「あなたはもう泣くんじゃない。よくわかったらそれでいいから泣くのをやめましょう、ね。つぎの時間には教場《きょうじょう》にでないでもよろしいから、わたしのこのおへやにいらっしゃい。しずかにしてここにいらっしゃい。わたしが教場からかえるまで、ここにいらっしゃいよ。いい？」

とおっしゃりながらぼくを長いすにすわらせて、そのときまた勉強のかねが鳴ったので、机《つくえ》のうえの書物をとりあげて、ぼくのほうを見ていられましたが、二階の窓《まど》までたかくはいあがったぶどうづるから、一ふさの西洋ぶどうをもぎとって、しくしくと泣きつづけていたぼくのひざのうえにそれをおいて、しずかにへやをでていきなさいました。

（有島武郎《ありしまたけお》「一ふさのぶどう」『少年少女世界文学全集22』〈学習研究社〉より）

(1) ――線部①のような先生の言い方には、先生のどんな気持ちが表れていると考えられますか。次から一つ選《えら》んで、記号で答えましょう。

ア　悪いことをした「ぼく」を責《せ》める気持ち。

イ　「ぼく」が悪いことをしたとわかっていないのではないかと不安《ふあん》な気持ち。

ウ　「ぼく」に悪いことをしたという自覚《じかく》があるので、責めるのはやめようという気持ち。

(2) ――線部②のように感じたときの「ぼく」の気持ちをわかりやすく表現《ひょうげん》している一文を探《さが》し、初《はじ》めの五字を書きぬきましょう。

授業《じゅぎょう》動画はこちらから

86

解説《かいせつ》は別冊《べっさつ》p.31へ

レッスン23

説明文《せつめいぶん》①

［三・四年］

あ〜、説明文《せつめいぶん》って
難《むずか》しいなあ…。
難しく考えすぎニャ。
説明文とは、説明したいことを、順を追って説明したものだニャ。例《たと》えば……
太郎《たろう》は、小学一年のときから、
花《はな》ちゃんが好《す》きだった。
同じクラスになった花ちゃんに、
一目ぼれしたのだ。
カワイイ。
花ちゃんの好きなところは、かわいくて、
やさしくて、女の子らしいところだ。
だから、太郎はついに、花ちゃんに告白《こくはく》
することに決めた。
たろうくん
またあした
かわいい
おはな
ふんっ
ふんふん
…って、え!?
告白…!?
…というわけで、そろそろ
告白を実行できるように
がんばるニャ!

このレッスンのはじめ♪

説明文《せつめいぶん》とは、ある事がらを取り上げて、読み手にわかるようにくわしく説明した文章のことです。物語文とはちがって、説明される事がらについての事実や筆者の意見が、順《じゅん》を追って書かれています。

「何だか難《むずか》しそうだから説明文は苦手……。」なんて思っていませんか?

でも、心配無用《むよう》。物語文と同様、説明文にも正確《せいかく》に読み取るためのコツがあるのです。今回から三回にわたって、見ていきましょう。

87

1 段落《だんらく》をとらえる

説明文《せつめいぶん》では、研究や観察《かんさつ》をしたことを記録《きろく》してしょうかいしたものや、ある問題について例《れい》を挙《あ》げて自分の考えを述《の》べたものなどがあります。筆者の述べたいことはどういうことなのか、それぞれの文章の組み立てをとらえて、話題に沿《そ》って内容《ないよう》を読み取る必要《ひつよう》があります。

物語文では書き手のことを「作者」というけど、説明文では「筆者」というんだって。

説明文の文章は、いくつかのまとまりでできています。この一つ一つのまとまりを「段落《だんらく》」といいます。段落には、次の二つがあります。

ポイント

「段落」とは？

①形式段落…書き出しを一字下げにして書いたまとまり。

②意味段落…形式段落を、内容のうえからいくつかにまとめたもの。

説明文で「段落」というと、ふつうは形式段落のことを指します。一方、意味段落は、複数《ふくすう》の形式段落がまとまったもので、「話題や問題の提示《ていじ》」「具体例」「筆者の意見」「まとめ」などを表します。文章によっては、一つの形式段落が、一つの意味段落になる場合もあります。形式段落と意味段落は、どちらも、文章の組み立てをとらえるうえで注目すべき大切な要素《ようそ》なのです。

では、次の文章で具体的《ぐたいてき》に見ていきましょう。

例《れい》

（1～3…形式段落）

1 自分の体の形や色を、他のものに似《に》せて身を守る生き物がいます。

2 シャクトリムシは、ガの幼虫《ようちゅう》です。危《き》険《けん》がせまると、体をぴんとのばして木に止まります。そうすることで、まるで木の枝《えだ》の一部のように見え、敵《てき》から見つかりにくくなります。

3 アマガエルは、土の上にいるときには黒っぽく、落ち葉の上にいるときには茶色に、緑の葉の上にのぼるときには緑色になります。アマガエルは、体の色を周《しゅう》囲《い》に合わせて変《か》えることで、えものとなる虫に気づかれにくくなるばかりか、へびなどの敵にも見つかりにくくなります。

（1 意味段落　話題の提示）

（2・3 意味段落　話題についてのくわしい説明）

2・3段落は、1段落の内容の具体例だね。

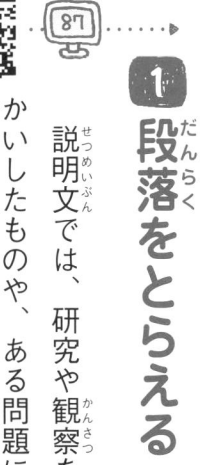

チェック1

次の説明文《せつめいぶん》の一部を読んで、答えましょう。

大昔の犬は、どんな動物だったのでしょうか。いろいろな考え方がありますが、犬の先祖《せんぞ》は、オオカミだったという説が有力です。

といっても、ある日オオカミが犬を産《う》んだということではありません。何万年という非常《ひじょう》に長い時間の中で、野生のオオカミが人間と出合い、飼《か》い慣《な》らされ、人間と暮《く》らす「犬」になったという説です。

その出合いは、四～五万年前までさかのぼります。

人類《じんるい》は、道具を使い、集団でえものをかるようになりました。そして、人類の中には、自分より大きなえものを追いつめるオオカミのかりをまねるものも現《あらわ》れました。これが、それまで敵《てき》だったオオカミに、人類が近づいたきっかけでした。

（学研プラス「はたらく犬」より）

◎ この文章を、ア形式段落《だんらく》、イ意味段落で分けると、それぞれいくつに分けられますか。漢数字で答えましょう。

ア ［　　］　イ ［　　］

解説《かいせつ》は別冊《べっさつ》p.31へ

2 文章の組み立てをとらえる

説明文を、形式段落や意味段落ごとにとらえる練習をしたら、次は、その説明文全体の文章の組み立てがどうなっているかについて注目しましょう。形式段落は、内容《ないよう》ごとにいくつかの意味段落にまとめられ、意味段落は、基本的《きほんてき》に次のような構成《こうせい》になっています。

①前書き　話題や問題点を示《しめ》している部分。

②本文　話題や問題点についての、くわしい説明や解説《かいせつ》をしている部分。

③後書き　それまで述《の》べてきたことをまとめている部分。

もっとくわしく

各《かく》形式段落の前につなぎ言葉（→p.95～96）やこそあど言葉（→p.91）がある場合は、段落と段落の関係《かんけい》をつかむのに役立ちます。

例《れい》

1自分の体の形や色を、他のものに似《に》せて身を守る生き物がいます。

2シャクトリムシは、ガの幼虫《ようちゅう》です。危《き》険《けん》がせまると、体をぴんとのばして木にとまります。そうすることで、まるで木の枝《えだ》の一部のように見え、敵《てき》から見つかりにくくなります。

3アマガエルは、土の上にいるときには黒っぽく、落ち葉の上にいるときには茶色に、緑の葉の上にのぼるときには緑色になります。アマガエルは、体の色を周《しゅう》囲《い》に合わせて変《か》えることで、えものとなる虫に気づかれにくくなるばかりか、へびなどの敵にも見つかりにくくなります。

4また、庭先などでも見かけるアゲハチョウの幼虫は、小さいとき、形や模《も》様《よう》が鳥のふんとそっくりに見えます。こんな虫は、子育て中にひなにえさをあたえる親鳥からよくねらわれます。しかし鳥は、自分のふんは絶対《ぜったい》に食べないという性質《せいしつ》をもっているので、そのふんとそっくりなアゲハチョウの幼虫は、安全なのです。

5このように、生き物たちの変身《へんしん》は、それぞれの生き物たちの命を守るために自《し》然《ぜん》がつくりあげた、すばらしい仕組みなのです。

（注）1 話題の提示《ていじ》
（注）2～4 話題についてのくわしい説明
（注）5 全体のまとめ
（注）「また」…つなぎ言葉。前の段落《だんらく》の話題に続《つづ》いていることを表す。
（注）「このように」…こそあど言葉。これまでの内容を受けていることを表す。

1段落で提示された「自分の体の形や色を、他のものに似せて身を守る生き物」の具体例《ぐたいれい》として、2段落ではシャクトリムシ、3段落ではアマガエル、4段落ではアゲハチョウの幼虫が挙《あ》げられています。そして最後《さいご》の5段落で、これまでの説明を受けて、「生き物たちの変身は、……すばらしい仕組みなのです。」とまとめていることをおさえましょう。

1～5段落は、書き出しが一字下げになった形式段落だよな！

太郎《たろう》、その調子《ちょうし》ニャ！
1段落、2～4段落、5段落が、内容ごとの意味段落だよ。1段落と5段落は、一つの形式段落が一つの意味段落になっていることに注目しよう。

チェック2

次の説明文《せつめいぶん》の一部を読んで、どのような方法《ほうほう》で仲間《なかま》を増《ふ》やすのでしょうか。

［1］サボテンは、どのような方法で仲間を増やすのでしょうか。

［2］まず、種《たね》を散《ち》らす方法です。サボテンが生息する砂《さ》ばくの気候《きこう》は、短い雨期と長いかん期（雨が降《ふ》らない時期）に分かれています。サボテンは、雨期の間にたくわえておいた水分を使い、かん期に花をさかせる準《じゅん》備《び》をします。そして、かん期の終わりごろに、あざやかな花をさかせて実を実らせます。実にはたくさんの種がつまっていて、雨期に種を散らすのです。

［3］種を動物に運んでもらう方法もあります。ほとんどのサボテンの実はあまい果肉《かにく》としるをもっています。しかも、赤などの目立つ色をしているので、鳥やトカゲの目について、食べられやすいのです。種は、動物のおなかに入って遠くへ運ばれ、ふんに混《ま》じって落とされた場所で芽《め》を出します。

［4］また、枝《えだ》で仲間を増やすこともします。サボテンの枝は、地面に落ちると、根や芽を出して生長していくことができます。さらにサボテンは、かん期に枝を落とし、雨期のときにできる一時的《いちじてき》な川によって遠くへ運んでもらうこともします。サボテンのとげが動物の体につき、枝ごと運ばれ、落ちたところで根や芽を出して生長することもあります。

［5］このように、サボテンは、気候の厳《きび》しい砂ばくでも仲間を増やせるように工夫《くふう》しているのです。

① ［2］段落《だんらく》と［3］段落は、どんな関係《かんけい》にありますか。それを説明した文として適切《てきせつ》なものを次から一つ選《えら》んで、記号で答えましょう。

ア ［2］の内容《ないよう》のくわしい説明を［3］で述《の》べている。
イ ［2］の内容とは別《べつ》の方法を［3］で述べている。
ウ ［2］に反論《はんろん》する内容を［3］で述べている。

□

② この文章を、意味段落のまとまりで分けるとしたら、どのようになりますか。次から一つ選んで、記号で答えましょう。

ア ［1］・［2］／［3］・［4］／［5］
イ ［1］／［2］・［3］／［4］／［5］
ウ ［1］／［2］・［3］・［4］／［5］

□

解説《かいせつ》は別冊《べっさつ》p.32へ

レッスン23 のカだめし

■ 次の説明文《せつめいぶん》の一部を読んで、あとの問いに答えましょう。

1 植物は、生きのびるためにかん境《きょう》に合わせてさまざまな工夫《くふう》をしています。

2 例《たと》えば、サボテンには、平たいものや丸いものがあり、とても変《か》わった形をしています。しかも、とげまであります。どうしてこのような形をしているのでしょうか。

3 もともとサボテンが生えていた場所は、雨の少ない砂《さ》ばくやあれた土地などです。砂ばくで雨が降《ふ》るのは、一年のうちの三、四か月ほどで、それもわずかです。あとは、かんかん照《で》りの日が続《つづ》きます。砂ばくは昼間はとても暑いのですが、夜はとても冷《ひ》えます。また、砂《すな》あらしがふきあれることもあります。

4 このような厳《きび》しい土地に生息するサボテンには、特別《とくべつ》な体の仕組みがあるのです。ふつう植物は、根から水を吸《す》い上げ、葉から水分を蒸発《じょうはつ》させています。しかし、雨の少ない砂ばくで水分を体の外に出し続けると、植物はかれてしまいます。

5 そこで、サボテンは葉をとげや毛に変《か》え、また体を厚《あつ》い皮でおおったり体の形を丸くしたりすることで、水分をなるべく外に出さないようにしているのです。さらに、わずかな雨が降ったときに、なるべく多くの水を吸い上げてたくわえておけるように、くきは太くなっています。

6 このようにサボテンの例《れい》だけを見ても、植物が厳しい場所でも生きのびられるように、独自《どくじ》の工夫をしていることがわかります。

授業《じゅぎょう》動画は こちらから

89

(1) 次の内容《ないよう》に当てはまる段落《だんらく》の番号を答えましょう。

ア 前の段落の内容を受けて、例を挙《あ》げて説明を展開《てんかい》している。

イ これまでの内容を受けて、まとめて述《の》べている。

ア □　イ □

(2) この文章を意味段落のまとまりで分けるとしたら、どのようになりますか。次から一つ選《えら》んで、記号で答えましょう。

ア 1・2／3・4／5・6

イ 1／2・3／4・5・6

ウ 1／2・3・4・5／6

□

解説《かいせつ》は別冊《べっさつ》p.32へ

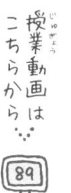

レッスン24

説明文《せつめいぶん》②

［五・六年］

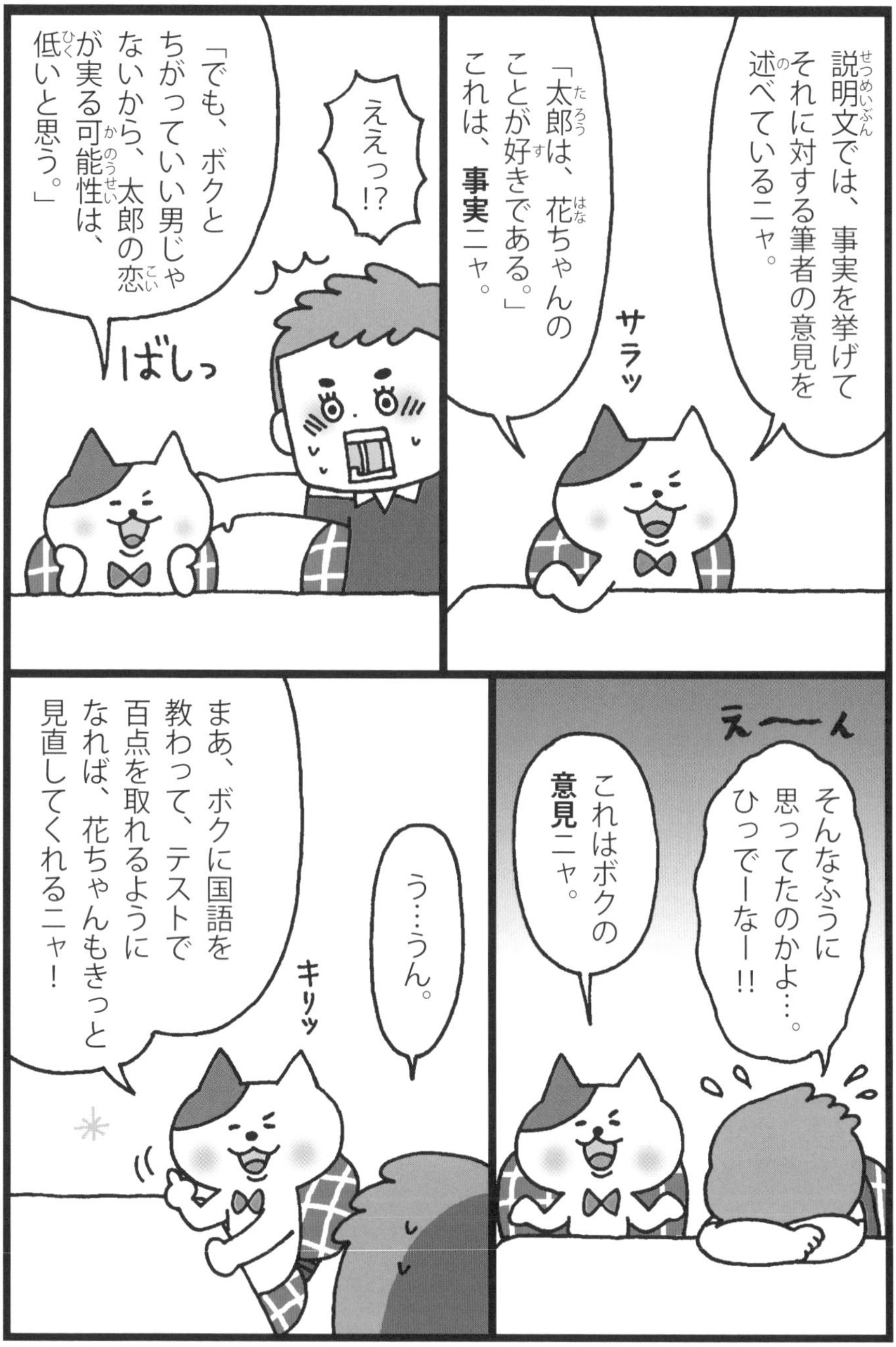

このレッスンのはじめ♪

説明文では、取り上げた事がらについての説明、つまり事実を述《の》べている部分と、それに対する筆者の意見や考えを述べている部分があります。この事実と意見を読み分けることは、説明文を正確《せいかく》に読み取るときに欠《か》かせないことです。

また、筆者の意見を述べている部分から、筆者が最《さい》終的《しゅうてき》にどんな考えを伝《つた》えようとしているのかを読み取る必要《ひつよう》があります。

今回は、この二点にしぼって学びましょう。

1 事実と意見を読み分ける

説明文《せつめいぶん》には、事実が書かれている部分と、筆者の意見が書かれている部分とがあります。事実を述《の》べたあとに意見を述べたり、最初《さいしょ》と最後に意見を述べ、中の部分で事実を述べたりと、文章によって書き方はさまざまです。

例《れい》

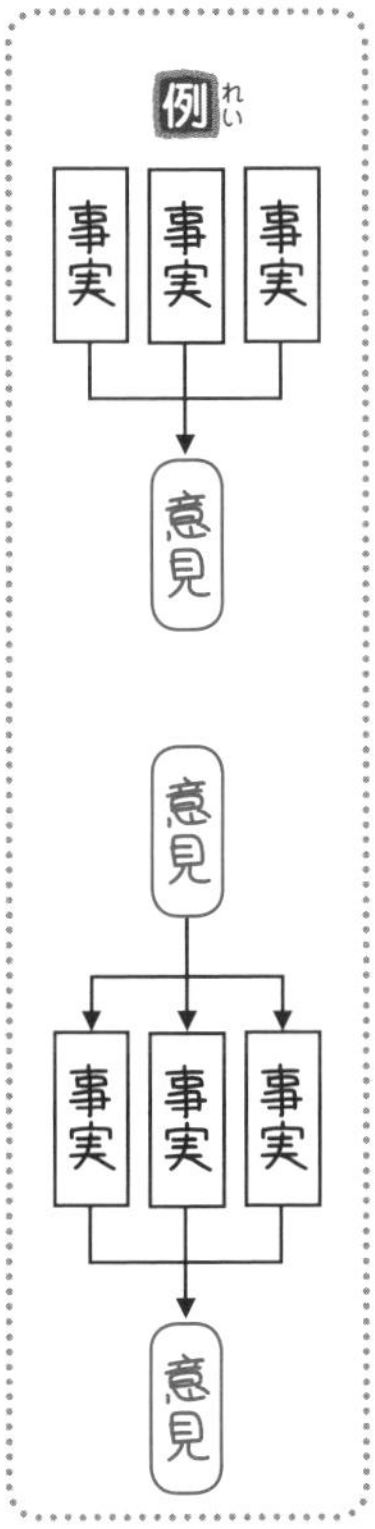

文章のどの部分が事実で、どの部分が筆者の意見なのかを読み分けるには、文末表現《ぶんまつひょうげん》を手がかりにするとよいでしょう。

事実が書かれている部分の文末表現

例

…である。／…です。／…する。／…ている。／…した。　など。

例《たと》えば、「犬は、人類《じんるい》とともに生きてきた動物である。」「今でも、多くの犬たちが人間とともに生活している。」などは、事実が書かれている文だよ。

意見が書かれている部分の文末表現

例

…と考える。／…と思う。／…と感じる。／…であろう。／…といえる。／…にちがいない。／…べきである。／…ではないだろうか。　など。

例えば、「犬と人間は、たがいに協力《きょうりょく》し合ってきたにちがいない。」「犬をぬきにして、人間の歴史《れきし》は語れないのではないだろうか。」などが、意見を表す文だよ。

では、次の文章で確《たし》かめてみましょう。

例

1犬が物を見分けるときは、においで判断《はんだん》しています。犬はあまり目がよくないので、色による区別《くべつ》はしにくいのです。
（1段落《だんらく》　事実）

2犬の鼻は、人間の鼻の百万倍もすぐれています。だから、警察犬《けいさつけん》や救助犬《きゅうじょけん》は、犯人《はんにん》やそうなんした人の歩いたあとのにおいをたどって、見つけ出すことができるのです。
（2段落　事実）

3昔から、人間は、かりに行くときに犬をともなって出かけていました。えものを探《さが》し出すのに、犬が必要《ひつよう》だったのです。
（3段落　事実）

4人間は長い間、犬の鼻の力を借《か》りて、生活を豊《ゆた》かにしてきたといえるでしょう。
（4段落　意見）

チェック1　次の説明文《せつめいぶん》の一部を読んで、答えましょう。

1 最近《さいきん》、朝ご飯《はん》を食べない小学生が増《ふ》えています。ある小学校の先生が独自《どくじ》に行った調査《ちょうさ》によると、「ほとんど食べない」人と「週のうちの何日かは食べない」人を合わせると、二十パーセントにも上りました。

2 朝食は、一日の活動を始めるための大切なエネルギーです。朝食をぬいてしまうと、脳《のう》の働《はたら》きが弱くなってしまうために、いらいらしたり、集中力がなくなったりすることがわかっています。ですから、特《とく》に子どものころには、規則《きそく》正しく朝食をとったほうがよいといえるでしょう。

3 では、小学生が毎日欠《か》かさず朝ご飯を食べるようにするために、どんな対策《たいさく》が考えられるでしょうか。

4 まず考えられるのが、夕食後にむやみにおかしを食べたりしないということではないでしょうか。

◎ 筆者がア事実だけを述《の》べている段落《だんらく》と、イ自分の意見として対策を示《しめ》している段落を、それぞれ番号で答えましょう。

ア [　　]　イ [　　]

解説《かいせつ》は別冊《べっさつ》p.32へ

2 筆者の考えをとらえる

91

文末表現《ぶんまつひょうげん》に注目する

ある内容《ないよう》を述《の》べるとき、書く人によって、文章の組み立てや表現のしかた、その内容に対する考えは、さまざまです。それぞれの説明文の筆者が、どんな組み立てで何をどのように説明し、それに対してどう考えているのかを理解《りかい》することが、説明文の読み取りでは重要《じゅうよう》です。

まず、1で学習したように、文末表現に注目することで、筆者の考え、つまり強くうったえて主張《しゅちょう》したいことを読み取ることができます。

例《れい》

…なのだ。／…である。
自分の意見をきっぱりと断定《だんてい》している。

…ちがいない。
確《たし》かなこととして述べている。

…べきである。
当然《とうぜん》だと確信《かくしん》している。

…だろう。
推定《すいてい》をしたり、同意を求《もと》めたりしている。

「…である。」や「…です。」など、事実と意見の両方に使われる文末表現もあるので、注意ニャ。

では、具体的《ぐたいてき》な文章で確《たし》かめてみましょう。

例

1五才から十二才にかけては、大人の歯に生《は》え変わる大切な時期です。（事実①）また、大人の歯は、生えてから一人前になるまでには、三、四年かかるのです。（事実②）ですから、一人前の歯になるまでに、歯をじょうぶにするように心がける必要《ひつよう》があります。（意見①）

2それには、片寄《かたよ》った食生活にならないように注意し、砂糖《さとう》を多く使った料理《りょうり》やおかし、飲み物などをとりすぎないようにするべきではないでしょうか。（意見②）さらに、何かを食べたあとでは、必《かなら》ずきちんと歯をみがくことも欠《か》かせないでしょう。（意見③）

1段落《だんらく》の最初《さいしょ》の二文で、子どもの歯から大人の歯に生え変わることについての事実が二つ述《の》べられています。それを受けて、まず1段落の最後の一文で、「一人前の歯になるまでに、歯をじょうぶにするように心がける必要がある」という意見が書かれています。

2段落では、「歯をじょうぶにするように心がけること」について、さらに二つの具体的な提案《ていあん》がされています。

チェック2

次の説明文の一部を読んで、答えましょう。

1小学生が学校から帰ってきてからどこで遊ぶかを調査《ちょうさ》したところ、最近《さいきん》の子どもは、自分の家や友達《ともだち》の家で、少人数で遊んでいることがわかりました。

2小学生が一日に遊ぶ時間は、全体的に減《へ》るけい向にあります。二〇〇五年の調査では百八分と、二時間を切っています。その二十年前に比《くら》べると、五十八分も減っているのです。かつて遊ぶために使われていた時間が、じゅくや習い事に通うための時間に変わってしまったのです。

3長い間、子供《こども》たちにとって、友達とふれ合う遊びが人間関係《かんけい》や社会のルールを学ぶ機会《きかい》になってきました。しかし、現代《げんだい》においては、こうしたかつての遊びの役割《やくわり》が失《うしな》われてしまったように感じられます。

◎ 小学生の遊びについて、筆者はどんな考えをもっていますか。（　）に当てはまる言葉を書きぬきましょう。

・遊びが長い間果《は》たしてきた役割が、現代では（　　　　）ように感じられる。

解説は別冊p.32へ

92

くり返し表現《ひょうげん》に注目する

次に、何度もくり返されている言葉があるかどうかに注目しましょう。筆者が強く主張《しゅちょう》したいことに関係《かんけい》する内容《ないよう》は、言葉を変《か》えてくり返し述《の》べられていることが多いからです。くり返し表現は、「キーワード」とよばれます。

例《れい》 1ふだんから規則《きそく》正しい生活を送ることは、おそらくあなたが思っている以上《いじょう》に大切なことです。2毎日、決まった時間に起きて学校に行かねばならないことを、面どうだなあと思うこともあるでしょう。しかし、子どものころから規則正しい生活リズムを築《きず》き上げておかないと、大人になって働《はたら》くようになったときに困《こま》ってしまうのです。また、毎日、規則正しく食事を取ったり休んだりすることで、長く健康《けんこう》で生きられるのではないでしょうか。

「規則正しい」ということが三回くり返され、最後《さいご》の二文で筆者の考えが述べられています。

もっとくわしく

筆者の最《もっと》も伝《つた》えたい考えは、文章の終わり（後書きの部分）にあることが多いので、注意しましょう。

チェック3

次の説明文《せつめいぶん》の一部を読んで、答えましょう。

1現代《げんだい》を生きる私《わたし》たちには、テレビ・新聞・インターネットなど、実にさまざまなメディアからの情報《じょうほう》が絶《た》え間なく流れてくる。しかし、同じ情報でも、伝《つた》える側《がわ》の立場や視点《してん》によって、あつかい方が大きく変わってくるものだ。2つまり、私たちが一つのメディアの伝える情報だけを信《しん》じていたのでは、その情報の真実や現実の、ある一面しかとらえていない場合が出てくる。3したがって、私たちは、メディアの情報が「真実や事実を再構築《さいこうちく》したもの」であることを理解《りかい》しておくべきである。それをふまえたうえで、自分自身の判断《はんだん》で情報を受け取ることが大切であろう。

◎ この文章から、筆者の考えが述べられている文を二つ探《さが》し、それぞれ初《はじ》めの五字を書きぬきましょう。

解説《かいせつ》は別冊《べっさつ》p.33へ

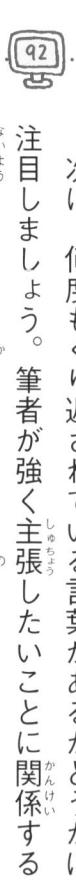

レッスン24の力だめし

次の説明文《せつめいぶん》の一部を読んで、あとの問いに答えましょう。

1 今回は、日本の古典《こてん》作品である『徒然草《つれづれぐさ》』から一つ取り上げて、内容《ないよう》をしょうかいすることにしましょう。

2 ある人が弓を習っていました。弓の先生は、「初心者《しょしんしゃ》は、二本の矢を持つべきではない。」と注意します。それは、二本目の矢があることを当てにして、最初《さいしょ》の矢をいい加減《かげん》にあつかってしまう心が生《しょう》じるからだというのです。

3 『徒然草』の作者である兼好法師《けんこうほうし》は、この弓の先生の考えにとても感心します。なぜなら、なまけようとする心は、だれでも、自分でも知らないうちに生じてしまうことがあるからです。

4 そこで、兼好法師は、次のようなことを書き加《くわ》えています。まず、何かを学ぼうとする人は、毎日こつこつと地道に修行《しゅぎょう》することが大切であること。それから、わずかな間にもなまけようとする心が生じることを知っておかねばならないということ。そのうえで、今できることをすぐに実行すること。とても難《むずか》しいことだが、大切なことだと述《の》べています。

5 『徒然草』のこの部分で述べられているように、どんなにもなまけようとする心は生じるものです。だからこそ、そのときその場ですべきことを、全力で行おうとする姿勢《しせい》は、現代《げんだい》の私《わたし》たちも忘《わす》れずにもち続《つづ》けるべきです。

(1) 『徒然草』の弓の先生の考えがしょうかいされている部分を文章中から探《さが》し、書きぬきましょう。

（　　　　　　）

(2) 何度もくり返されている表現を文章中から探し、九字で書きぬきましょう。

(3) この文章で作者が伝《つた》えたい考えが述べられている一文を探し、初《はじ》めの五字を書きぬきましょう。

授業《じゅぎょう》動画はこちらから 93

解説《かいせつ》は別冊《べっさつ》p.33へ

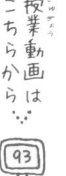

レッスン25

説明文《せつめいぶん》③［五・六年］

このレッスンのはじめ♪

説明文《せつめいぶん》では、段落《だんらく》ごとにポイントとなる内容《ないよう》（＝要点《ようてん》）があります。この要点をつかむことで、文章の内容を明確《めいかく》に理解《りかい》できるようになります。

また、説明文を読んだあとには、最終的《さいしゅうてき》にどんなことを伝《つた》えようとしている文章なのか（＝要旨《ようし》）を読み取ることが大切です。要旨をとらえるには、段落と段落の関係《かんけい》や、要点をつかんでいる必要《ひつよう》があります。

この回では、要点と要旨について学びましょう。

1 段落《だんらく》ごとの要点《ようてん》をとらえる

説明文《せつめいぶん》では、各《かく》段落で筆者が最《もっと》も伝《つた》えたい内容《ないよう》を「要点」といいます。一つ一つの段落の要点をとらえることが、筆者がその文章で最も伝えたい内容（要旨《ようし》→p.146）をとらえることにもつながります。

まず、「要点」とはどんなものかを確《たし》かめましょう。

ポイント

「要点」とは？

- 各段落の中で、最も重要な中心となる内容のこと。
- 具体例《ぐたいれい》や説明のまとめ、問題に対する答えのまとめが要点であることが多い。

要点をつかむには、各段落にある中心文を見つけることが大切です。「中心文」とは、各段落の要点がまとめられている一文のことです。段落の中で、中心文は、多くの場合、段落の初《はじ》めや終わりに書かれています。

段落内で要点のある位置《いち》

例《れい》

要点 ◀ 細部（具体例や説明）

細部（具体例や説明） ◀ 要点

ただ「段落」と述《の》べているところは、「形式段落」のことを指しているニャ。

では、実際《じっさい》に次の文章で確《たし》かめてみましょう。

例

中心文：ありは、雨がとても苦手です。

体が小さいありは、雨が降《ふ》って水がたまると、流れる雨水に簡単《かんたん》に流されてしまうからです。ときには、ありにとっては大きな川のように思える雨水の流れに巻《ま》きこまれて、おぼれてしまうこともあります。ですから、ありは雨が降り出しそうになると、みんなさっさと巣《す》に入ってしまいます。

中心文をわかりやすくするための文

要点　ありは、雨がとても苦手であるということ。

二文目と三文目では、ありがなぜ、雨がとても苦手なのかについて、具体的《ぐたいてき》に説明している部分です。四文目では、前の二文を受けて、ありが雨をさけて巣にひなんすることを説明しています。

上の「段落内で要点のある位置」と照《て》らし合わせると、この例は、最初《さいしょ》に要点を述べて、そのあとで細かく説明している段落だね。

チェック1 次の説明文《せつめいぶん》の一部を読んで、答えましょう。

私《わたし》たちは、人から親切にしてもらったときには、「ありがとう」とお礼を言います。人と出会ったときには、時間帯《じかんたい》によって「おはようございます」「こんにちは」「こんばんは」などと言います。会っていた人と別《わか》れるときには、「さようなら」などと言います。あいさつをかわすことで、たがいになんとなく親しみを覚《おぼ》えて、おたがいの心と心が通じ合うのです。

◎ この文章の要点《ようてん》として、適切《てきせつ》なものはどれですか。次から一つ選《えら》んで、記号で答えましょう。

ア 私たちの使う日本語には、さまざまなあいさつの言葉や使い方があるということ。

イ 私たちは状《じょう》きょうによって、いろいろなあいさつの言葉を使い分けているということ。

ウ 私たちはあいさつをかわすことで、たがいに親しみを覚えて、心が通じ合うということ。

解説《かいせつ》は別冊《べっさつ》p.33へ

95

2 文章の要旨《ようし》をとらえる

「要旨」とは、説明文全体を通して、筆者が最《もっと》も強く主張《しゅちょう》している考えや意見のことです。まずは、「要点」と「要旨」のちがいについて、確《たし》かめましょう。

ポイント 「要点」と「要旨」のちがいとは？

①要点…段落《だんらく》の中で、筆者が最も伝《つた》えたい事がら。
②要旨…文章全体で、筆者が最も伝えたい内容《ないよう》。

要旨は、次のような手順《てじゅん》でとらえましょう。

①**段落どうしの関係《かんけい》をつかむ**
つなぎ言葉（→p.95〜96）やこそあど言葉（→p.91）に注目して、段落どうしの関係をつかみ、文章全体の流れを理解《りかい》する。

②**中心段落を見つける**
段落どうしの関係をつかんだら、次に中心段落を見つける。「中心段落」とは、筆者の最も言いたいことが述《の》べられたまとめ（結論《けつろん》）の段落のこと。

③**要旨をとらえる**
結論と各《かく》段落の要点をつないで、要旨をつかむ。

手順②の「中心段落」とは、その文章のまとめ（結《けつ》論《ろん》）に当たる段落です。まとめの段落は一つとは限《かぎ》りません。文章の型《かた》によって、置《お》かれる位置《いち》が変《か》わります。

● まとめ（結論）の位置

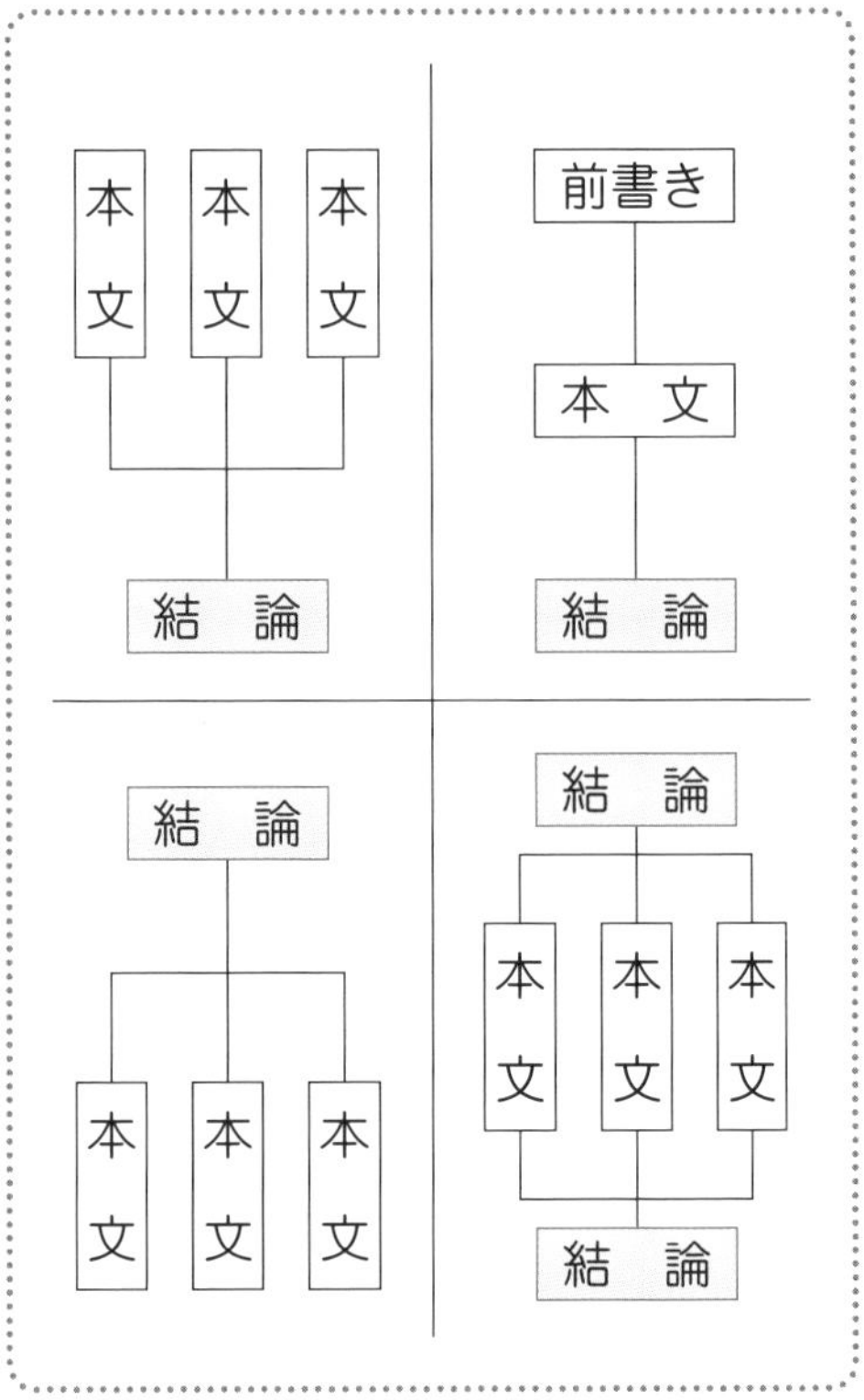

前書き
本文
結論
本文
本文
本文
結論
結論
本文
本文
本文
結論
結論
本文
本文
本文

まとめ（結論）はいちばん最後《さいご》にくる型が多いんだな。

では、実際《じっさい》に次の文章で確かめてみましょう。

例《れい》

1 ありは、雨がとても苦手です。体が小さいありは、雨が降《ふ》って水がたまると、流れる雨水に簡単《かんたん》に流されてしまうからです。ときには、ありにとっては大きな川のように思える雨水の流れに巻《ま》きこまれて、おぼれてしまうこともあります。ですから、ありは雨が降り出しそうになると、みんなさっさと巣《す》に入ってしまいます。
（1 提示《ていじ》した話題とその説明）

2 なぜ、ありには雨が降ってくることがわかるのでしょうか。
（2 疑問《ぎもん》の投げかけ）

3 一つ目の理由を見ていきましょう。雨を降らす雲が空をおおうと、昼なのに少し暗くなってきます。こうした周囲《しゅうい》の変化《へんか》を、ありは非常《ひじょう》にすばやく感じ取れるのです。

4 また、雨が降る前には、空気がしめってきます。ありは、この空気のしめり具合の変化にもすぐに気づくことができます。これが二つ目の理由です。
（3・4 疑問に対する答え）

5 ありには、このような能力《のうりょく》があるので、雨雲が出てきただけで、間もなく雨が降ることがわかるのです。小さい自分の身を守るのに欠《か》かせない能力だといえます。
（5 まとめ（結論））

要旨 雨が苦手なありは、周囲の変化をすばやく感じ取る能力を使って、小さい自分の身を守っている。

チェック2

次の説明文《せつめいぶん》の一部を読んで、答えましょう。

1 ありは働《はたら》き者だと昔から言われています。イソップ物語の中の「アリとキリギリス」でも、ありは働き者で、きりぎりすは歌ばかり歌っているなまけ者としてえがかれています。実際《じっさい》、私《わたし》たちが目にするありは、いつもいそがしそうに巣《す》を作ったり、えさを運んだりしています。でも、これらのありは、地上に出てきた働きありです。巣の中にいる働きありも、一生けん命働いているのでしょうか。

2 巣の中をのぞいてみると、何もしないでじっとしているあり、自分の体のそうじばかりして仕事をしないあり、ただぶらぶらしているありなど、なまけ者がいるのです。

3 中がよく見えるようにしたありの巣を作って観察《かんさつ》すると、二十パーセントから三十パーセントのありは、何もしないでなまけていることがわかりました。巣の中でも、しなければならない仕事はたくさんあります。女王ありや幼虫《ようちゅう》の世話、巣のそうじなどです。でも、なまけ者の働きありは、何もしません。

4 ありには、敵《てき》がたくさんいます。くもやありじごく、かえるなどです。外に出ている働きありたちが、大量《たいりょう》に他の動物に食べられてしまうこともありえます。また、水に流されてしまうなど、何らかの事故《じこ》が起こることもありえます。そうして急に数が減《へ》ると、えさも集められなくなり、巣にすむありたちは、絶《ぜつ》めつしてしまうかもしれません。

5 ありは、このような危険《きけん》を防《ふせ》ぐために、何もしないでいる余分《よぶん》な働きありが、いつも巣にいるようにしているのではないかと考えられています。

① 話題を提示《ていじ》して、疑問《ぎもん》を投げかけている段落《だんらく》はどれですか。番号で答えましょう。

② この文章の要旨《ようし》を説明した文として、適切《てきせつ》なものはどれですか。次から一つ選《えら》んで、記号で答えましょう。

ア ありは働き者だと思われているが、実はそうとは言い切れないなまけ者も二～三割《わり》ぐらいいる。

イ 働き者だと言われるありだが、中には何もしないありもいて、急に数が減ったときに備《そな》えている。

ウ ありにはたくさんの敵がいるので、みなで力を合わせて戦えるように、いろいろなありがいる。

解説《かいせつ》は別冊《べっさつ》p.33へ

レッスン25の力だめし

■ 次の説明文《せつめいぶん》の一部を読んで、あとの問いに答えましょう。

1 みなさんは、読書が好《す》きですか。読書の意義《いぎ》を考えたことは、ありますか。

2 まず、読書によって、自分が知らなかった新しい知識《ちしき》を得《え》ることができます。例《たと》えば、自分が生まれるずっと昔の江戸《えど》時代の人々の暮《く》らしぶりや、行ったことのない世界の国々の様子を知ることができます。

3 また、物語に出てくる主人公と共《とも》にぼう険《けん》をしたり、喜《よろこ》びや悲しみなどのさまざまな感情《かんじょう》を味わったりすることもできます。

4 このように、読書の意義の一つは知識を得ること、もう一つの意義は楽しむために読むことだといえます。もちろん、この二つのうちどちらか一方に限《かぎ》られるものではなく、二つの意義が重なり合っていることが多いものです。年れいが上がるにつれて、どんなことを求《もと》めて読書をしたいのかが明確《めいかく》になってきます。

5 読書のはばを広げるには、よい本と出合うことが大切です。それには、学校の図書室や公立図書館、書店などにこまめに出かけることです。

6 このようにして、ぜひ、より多くの本に出合ってほしいものです。なぜなら本は、自分の経験《けいけん》だけでは知りようがない世界があることを教えてくれるからです。新たな世界を知ることは、すばらしい体験なのです。このような体験をさせてくれる『自分だけの一冊《いっさつ》』を数多くもてることは、人生を豊《ゆた》かにしてくれるにちがいありません。

(1) 2 段落《だんらく》と 4 段落の中心文はどれですか。それぞれ、その一文の初《はじ》めの五字を書きぬきましょう。（読点《とうてん》も一字に数えます。）

2 [　　　　　]

4 [　　　　　]

(2) この文章のまとめ（結論《けつろん》）の段落は、どこですか。番号で答えましょう。

[　　]

授業《じゅぎょう》動画はこちらから 96

解説《かいせつ》は別冊《べっさつ》p.34へ

レッスン26 随筆《ずいひつ》 ［六年］

ん？

パラリ…

なんだ、これ!?

わあああ
見ちゃダメ!!

これって、父さんの日記？

今日もべんぴだった…

わーっ
はずかしい!!

ち、ちがうぞ!!

これは、ある発明家のず…随筆《ずいひつ》だ!!

…ずいひつって何？

サッ
どれどれ…

随筆っていうのは、筆者が思ったことを自由に書いた文章のことだニャ。まあ、これは単《たん》なる父さんの日記だけどニャ。

じーーっ
なーんだ…。やっぱり日記かよ。

…もう返してくれ!!

このレッスンのはじめ♪

これまで、物語文と説明《せつめい》文《ぶん》について学んできましたね。今回は、「随筆《ずいひつ》」です。どんな文章のことか、知っていますか？

随筆は、筆者が自分が体《たい》験《けん》したことや見聞きしたことをもとに、思ったことや感じたことを自由に書いた文章のことです。筆者の個《こ》性《せい》が強く表れるため、文章ごとに、内容《ないよう》や文体などが大きく異《こと》なります。

物語文や説明文とのちがいをおさえながら、随筆を読み味わいましょう。

1 随筆《ずいひつ》の話題をとらえる

97

随筆は、形式にとらわれずに筆者が思うままに書いたものなので、作品の数だけ書き方や話題が異《こと》なります。それだけ個性《こせい》が強く表れる文章なので、まず、どんなことが書かれたものなのか、その話題をとらえることが大切です。随筆の話題は、タイトルや書き出しの文章から読み取ることができます。

随筆の話題の例《れい》

- 筆者の子どものころの思い出や体験《たいけん》で、印象《いんしょう》深かったこと。
- 筆者が旅行先や留学《りゅうがく》先で体験したことや見聞きしたことの中で、印象深かったこと。
- 筆者が自然《しぜん》の風景《ふうけい》を見たり、季節《きせつ》の変化《へんか》を通して感じたこと。
- 研究していることなど、筆者の知識《ちしき》があること。
- 筆者が人から聞いた話や、社会的な事がらで興味《きょうみ》を覚《おぼ》えたこと。

説明文《せつめいぶん》は、ある事がらについて説明することが主だけど、随筆は、筆者の思ったことや感じたことを伝《つた》えることが主だといえるね。

では、次の文章で確《たし》かめてみましょう。

例《れい》 あれは、私《わたし》が小学校二年生のときのことだった。その年の夏は、とりわけ蒸《む》し暑く、ね苦しい夜が続《つづ》いていた。エアコンを効《き》かせすぎれば寒くなるし、かといって、弱めると暑さで目が覚《さ》めてしまう。

話題 筆者の子どものころの体験

チェック1 次の随筆の書き出し部分を読んで、答えましょう。

知人から、こんな話を聞いた。その知人は、非常《ひじょう》に納豆《なっとう》を好《この》み、毎日三食食べてもあきないほどだったという。

しかし、である。ある日とつ然、かれは、納豆の「な」の字も聞きたくないほどになってしまったのだ。

◎ この随筆の話題は何ですか。次から一つ選《えら》んで、記号で答えましょう。

ア 筆者の子どものころの体験。
イ 筆者が人から聞いた話。
ウ 筆者が研究していること。

解説《かいせつ》は別冊《べっさつ》p.34へ

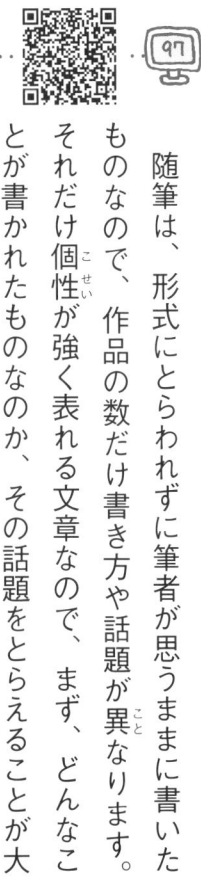

98

2 随筆《ずいひつ》の表現《ひょうげん》の工夫《くふう》を味わう

随筆では、筆者が物事の様子や自分の気持ちなどを表すために、表現に工夫がされています。

季節感《きせつかん》のある表現

例《れい》 旅先で見た、真夏の青空が忘《わす》れられない。

たとえ（比喩《ひゆ》）を使った表現 →p.158

例 まるで地ごくにつき落とされたかのように、ぼくはひどく落ちこんでしまった。

体言《たいげん》（名詞《めいし》）止めの表現 →p.158

例 真っ白にかがやく、洗《あら》いたてのシャツ。

（体言（名詞））

言葉を省略《しょうりゃく》した表現 →p.159

例 こんなこと、妹にだけは言われたくなかったのだが……。

「言われてしまった」などの言葉が省略されている。

チェック2

次の随筆の一部を読んで、答えましょう。

大学生になって、ぼくが初《はじ》めての海外旅行先に選《えら》んだのは、中国《ちゅうごく》の雲南省《うんなんしょう》という場所だった。ほとんどの人にとってなじみのない場所であったため、めずらしがられた。旅行好《ず》きの祖母《そぼ》だけは、①幼子《おさなご》のように目をかがやかせて、自分も行きたいと言った。しかし、一人旅と決めていたぼくは、祖母の要望《ようぼう》に耳をかたむけることなく、②*意気揚々《いきようよう》と出発。

飛行機《ひこうき》を乗りついで雲南省の麗江《れいこう》というところにたどり着いた。たちまち、③青い空と新緑の大地、そして石造《いしづく》りの街並《まちな》みに目をうばわれた。

*意気揚々…得意な様子。

◎ ――線部①～③で使われている表現は、何ですか。それぞれ選《えら》んで、記号で答えましょう。

ア 季節感のある表現。
イ たとえ（比喩）を使った表現。
ウ 体言（名詞）止めの表現。
エ 言葉を省略した表現。

① ［　］ ② ［　］ ③ ［　］

解説《かいせつ》は別冊《べっさつ》p.34へ

3 筆者の感想・意見をとらえる

随筆では、筆者が体験《たいけん》したことや得《え》た知識《ちしき》、興味《きょうみ》をもった社会的《しゃかいてき》な事がらなどの事実の部分と、それに対する筆者の感想や意見の部分とに分けられます。説明文《せつめいぶん》と同様、「事実」と「感想・意見」の部分を区別《くべつ》してとらえましょう。

例

あるとき、私《わたし》は、「天然《てんねん》こう母《ぼ》作り」にはまった。（事実）

なるべく農薬の使われていない新せんな果物《くだもの》や野菜《やさい》を、熱湯消毒《ねっとうしょうどく》したビンに入れる。（事実）

そしてその上から水を注いで密閉《みっぺい》する。（事実）

数日間たつと、小さなあわが、果物や野菜の周《まわ》りに付着《ふちゃく》するのが見える。（事実）

それを見つけた私は、わくわくした。（感想・意見）

そのあわがだんだんと大きくなり、増《ふ》えたときに、ビンのふたを開けるのだ。（事実）

シュワーッと、炭酸水《たんさんすい》がふきこぼれるように勢《いきお》いよくこう母液《えき》が流れ出したとき、私はとてもおどろいた。（感想・意見）

ただの果物・野菜と水だけで、こんなものができるなんて、なんだか、訳《わけ》もなく楽しい気持ちになった。（感想・意見）

それが、こう母との初《はじ》めての出合いだった。（事実）

チェック3

次の随筆の一部を読んで、答えましょう。

意気揚々《いきようよう》と麗江《れいこう》の街《まち》を歩き始めたぼくだったが、やがて言葉のかべにぶつかった。観光客《かんこうきゃく》もそれなりに来る場所とはいえ、多くの飲食店や宿では、英語《えいご》を話せる人がほとんどいなかったのだ。ぼくは、困《こま》ったと同時に、がっかりしてしまった。中国国内《ちゅうごくこくない》からだけでなく、西洋やアジアからの観光客もやってくることがある場所なのに、ひどいではないかと。

しかし、勝手にがっかりしたぼくの気持ちを、すっかり変《か》えてしまうような出来事が起こった。数人の日本人観光客を案内《あんない》していた、ある現地《げんち》ガイドとの出会いである。

◎ この文章の中で、筆者の感想や意見が述《の》べられている文を二つ探《さが》し、それぞれ初《はじ》めの五字を書きぬきましょう。（読点《とうてん》も一字に数えます。）

解説《かいせつ》は別冊《べっさつ》p.34へ

4 筆者のものの見方・考え方をとらえる

随筆《ずいひつ》では、ある話題や事がらに対して、筆者がどのように感じたり考えたりしたのかという、ものの見方や考え方が書かれています。説明文《せつめいぶん》のように「明確《めいかく》なまとめ（結論《けつろん》）」であるとは限《かぎ》りませんが、この筆者のものの見方や考え方が、随筆の中心となる部分です。文章の型《かた》（→p.147）によって、どこにまとめが書かれているかは異《こと》なるので、注意して読み取りましょう。

例《れい》 子どものくせにねむりが浅《あさ》かった私《わたし》は、ある晩《ばん》あまりの暑さに起き出して、居間《いま》でせん風機《き》に当たっていた。すると、トイレに立った祖父《そふ》がやってきて、「暑くてねむれないのか。」と聞いた。だまって私がうなずくと、祖父は、冷蔵庫《れいぞうこ》から氷を取り出して、氷まくらに入れてくれた。ひんやりした氷まくらをだいてベッドに入った私は、ほどなくねむりについた。

今でも、暑い夏が来ると思い出す。エアコンやせん風機などの機械《きかい》では得《え》られない氷まくらのすずやかさと、無口《むくち》だった祖父の静《しず》かなやさしさを。

―子どものころの体験《たいけん》に対する思いや感想。

チェック4 次の随筆の一部を読んで、答えましょう。

1 その知人は、以前《いぜん》から納豆《なっとう》を好《この》んでいたが、あるときから急に、毎食納豆を食べないと気が済《す》まないようになったという。かれは、職場《しょくば》にすら納豆パックを持参《じさん》し、においが迷《めい》わくにならないようにと、だれもいない会議室《かいぎしつ》でひっそり弁当《べんとう》を食べていたそうである。

2 だが、そんな生活が三年ほど続《つづ》いたあるとき。納豆のにおいが急に鼻につくようになり、それ以来《いらい》かれは、納豆を食べられなくなってしまったのだ。

3 いくら好《す》きだからといって、かれは少々やりすぎた。その結果《けっか》、好きだった納豆を体が受けつけなくなってしまったのだろう。「過《す》ぎたるはなおおよばざるがごとし」という言葉があるように、何事も「ほどほど」がよいのではないだろうか。

◎ この文章の中で、筆者のものの見方や考え方が書かれた段落《だんらく》は、どこですか。番号で答えましょう。

解説《かいせつ》は別冊《べっさつ》p.34へ

レッスン26のカだめし

■ 次の随筆《ずいひつ》の一部を読んで、あとの問いに答えましょう。

1 わたしは雪の中をあるくのが好《す》きだが、あるきながら、いろいろの光線で雪を見るとうつくしい。足がふかくもぐるからあるきにくく、くたびれるので、ときどき雪の中へこしをうずめてやすむ。めの前にどこまでもつづく雪の平面を見ると、雪が五色か七色にひかっている時がある。うしろから日光がさすと、きらきらして無数《むすう》の雪のけっしょうがみな光線をはねかえし、スペクトルというもののようになる。にじいろにこまかく光るから実にきれいだ。野はらをひろく平らにうずめた雪にも、ちょうどさばくのすなにできるようなさざなみができて、それがほんとの波のように見えるが、光線のうらおもてで、色がちがう。くらい方は青びかりがするし、あかるい方はうすいだいだい色にひかり、雪は白いものとばかり思っていると、こんなにいろいろ色があるのでびっくりする。

2 いちばんきれいなのは夜の雪である。夜でも雪はあかるいから、ほのぼのと何かが見える。そしていちめんに白くけむったようになってけしきが昼間とはたいへんちがってくる。ひろびろとおくふかくみえて、まるでおとぎ話の世界のようになる。きれいはきれいだが夜の雪みちはあるくとあぶない。

（高村光太郎《たかむらこうたろう》「山の雪」『昭和《しょうわ》文学全集第四巻《かん》』〈小学館〉より）

授業《じゅぎょう》動画は こちらから

101

解説《かいせつ》は別冊《べっさつ》p.35へ

(1) この随筆の話題を、漢字一字で答えましょう。

□について

(2) 1段落《だんらく》から、筆者の感想が書かれた文を三つ探《さが》し、それぞれ初《はじ》めの五字を書きぬきましょう。

(3) 2段落で、夜の雪のけしきを、どんな世界だとたとえていますか。文章中から書きぬきましょう。

（　　　　）

レッスン27

詩

［三～六年］

ばらのように美しい
ニャン美《み》ちゃん
ニャン美ちゃんは
ボクの女神だ
ボクのかわいい子ネコ、ニャン美♡
おいおいーっ！
さっきから耳元で
何だよー。
ゲエッ
ボクは、愛《あい》に生きる
詩人でもあるんだニャ。
詩!? ふーん、あっそう。
…さて、サッカーのリフティング
でもやろうかな。
ハイハイ
詩は、ときに強く
人の心にうったえかける
ものになるニャ！
ラブレターにも使えるニャ。
いい詩が書ければ、
花《はな》ちゃんもふり向いて
くれるかも…。
ほんとか!?
オレにも
いい詩の
書き方、
教えて!!
わかりやすいニャー!!

このレッスンのはじめ♪

今回は、詩について勉強しますよ。

詩とは、作者が感動したことや思ったことなどを、短くリズムのある言葉で表現《ひょうげん》したものです。美しい風景《ふうけい》や、日々の生活の様子などが題材《だいざい》にされています。随筆《ずいひつ》などと同じように、詩にはさまざまな表現技法《ぎほう》が使われています。作者の思いをとらえるとともに、いろいろな表現技法も見ていきましょう。

102

1 詩の情景《じょうけい》をとらえる

詩には、作者が見て感動した美しい情景などがえがかれています。「いつ・どこで・どんな様子か」に注目しながら、詩の情景をとらえましょう。

詩は、短い言葉で区切って行を変《か》えることで、情景の変化《へんか》や感動を表しています。詩全体を内容《ないよう》のまとまりによって分けたものを「連《れん》」といいます。連の区切りは、ふつう一行空けて示《しめ》されていますが、連に分かれていない詩もあります。連のあるものは、連ごとの内容をつかみ、連どうしの意味のつながりに注目しましょう。

連は、ふつうの文章の段落《だんらく》にあたるニャ。

ガラス窓《まど》の向《む》うで　立原道造《たちはらみちぞう》

ガラス窓の向うで
朝が
小鳥とダンスしてます
お天気のよい青い空

（『優《やさ》しき歌　立原道造詩集』〈角川文庫〉より）

読み取れる情景
いつ：朝
どこで：ガラス窓の向こう
どんな様子か：小鳥がいる／よい天気で青空が見える

チェック 1　次の詩を読んで、答えましょう。

雲　山村暮鳥《やまむらぼちょう》

おうい　雲よ
ゆうゆうと
馬鹿《ばか》にのんきそうじゃないか
どこまでゆくんだ
ずっと
*磐城平《いわきたいら》の方までゆくんか

（「山村暮鳥詩集　おうい雲よ」〈岩崎書店〉より）

*磐城平…現在《げんざい》の福島県《ふくしまけん》いわき市。

◎ この詩から読み取れるのは、どんな情景ですか。次から一つ選《えら》んで記号で、答えましょう。

ア 黒い雨雲がみるみるうちに空に立ちこめる情景。
イ 白い雲がゆっくり動いている、天気のよい情景。
ウ 厚《あつ》い雲が空をおおい、くもり空が広がる情景。

解説《かいせつ》は別冊《べっさつ》p.35へ

雲に「おうい」と呼《よ》びかけていることからも、のどかな様子が伝《つた》わってくるね。

103

2 詩の表現《ひょうげん》技法《ぎほう》をとらえる

詩では、短い言葉で伝《つた》えたいことをわかりやすく伝えるために、いろいろな表現技法が使われています。

● たとえ（比喩《ひゆ》）

あるものを他のものにたとえる方法。どんな様子かをわかりやすく伝え、印象《いんしょう》を強める効果《こうか》がある。

例《れい》 りんごのようなほっぺたの赤んぼう 直喩《ちょくゆ》

▼「（まるで）～のような（みたいな）」「～のように（みたいに）…だ」「～のようだ（みたいだ）」などを使った言い方。

夕立は空のなみだだ 隠喩《いんゆ》

▼「～のような」などを使わない言い方。

風がダンスしている 擬人法《ぎじんほう》

▼人間でないものを人間のようにたとえる言い方。

● 体言《たいげん》（名詞《めいし》）止《ど》め

行の終わりを、物の名前を表す言葉である体言（名詞）（→p.87）で終わらせる方法。体言で止めて強調することで、印象を強める効果がある。

例 野原にぽつんと立つ大きな［木］体言

チェック2 次の詩を読んで、答えましょう。

きゅうこんのめがでた　小泉周二《こいずみしゅうじ》

①いのちのかたまりから
②いっぽんのきばがでてきて
ぐさりと
そらをつきさした
そらはなんにもいわないで
とろりと
きばをつつんだ

（『放課後《ほうかご》』〈いしずえ〉より）

◎ ――線部①・②は、それぞれ何をたとえていますか。詩の題名から、□に合うように書きぬきましょう。

① □□□□□

② □

解説《かいせつ》は別冊《べっさつ》p.35へ

104

反復法《はんぷくほう》（くり返し）

同じ言葉や似《に》た言葉をくり返す方法。くり返すことによってリズムが生じ、くり返された言葉の印象が強まる効果がある。

例
夏が来た　夏が来た
待《ま》ちに待った　夏が来た

倒置法《とうちほう》

言葉の並《なら》び順《じゅん》をふつうとは逆《ぎゃく》にする方法。逆にすることで、その部分を強調したり、味わいを深めたりする効果がある。

例
小鳥が飛《と》んだ　空高く

省略法《しょうりゃくほう》

言葉をとちゅうで切って、そのあとを省略する方法。続《つづ》くはずの言葉を省略することで、読み手の想像《そうぞう》を広げる効果がある。

例
母の手は、いつもやさしく――。
※省略を表す「――」は入っていないこともある。

対句《ついく》

形や意味が対応《たいおう》するように、言葉を並べる方法。調子のよく似《に》た言葉や、対照的《たいしょうてき》な語句《ごく》などを並べることで、リズムを生んだり、印象を強めたりする効果がある。

例
海では、魚たちがおどり
森では、けものたちがはしゃぐ

チェック3　次の詩を読んで、答えましょう。

雪　三好達治《みよしたつじ》

太郎《たろう》を眠《ねむ》らせ、太郎の屋根に雪ふりつむ*。
次郎《じろう》を眠らせ、次郎の屋根に雪ふりつむ。

（『雪』〈童話屋《どうわや》〉より）

*ふりつむ…降《ふ》り積《つ》もる

◎ この詩に使われている表現技法は、何ですか。次から一つ選《えら》んで、記号で答えましょう。

ア　反復法　　イ　倒置法
ウ　省略法　　エ　対句

解説《かいせつ》は別冊《べっさつ》p.35へ

105

3 作者の思いをとらえる

どんな詩にも必《かなら》ず、作者の思いがこめられています。どんなことに心を動かされてその詩を作ったのか、題名や表現技法《ひょうげんぎほう》などに注目して読み取るようにしましょう。

空への質問《しつもん》　高階杞一《たかしなきいち》

ここへ　ぼくを呼《よ》んだのは
なぜですか
ここに今　ぼくのいるのは
なぜですか
ここに今　ぼくのいる意味は
なんですか
この広い宇宙《うちゅう》の中で
ぼくは
なんですか
なんだろう

自分が生まれ、生きていることへの疑問《ぎもん》を、いろいろな言い方で表現している。

（『空への質問』〈大日本図書〉より）

チェック4　次の詩を読んで、答えましょう。

お魚　金子《かねこ》みすゞ

海の魚はかわいそう。

お米は人につくられる、
牛はまき場でかわれてる、
こいもお池でふをもらう。

けれども海のお魚は
なんにも世話にならないし
いたずら一つしないのに
こうしてわたしに食べられる。

ほんとに魚はかわいそう。

（『金子みすゞ童謡集《どうようしゅう》　わたしと小鳥とすずと』〈JULA出版局〉より）

◎　この詩の中で、作者の気持ちが最も《もっと》強くこめられている行は、どこですか。一行で書きぬきましょう。

（　　　）

解説《かいせつ》は別冊《べっさつ》p.36へ

27《レッスン》の力だめし

□ 次の詩を読んで、あとの問いに答えましょう。

忘《わす》れもの　　高田敏子《たかだとしこ》

①入道雲《にゅうどうぐも》にのって
夏休みはいってしまった
「サヨナラ」のかわりに
素晴《すば》らしい夕立をふりまいて

けさ　空はまっさお
②木々の葉の一枚《まい》一枚が
あたらしい光とあいさつをかわしている

だがキミ！　夏休みよ
もう一度　もどってこないかな
③忘れものをとりにさ

迷《まよ》い子《ご》のセミ
さびしそうな麦わら帽子《ぼうし》
それから　ぼくの耳に
くっついて離《はな》れない波の音

〈『詩の世界』〈ポプラ社〉より〉

(1) ――線部①・②に使われている表現技法《ひょうげんぎほう》は、何ですか。次からそれぞれ選《えら》んで、記号で答えましょう。（①は二つ選びましょう。）
ア　反復法《はんぷくほう》　イ　省略法《しょうりゃくほう》
ウ　倒置法《とうちほう》　エ　擬人法《ぎじんほう》

① □・□　② □

(2) ――線部③の「忘れもの」とは何ですか。それが書かれている連《れん》を、漢数字で答えましょう。

第□連

(3) この詩で、作者の思いが最《もっと》も強くこめられている連は、どこですか。漢数字で答えましょう。

第□連

(4) この詩にこめられているのは、どんな思いですか。次から一つ選んで、記号で答えましょう。
ア　夏休みがふりまいた夕立におどろく気持ち。
イ　夏休みが忘れていったものを、返してあげたいと思う気持ち。
ウ　夏休みが終わってしまったことを、さびしく思う気持ち。

□

授業《じゅぎょう》動画は
こちらから
106

解説《かいせつ》は別冊《べっさつ》p.36へ

レッスン28

短歌

［三～六年］

短歌は、詩より歴史《れきし》があって、昔の人は気持ちを伝《つた》えるためによくよんでいたニャ。例《たと》えば……
ニャン美《み》ちゃん
なぜそんなにも美しい
ばらの花にも負けることなく
ニャン吉《きち》
…前から思ってたけど、ニャン吉ってキザだよなー。
げえぇ――っ
我《われ》ながら最高《さいこう》の出来ばえニャ!! さっそく届《とど》けるニャ♡
えー―っ

このレッスンのはじめ♪

短歌は、五・七・五・七・七の三十一音《おん》からなる定型詩《ていけいし》です。短歌は、昔から作られていました。昔の人は自分の気持ち――例《たと》えば、恋心《こいごころ》などを短歌にこめて、やりとりしていたんですよ。

昔の短歌は昔の言葉で書かれているので、難《むずか》しいと感じることもあるかもしれませんが、現代語《げんだいご》の訳《やく》を読むなどして、じっくり味わってみましょう。

そして、短歌の基本《きほん》をおさえて、自分でも作ってみましょう。

1 短歌の形式をおさえる

107

短歌は、第一句から第五句で構成《こうせい》され、音数の合計が三十一音になる短い詩です。短歌の基本的《きほんてき》な特《とく》ちょうを覚《おぼ》えておきましょう。

例《れい》

山深み（第一句・五音）　春とも知らぬ（第二句・七音）　松の戸に（第三句・五音）〔上の句〕
たえだえかかる（第四句・七音）　雪の玉水（第五句・七音）〔下の句〕

式子内親王《しょくしないしんのう》

音数の数え方は、基本的に、ひらがな一字を一音と数えます。次の三つのことを確《たし》かめておきましょう。

- ●小さい「っ」は一音と数える。
  - 例　ひっそり⬇四音　　ヨット⬇三音
- ●のばす音は一音と数える。
  - 例　おかあさん⬇五音　　スキー⬇三音
- ●小さい「ゃ・ゅ・ょ」は、上の文字と合わせて二字で一音と数える。
  - 例　きょう（今日）⬇二音　　チョーク⬇三音

短歌の音数は、基本は三十一音ですが、五音の句が四音や六音、七音の句が六音や八音だったりするものもあります。三十一音より多いものを「字余《じあま》り」、三十一音よりも少ないものを「字足らず」といいます。

短歌は、「一首」「二首」…と数えるよ。

例

こころよき疲《つか》れなるかな
息もつかず…六音
仕事をしたる後《のち》のこのつかれ
└十音

石川啄木《いしかわたくぼく》

この短歌は「字余り」の短歌よね。

もっとくわしく

短歌では、句のとちゅうに意味や調子の切れ目があることがあります。これを「句切れ」といいます。五つの句のどこで切れるかによって、「初句《しょく》切れ」「二句切れ」「三句切れ」「四句切れ」とよびます。句切れのないものは「句切れなし」といいます。

108

2 短歌の情景《じょうけい》や作者の思いをとらえる

短歌も、詩と同様、作者が見た風景や心に感じたことをうたったものです。「いつ・どこで・どんな様子か」や、どんなことに心を動かされてその短歌を作ったのかなど、想像《そうぞう》をふくらませながら味わいましょう。

では、次の短歌で確《たし》かめてみましょう。

例《れい》
街《まち》をゆき子供《こども》の傍《そば》を通る時
蜜柑《みかん》の香《か》せり冬がまた来る　木下利玄《きのしたりげん》

【意味】街を歩いていて、子どもたちのそばを通ったとき、みかんのかおりがした。ああ、冬がまたやって来るのだなあ。

「蜜柑の香」や「冬がまた来る」に注目。

チェック1 次の短歌を読んで、答えましょう。

A 金色《こんじき》の小さき鳥のかたちしていちょう散《ち》るなり
夕日の丘《おか》に　与謝野晶子《よさのあきこ》

B 夕焼《ゆうや》け空焦《こ》げきわまれる下にしてこおらんとする
湖《うみ》の静《しず》けさ　島木赤彦《しまきあかひこ》

◎ 二つの短歌の音数は、それぞれ全部で何音ですか。漢数字で答えましょう。

A（　　　）音
B（　　　）音

解説《かいせつ》は別冊《べっさつ》p.36へ

チェック2 次の短歌を読んで、答えましょう。

石がけに子ども七人こしかけて
ふぐをつりおり夕焼け小焼け　北原白秋《きたはらはくしゅう》

◎ この短歌から感じられるのは、どんな様子ですか。次から一つ選《えら》んで記号で答えましょう。

ア さびしそうな様子。
イ ほのぼのとした様子。
ウ にぎやかな様子。

（　　）

解説は別冊p.37へ

レッスン28の力だめし

次の短歌を読んで、あとの問いに答えましょう。

A 遠足《えんそく》の小学生徒有頂天《しょうがくせいとうちょうてん》に
　大手《おおて》ふりふり往来《おうらい》とおる
　　木下利玄《きのしたりげん》

B しらじらと氷かがやき
　千鳥《ちどり》なく
　釧路《くしろ》の海の冬の月かな
　　石川啄木《いしかわたくぼく》

　＊釧路…北海道東部の地名。

C ひまわりは金の油を身にあびて
　ゆらりと高し日の小ささよ
　　前田夕暮《まえだゆうぐれ》

D 白鳥《しらとり》はかなしからずや空の青
　海のあを《(お)》にも染《そ》まずただよう
　　若山牧水《わかやまぼくすい》

E みちのく＊の母のいのちを一目見ん
　一目みんとぞただに＊いそげる
　　斎藤茂吉《さいとうもきち》

　＊みちのく…東北地方のこと。　＊ただに…ひたすら

(1) A〜Eの短歌の中で、字余《じあま》りの短歌はどれですか。記号で答えましょう。
□

(2) B・Cの短歌から、時間帯《じかんたい》や季節《きせつ》がわかる言葉を□に合うように書きぬきましょう。

B □□□　C □□□□

(3) Dの短歌は、どんな色のある情景《じょうけい》をうたっていますか。漢字一字で、二つ答えましょう。

□・□

(4) A・Eの短歌からは、どんな気持ちが読み取れますか。（　）に合う言葉を書き入れましょう。

・A…（　　　　）に出かける小学生たちの楽しい気持ち。

・E…東北にいる病気で死にそうな（　　　　）に、一目でも（　　　　）と思う気持ち。

授業動画《じゅぎょうどうが》はこちらから 109

解説《かいせつ》は別冊《べっさつ》p.37へ

レッスン29

俳句《はいく》

［三～六年］

ただいまニャ♡
デレ～
なんだよ…、ニヤニヤして。
きもちわるい…
どれどれ。
フフ…ニャン美《み》ちゃんから返事をもらったニャ。
やーーん
「ニャン吉《きち》さん世界でいちばん愛《あい》してる」って書いてあるニャ。
ばーん
なっ…なんだこれ!?
俳句《はいく》で返事をくれるなんて、さすがニャン美《み》ちゃんだニャ♡
へー、よかったね。…って、全然《ぜんぜん》読めないし！

このレッスンのはじめ♪

俳句《はいく》は、五・七・五の十七音からなる、世界で最《もっと》も短い詩です。俳句は、短歌よりも少しあとの時代から作られ始めました。今では、世界中の人が俳句を作って楽しんでいるんですよ。

俳句では、短歌よりもさらに短い言葉の中に、風景《ふうけい》や心に感じたことが切り取られてうたわれています。声に出して読み味わい、自分でも俳句を作ってみましょう。

1 俳句《はいく》の形式をおさえる

俳句の音数

俳句は、三つの句からなる合計十七音の、世界で最《もっと》も短い詩です。俳句の基本的《きほんてき》な特《とく》ちょうを覚《おぼ》えておきましょう。俳句では、第一句のことを「初句《しょく》」、第三句のことを「結句《けっく》」といいます。

> **例《れい》**
> 夏河《なつかわ》を（初句）【五音】　こすうれしさよ（第二句）【七音】　手にぞうり*（結句）【五音】　与謝蕪村《よさぶそん》
> *ぞうり…足の指の間にはさむひものついたはき物。現代《げんだい》でも、着物を着るときなどにはく。ゴム製《せい》のものは水辺《みずべ》ではく。

音数の数え方（→p.163）や、基本の十七音より多いものを「字余《じあま》り」、十七音より少ないものを「字足らず」ということは、短歌と同じです。

俳句は「一句」「二句」と数えるんだって。

季語《きご》

俳句では、季節《きせつ》を表す言葉を、一句に一つ入れるのが原則《げんそく》です。この季節を表す言葉のことを「季語」といいます。

代表的なものを見てみましょう。

春	夏
雪《ゆき》どけ・春分《しゅんぶん》・花見《はなみ》・ひな祭《まつ》り・ふきのとう・桜《さくら》・入学《にゅうがく》・つばめ	梅雨《つゆ》・夕立《ゆうだち》・田植《たう》え・夏休《なつやす》み・日焼《ひや》け・ゆかた・ひまわり・せみ
秋	**冬**
残暑《ざんしょ》・秋晴《あきば》れ・天《あま》の川《がわ》・月《つき》・七夕《たなばた》・くり・赤《あか》とんぼ・さんま	こがらし・雪《ゆき》・せき・大根《だいこん》・冬休《ふゆやす》み・落《お》ち葉《ば》・みかん・白鳥《はくちょう》

俳句の季語は、昔のこよみに合わせたものだから、現代《げんだい》の感覚《かんかく》とは少しずれることもあるよ。例《たと》えば、「天の川」や「七夕」は秋の季語なんだ。

切《き》れ字《じ》

俳句では、「や」「けり」などの言葉を入れて、意味の切れ目を示《しめ》します。こうした言葉のことを「切れ字」といいます。切れ字には、「や・ぞ・かな・か」や「けり・なり・たり」などがあります。

> **例**
> 古池や【切れ字】かわず*とびこむ水の音　松尾芭蕉《まつおばしょう》
> *かわず…「かえる」の古い言い方。

もっとくわしく

俳句《はいく》では、短歌と同様に、句のとちゅうの意味の切れ目を「句切れ」といいます。切れ字が初句《しょく》や二句の終わりにある場合、ふつう、そこが句切れになります。切れる位置《いち》によって、「初句切れ」「二句切れ」といいます。句切れのないものは「句切れなし」といいます。

チェック1 次の俳句を読んで、答えましょう。

A こがらしや海に夕日をふき落とす　夏目漱石《なつめそうせき》

B 赤とんぼ筑波《つくば》*に雲もなかりけり　正岡子規《まさおかしき》

*筑波…茨城県《いばらきけん》の中央部にある、筑波山のこと。

◎ それぞれの俳句の、ア季語《きご》と、イ切れ字をそれぞれ書きぬきましょう。

A ア（　　　） イ（　　　）

B ア（　　　） イ（　　　）

解説《かいせつ》は別冊《べっさつ》p.37へ

2 俳句の情景《じょうけい》や作者の思いをとらえる

俳句でも、詩や短歌と同様に、よまれた情景や作者の思いを想像《そうぞう》しながら味わいます。季語や切れ字に注目しながら、具体例《ぐたいれい》で確認《かくにん》してみましょう。

例 をりとりてはらりとおもきすすき（季語）かな（切れ字）　飯田蛇笏《いいだだこつ》

【意味】すすきを折《お》り取ってみると、豊《ゆた》かなほがはらりと垂《た》れ、重みが手に伝《つた》わってきたことだ。

チェック2 次の俳句を読んで、答えましょう。

雪とけて村いっぱいの子どもかな　小林一茶《こばやしいっさ》

◎ この俳句から感じられるのは、どんな様子ですか。次から一つ選《えら》んで、記号で答えましょう。

ア 寒そうな様子。

イ うるさそうな様子。

ウ うれしそうな様子。

（　　　）

解説は別冊p.37へ

レッスン29 の力だめし

次の俳句《はいく》を読んで、あとの問いに答えましょう。

A　菜《な》の花や月は東に日は西に　与謝蕪村《よさぶそん》

B　赤いつばき白いつばきと落ちにけり　河東碧梧桐《かわひがしへきごとう》

C　柿《かき》食えば鐘《かね》が鳴るなり法隆寺《ほうりゅうじ》*　正岡子規《まさおかしき》

＊法隆寺…奈良にある寺の名前。

D　遠山《とおやま》に日の当たりたる枯野《かれの》かな　高浜虚子《たかはまきょし》

E　雪だるま星のおしゃべりぺちゃくちゃと　松本《まつもと》たかし

(1) A～Eの俳句から、切れ字をすべて書きぬきましょう。

(2) A～Eの俳句で、字余《じあま》りのものはどれですか。記号で答えましょう。

(3) Aの俳句でうたわれている情景《じょうけい》の時間帯《じかんたい》はいつですか。次から一つ選《えら》んで、記号で答えましょう。

ア　明け方　イ　正午
ウ　夕方　エ　真夜中

(4) Bの俳句は、どんな色のある情景《じょうけい》をうたっていますか。漢字一字で、二つ答えましょう。

(5) Cの俳句の季語《きご》は何ですか。ひらがなで答えましょう。

(6) Eの俳句からは、どんな様子が読み取れますか。次から一つ選んで、記号で答えましょう。

ア　寒そうな様子。
イ　楽しそうな様子。
ウ　さびしそうな様子。

授業《じゅぎょう》動画はこちらから　112

解説《かいせつ》は別冊《べっさつ》p.38へ

レッスン30

古典《こてん》文学

［五・六年］

これは、日本でいちばん古い物語ニャ。何だかわかるかニャ？
泣《な》けるニャ〜
よしよし
ああああ…
はい！か…
かぐやひめーっ!!
はいはーい
あっ…
さすが、愛子《あいこ》ちゃんニャ。元になった物語は、『竹取物語《たけとりものがたり》』というニャ。
愛子、おひめさま大好《だいす》きー♡
オレだって知ってたよ…
さすが！愛子は物知りだなー♡
デレデレ〜ッ

このレッスンのはじめ♪

昔に書かれて今でも読みつがれている作品を、古典《こてん》といいます。初《はじ》めて聞いたという人もいるかもしれませんが、実は、やさしい言葉に書き直され、小さな子ども向けの物語として読まれているものもあります。

例《たと》えば、『竹取物語《たけとりものがたり》』は、『かぐやひめ』という題名で、子ども向けの絵本が出ています。読んだことがあるという人も多いのではないでしょうか。

今回は、こうした古典作品を読み味わってみます。

113

1 日本の古典《こてん》作品を読む

昔から今に至《いた》るまで読みつがれてきた古典作品のうち、江戸《えど》時代までに書かれた文章のことを、「古文《こぶん》」といいます。古文は、現代《げんだい》の言葉づかいとはちがう言葉やかなづかいで書かれています。まずは現代語の訳《やく》と読み比《くら》べながら、主な古典作品を、声に出して読んでみましょう。

●「竹取物語《たけとりものがたり》」

いまはむかし、たけとりの翁《おきな》といふ《う》ものありけり。野山《のやま》にまじりて竹をとりつつ、よろづ《ず》のことにつかひ《い》けり。名をば、さぬきのみやつことなむ《ん》いひ《い》ける。

その竹の中に、もと光る竹なむ《ん》一すぢ《じ》ありける。あやしがりて、寄《よ》りて見るに、筒《つつ》の中光りたり。それを見れば、三寸《さんすん》ばかりなる人、いとうつくしう《しゅう》てゐ《い》たり。

現代語訳　今はもう昔のことだが、「竹取のおじいさん」とよばれる老人《ろうじん》がいた。野や山に分け入って竹を取り、いろいろな物を作るのに使っていた。本当の名前は「さぬきのみやつこ」といった。

ある日、竹の中に、根元が光っている竹が一本あった。不《ふ》思議《しぎ》に思って近づいてみると、竹の中が光っている。中を見ると、身長十センチメートルほどの人が、かわいらしい様子ですわっていた。

例《たと》えば、一行目の「いふ」は、昔のかなづかいなので、右側《みぎがわ》の（　）に書かれた読み方を参考《さんこう》にして、「いう」と読むようにしましょう。

『竹取物語』は、だれが書いたものかわかっていませんが、今から千百年ほど前（平安《へいあん》時代）にはできていました。現在残《げんざいのこ》っている物語の中で、最《もっと》も古い物語だといわれています。

竹から生まれたかぐやひめが、おじいさんとおばあさんに育てられ、やがて月の世界に帰ってしまうまでが書かれた物語だね。お兄ちゃんは知らないだろうけど……。

チェック1

「竹取物語」は、現代の昔話としては何という題名で書かれていますか。ひらがな五字で答えましょう。

解説《かいせつ》は別冊《べっさつ》p.38へ

では次に、平家《へいけ》とよばれて栄《さか》えた武士《ぶし》の一族が、源氏《げんじ》と戦《たたか》ってほろびていくまでが書かれた物語を読んでみましょう。栄えたものも、いつか必《かなら》ずほろびるものだという仏教《ぶっきょう》の教えがこめられた、書き出しに当たる部分です。

「平家物語《へいけものがたり》」

祇園精舎《ぎおんしょうじゃ》の鐘《かね》の声、諸行無常《しょぎょうむじょう》の響《ひび》きあり。沙羅双樹《さらそうじゅ》の花の色、盛者必衰《じょうしゃひっすい》の理《ことわり》をあらはす(わ)。おごれる人も久しからず、ただ春の夜の夢《ゆめ》のごとし。たけき者もつひ(い)にはほろびぬ、ひとへ(え)に風の前のちりに同じ。

現代語訳《げんだいごやく》　インドにある祇園精舎という寺の鐘の音は、「この世の全てのものは絶《た》えず移《うつ》り変《か》わっていくものだ。」ということを告《つ》げているような響きがある。

沙羅双樹という木の花の色は、「勢《いきお》いがある者でも必ずおとろえるものだ。」という道理（りくつに合った筋道《すじみち》）を表している。

思い上がった者のわがままなふるまいも長くは続《つづ》かず、ちょうど短くてはかない春の夜に見る夢のようなものだ。

強くて勇《いさ》ましい者も最後《さいご》にはほろんでしまう。それはまさに、すぐにふき飛《と》ばされてしまう、風の前のちりと同じだ。

この「平家物語」も、だれが書いたかわかっていませんが、今から八百年ほど前（鎌倉《かまくら》時代）にはできていました。目の不自由な「琵琶法師《びわほうし》」というおぼうさんが、琵琶という楽器《がっき》をひきながら語ることで、全国に広まりました。

琵琶法師たちによって、琵琶をかなでながら歌うように語られていたから、リズムがある調子のよい文章になっているんだニャ。

チェック2

「平家物語」は、目の不自由なおぼうさんが、何という楽器を鳴らしながら語りついだものですか。楽器の名前を一つ選《えら》んで、記号で答えましょう。

ア　三味線《しゃみせん》　イ　琵琶

ウ　たいこ

解説《かいせつ》は別冊《べっさつ》p.38へ

もっとくわしく

有名な古典《こてん》作品には、次のようなものもあります。小学生向けにまん画化されているものもあるので、興味《きょうみ》をもてそうなものを探《さが》して、読んでみましょう。

- 『枕草子《まくらのそうし》』…作者は清少納言《せいしょうなごん》。日本最古《さいこ》の随筆《ずいひつ》。
- 『源氏物語《げんじものがたり》』…作者は紫式部《むらさきしきぶ》。貴族《きぞく》社会が舞台《ぶたい》の物語。
- 『徒然草《つれづれぐさ》』…作者は兼好法師《けんこうほうし》。人間や自然《しぜん》に関《かん》する感想や教訓《きょうくん》を述《の》べた随筆。
- 『おくのほそ道』…作者は松尾芭蕉《まつおばしょう》。約《やく》百五十日にわたる旅の様子を俳句《はいく》と文章でつづった紀行文《きこうぶん》。

2 中国《ちゅうごく》の古典《こてん》作品を読む

115

漢文《かんぶん》

古典作品のうち、中国で書かれた文章や文学のことを「漢文」といいます。まず、声に出して読んでみましょう。

『論語《ろんご》』

子曰《しい》は《(わ)》く、「己《おのれ》の欲《ほっ》せざるところは、人に施《ほどこ》すことなかれ。」と。

現代語訳　先生がおっしゃることには、「自分が人からされたくないようなことは、他人にしてはならない。」と。

子曰はく、「過《あやま》ちて改《あらた》めざる、是《これ》を過ちと謂《い》ふ《(う)》。」と。

現代語訳　先生がおっしゃることには、「(人はだれでも過ちを犯《おか》すものだが) 過ちを犯してそれを改めないことを、本当の過ちというのだ。」と。

子曰はく、「故《ふる》きを温《あたた》めて新しきを知れば、もつ《(もっ)》て師《し》たるべし。」と。

現代語訳　先生がおっしゃることには、「過去《かこ》に学んだことや昔の学説などを研究することで新しいことを知ることができるようになれば、人の師となる資格《しかく》があるのだ。」と。

この文章は、昔の中国の有名な思想家である「孔子《こうし》」という人物と、その弟子《でし》たちとのやりとりを記録《きろく》した『論語』という書物から引用したものです。

日本は、昔から中国の言葉や文化、文学をたくさん取り入れてきました。漢文も、日本語の表現《ひょうげん》や文学に大きなえいきょうをあたえたものなのです。

もっとくわしく

『論語』から生まれた故事成語《こじせいご》(→p.71) はたくさんあります。例《たと》えば、上の三つ目の文から生まれたのが「温故知新《おんこちしん》」です。その他にも、「一を聞いて十を知る」「和《わ》して同《どう》ぜず」などがあります。

チェック3

『論語』は、どんな人物と弟子たちとのやりとりを記録した書物ですか。一つ選んで、記号で答えましょう。

ア　孔子という作家。
イ　孔子という政治家《せいじか》。
ウ　孔子という思想家。

解説は別冊p.38へ

漢詩《かんし》

昔の中国《ちゅうごく》で書かれた詩のことを「漢詩」といいます。特《とく》に「唐《とう》」という国の時代には、多くのすぐれた詩が作られました。漢詩も、漢文と同様に中国から伝《つた》わり、私《わたし》たちの祖先《そせん》が読みついできたものです。

よく知られている漢詩を一つ読んでみましょう。

『春暁《しゅんぎょう》』

春暁

孟浩然《もうこうねん》

春眠《しゅんみん》　暁《あかつき》を覚《おぼ》えず
処処《しょしょ》　啼鳥《ていちょう》を聞く
夜来《やらい》　風雨《ふうう》の声
花落つること　知る多少

現代語訳《げんだいごやく》　春のねむりはとても気持ちがよく、夜が明けたのにも気がつかなかったほどだ。
外では、あちらこちらで鳥のさえずる声が聞こえてくる。
昨夜《さくや》は風や雨の音が激《はげ》しかったが、
花はどのくらい散《ち》ってしまったことだろうか。

心地《ここち》よい春に、朝になるまでぐっすりねむってしまった様子が、よく伝わってくる詩だね。

もっとくわしく

漢詩は、中国語では次のようにすべて漢字で書かれています。これを日本人が日本語として読むために、読む漢字の順番《じゅんばん》を変《か》えたり言葉を補《おぎな》ったりするなどの工夫《くふう》をして読んできました。漢文についても同様です。

春眠不覚暁
処処聞啼鳥
夜来風雨声
花落知多少

漢字だらけの文を日本語として読めるように工夫するのは、大《たい》変《へん》だっただろうなあ。

チェック4

『春暁』は、一日のいつごろのことをえがいた詩ですか。上の「現代語訳」で確《たし》かめ、一つ選《えら》んで記号で答えましょう。

ア　朝
イ　昼
ウ　夜

解説《かいせつ》は別冊《べっさつ》p.38へ

レッスン30 力だめし

1 次の古典《こてん》作品を読んで、あとの問いに答えましょう。

いまはむかし、たけとりの翁《おきな》といふ《(う)》ものありけり。野山《のやま》にまじりて竹をとりつつ、よろづ《(ず)》のことにつかひ《(い)》けり。名をば、さぬきのみやつことなむ《(ん)》いひ《(い)》ける。その竹の中に、もと光る竹なむ《(ん)》一すぢ《(じ)》ありける。あやしがりて、寄《よ》りて見るに、筒《つつ》の中光りたり。それを見れば、三寸《さんすん》ばかりなる人、いとうつくしう《(しゅう)》てゐ《(い)》たり。

（『竹取物語《たけとりものがたり》』より）

(1) 『竹取物語』についての説明《せつめい》として当てはまるものはどれですか。次から一つ選《えら》んで、記号で答えましょう。

ア 日本で最《もっと》も古い物語である。

イ 武士《ぶし》たちの戦《たたか》いをえがいた物語である。

ウ もとは中国語《ちゅうごくご》で書かれた物語である。

(2) たけとりの翁が見つけたのは、何でしたか。次から一つ選んで、記号で答えましょう。

ア 葉の部分が光っている竹。

イ 全体が光っている竹。

ウ 根元が光っている竹。

2 次の古典作品を読んで、あとの問いに答えましょう。

子曰《しいわ》はく、「故《ふる》きを温めて新しきを知れば、もつて師《し》たるべし。」と。

（『論語《ろんご》』より）

(1) ――線部は、どんな意味ですか。次から一つ選んで、記号で答えましょう。

ア 先生がおたずねになることには

イ 先生がおっしゃることには

ウ 先生がおしかりになることには

(2) この部分から生まれた故事成語《こじせいご》（四字熟語《じゅくご》）は何ですか。漢字四字で答えましょう。

(3) 『論語』はどこの国で書かれた書物ですか。漢字二字で答えましょう。

授業《じゅぎょう》動画はこちらから 117

解説《かいせつ》は別冊《べっさつ》p.39へ

レッスン 31

伝統芸能《でんとうげいのう》

［六年］

でーん
ギャハハハ
ニャン吉《きち》、何だ!? その格好《かっこう》! 変なのー。
変じゃないニャ。歌舞伎《かぶき》の女形《おんながた》の衣《い》しょうニャ。
じーっ
ニャン吉、オスだろ!? なぜ女形?
歌舞伎の女形っていうのは、男性《だんせい》がやるものと決まってるニャ。
ほんとかよ!?
そんな決まりがあるのかー。
それにしてもおかしいぞー!
まちがいないニャ。日本の伝統芸能《でんとうげいのう》にくわしければ、花《はな》ちゃんにも尊敬《そんけい》されるニャ!

このレッスンのはじめ♪

伝統芸能《でんとうげいのう》って、どういうものか知っていますか? 日本に古くから伝《つた》わる歌やおどり、劇《げき》などのことで、舞台《ぶたい》で演《えん》じられるものです。人々は、和歌や物語などだけでなく、こうした舞台で演じられる芸能も、楽しんできたのです。

伝統芸能はいくつかあり、衣《い》しょうや使われる道具がちがうなど、それぞれに特《とく》ちょうがあります。

読解《どっかい》分野の最後《さいご》の今回は、日本の代表的《だいひょうてき》な伝統芸能について学びましょう。

118

1 能《のう》・狂言《きょうげん》について知る

能

能《のう》は、今から約《やく》六百年前、室町《むろまち》時代に成立《せいりつ》した芸能《げいのう》で、歌と舞《まい》（おどり）を中心にしています。どんな特《とく》ちょうがあるか、見てみましょう。

- 「シテ」とよばれる主役は「能面《のうめん》」という面をつける。他に「ワキ・ツレ」などとよばれるわき役が登場する。
- 能を演《えん》じるために作られた「能舞台《のうぶたい》」の背景《はいけい》には、松の木がえがかれている。
- シテやワキの演技《えんぎ》に合わせて、「謡《うたい》」とよばれる歌が歌われ、笛・つづみなどの楽器《がっき》が演奏《えんそう》される。
- シテ・ワキなどの演者は、静《しず》かな動きやしぐさの中に感情《かんじょう》を表現《ひょうげん》する。

能面をつけているから、これは「シテ」だニャ。

狂言

能と同じころに成立した、せりふと身ぶり・手ぶりを中心としたこっけいな芸能を「狂言」といいます。

- 能と同じ舞台で演じられる。
- 登場人物は、大名《だいみょう》などの主人、家来《けらい》である太郎冠者《たろうかじゃ》や、山伏《やまぶし》、動物などさまざまである。
- せりふは、その当時（室町時代）の人々が話していた言葉で、現代《げんだい》の言葉と似《に》ているものも多い。人間の喜《よろこ》びやいかりなどを、せりふのやりとりや動作で、こっけいに演じる。

音楽や大道具はほとんど使わず、せりふとしぐさが中心なんだって。

チェック1

次の特ちょうに当てはまる伝統《でんとう》芸能は、何ですか。能ならア、狂言ならイと答えましょう。

＊人間の喜びやいかりなどを、せりふのやりとりや動作で、こっけいに演じる。

解説《かいせつ》は別冊《べっさつ》p.39へ

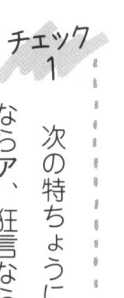

2 歌舞伎《かぶき》や人形浄瑠璃《じょうるり》について知る

歌舞伎

歌舞伎は、今から約《やく》四百年前、江戸《えど》時代初期《しょき》に始まった芸能《げいのう》で、歌とおどりと劇《げき》を組み合わせたものです。どんな特《とく》ちょうがあるか、見てみましょう。

- 舞台《ぶたい》で演《えん》じるのは、男性《だんせい》の役者だけである。女性の役を演じる人のことを「女形《おんながた》（おやま）」という。
- 役者のはなやかな衣《い》しょうやけしょう、舞台の背景《はいけい》などで、全体が美しい絵のようになっている。
- 役者が動きを止め観客《かんきゃく》をにらむようにしてポーズをとる「見得《みえ》」や、客席を縦《たて》につらぬいて舞台につながるように作られた「花道《はなみち》」を、おどるようにとび歩く「六方《ろっぽう》」など、独特《どくとく》の演技《えんぎ》の型《かた》がある。

伝統《でんとう》芸能は、今も受けつがれているよ。歌舞伎でも、「歌舞伎座《ざ》」という劇場《げきじょう》が、二〇一三年に新しく建《た》てかえられたしね。

人形浄瑠璃

江戸時代に始まった、音楽人形劇を「人形浄瑠璃」といいます。人形浄瑠璃は、「文楽《ぶんらく》」ともよばれています。

- 「太夫《たゆう》」とよばれる語り手が、三味線《しゃみせん》の伴奏《ばんそう》に合わせて物語を語る。この語りを「義太夫節《ぎだゆうぶし》」という。
- 義太夫節に合わせて、人形つかいが人形をあやつって演じる。一つの人形は三人（人形の顔と右手を動かす人、左手を動かす人、両足を動かす人）であやつる。

人形浄瑠璃は、約四百年前の江戸時代で、大人気だったんですってよ。

チェック2

次の特ちょうに当てはまる伝統芸能は、何ですか。歌舞伎ならア、人形浄瑠璃ならイと答えましょう。

＊はなやかな衣しょうやけしょう、舞台の背景などにより、全体が美しい絵のようになっている。　［　　］

解説《かいせつ》は別冊《べっさつ》p.39へ

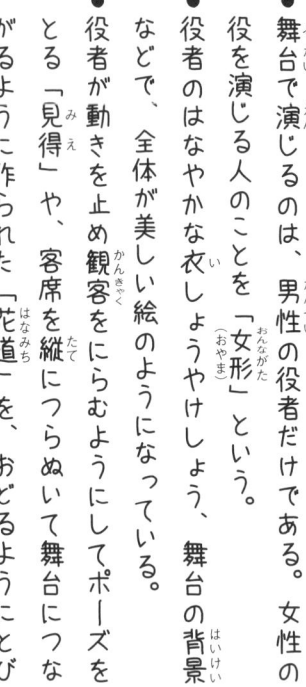

レッスン31 の力だめし

□次の説明文《せつめいぶん》を読んで、あとの問題に答えましょう。

日本に今も受けつがれている伝統芸能《でんとうげいのう》は、たくさんあります。

室町《むろまち》時代に成立《せいりつ》した能と狂言《きょうげん》は、同じ能の舞台《ぶたい》で演《えん》じられるのにもかかわらず、特《とく》ちょうは大きく異《こと》なっています。

能では、静《しず》かな動きで、神話や歴史《れきし》などをもとにした格《かく》式《しき》高い内容《ないよう》が演じられます。それに対して、狂言は、おもに当時の人々の生活の様子を題材にしているため、なじみやすく、おもしろいものです。狂言は、能の合間《あいま》に、観客《かんきゃく》をリラックスさせる目的《もくてき》で演じられてきたことから、この二つをまとめて「能楽《のうがく》」とよぶこともあります。

江戸《えど》時代になると、歌舞伎《かぶき》や人形浄瑠璃《じょうるり》がさかんになってきます。

歌舞伎は、「人目につくような変《か》わった身なりや勝手な行動をする。」という意味の「かぶく」という言葉がもとになって名づけられました。その名のとおり、歌舞伎役者の衣《い》しょうやけしょうは、とてもはなやかです。

人形浄瑠璃は、もとは、物語に節《ふし》をつけて語る「浄瑠璃」に、三味線《しゃみせん》と人形しばいが加《くわ》わって成立《せいりつ》しました。人形浄瑠璃が「文楽《ぶんらく》」ともよばれるのは、人形浄瑠璃専門《せんもん》の劇場《げきじょう》の名前が、「文楽座《ざ》」であったことに由来しています。

(1) ――線部とありますが、能で題材にされているのは、どんな内容だと書かれていますか。文章中から書きぬきましょう。

（　　　　　）

(2) 能と狂言は、どんな関係《かんけい》にありますか。合うほうの記号を答えましょう。

ア 難《むずか》しい能に対こうして、狂言が作られた。

イ 能の合間に、狂言が演じられてきた。

(3) 歌舞伎は、何という言葉がもとになって名づけられましたか。三字で答えましょう。

(4) 人形浄瑠璃専門の劇場の名は、何といいますか。三字で答えましょう。

授業《じゅぎょう》動画はこちらから 120

解説《かいせつ》は別冊《べっさつ》p.39へ

レッスン32

読書感想文［三〜六年］

このレッスンのはじめ♪

今回から二回にわたって、「書く」ことについて学習しましょう。

あなたは、文章を書くのは好《す》きですか？ 宿題で作文が出されたり、自分で日記をつけたりと、ふだんから文章を書く機会《きかい》はあるでしょう。

まずは夏休みの宿題で出されることも多い読書感想文の書き方のコツについて、正しい原稿《げんこう》用紙の使い方と合わせて、学びましょう。

121

1 感想メモを取る

本には、たくさんの人の知識《ちしき》や経験《けいけん》がつめこまれています。自分の人生だけではとても体験しきれないようなことも、本を読むことを通して学ぶことができます。

また、ただ「おもしろかった」「難《むずか》しかった」で済《す》まさず、その本を読んで自分がどんなことを感じ、どんなことを学んだのかを書き留《と》めておくことで、自分の考えが明確《めいかく》になり、物事を具体的《ぐたいてき》に言語化してとらえる力がつきます。

感想文を書くのって、面どうだなと思っていたけど、意味があることなんだね。

感想の種類《しゅるい》

ふだんから、読んだ本の感想をメモしておきましょう。

- ストーリー（物語・伝記《でんき》など）全体についての感想
  - 例 展開《てんかい》が早く、わくわくした・深く考えさせられた
- 登場人物の性格《せいかく》や行動に対する感想
  - 例 あこがれる・親しみがわく・意志《いし》が強い・気弱だ
- 起こった出来事や様子に対する感想
  - 例 おどろいた・おもしろかった・こわかった

では、具体的な感想メモで確認《かくにん》してみましょう。

◆読んだ本…井上靖《いのうえやすし》「しろばんば」
◆読んだ時期…六月十三日～二十五日くらい

【感想メモ】
- 最初《さいしょ》、分厚《ぶあつ》い本だし、言葉も難しいので、読み切れるかなと不安《ふあん》になった。
- 主人公の洪作《こうさく》が、血のつながらないおぬいばあさんと土蔵《どぞう》で暮《く》らしているという設定《せってい》が、変《か》わっているなと感じた。
- 洪作が、さき子姉ちゃんやおぬいばあさんと死別《しべつ》したときの心の動きがとても印象《いんしょう》に残《のこ》った。

チェック1

「感想メモ」を取るときには、おもにどんなことを書くとよいですか。二つ選《えら》んで、記号で答えましょう。

ア　文章のくわしい内容《ないよう》。
イ　登場人物や出来事について思ったこと。
ウ　作者がどんな人物であるかということ。
エ　文章全体に対して感じたこと。

□・□

解説《かいせつ》は別冊《べっさつ》p.40へ

122

2 読書感想文の書き方をおさえる

書きためておいた「感想メモ」から、特《とく》に印象《いんしょう》に残《のこ》った本を選《えら》び、読書感想文を書く準備《じゅんび》をしましょう。ここでは、書き方の手順《てじゅん》や工夫《くふう》などをしょうかいします。

読書感想文を書く手順の例《れい》

①「感想メモ」から、感じたことや思ったことの中で中心に置《お》くものを選《えら》ぶ。

②どんな順番で書くか、感想文全体の大きな組み立てを考える。

③自分の感想の中で中心的《ちゅうしんてき》なものと、文章のあらすじとを結《むす》び付《つ》けながら書く。

読書感想文を書くときの注意点

- 自分の感想は、できるだけ具体的《ぐたいてき》に書く。
- 本からの引用部分と、自分の感想部分とがはっきり区《く》別《べつ》できるように書く。
- 中心となる感想に関連《かんれん》する題名をつける。
- おもに感想を書く。文章のほとんどがあらすじで、感想が数行しかないということにならないように。

読書感想文の書き方の工夫の例

【書き出し部分】
- 本を読んだきっかけから書き出す。
- 本のしょうかいから書き出す。
- 主人公のしょうかいから書き出す。
- 話の中の印象的な場面の引用から書き出す。
- 自分が最《もっと》も心を打たれたことから書き出す。

【中心部分】
- 登場人物の会話や行動について感じたことを書く。
- 登場人物や出来事について疑問《ぎもん》に思ったりおどろいたり、感動したりしたことを書く。
- 登場人物と自分を比《くら》べながら書く。

【終わりの部分】
- 読み終わったあとの感想でまとめる。
- これからの自分の生活につなげてまとめる。
- 感想文を読む人への呼《よ》びかけでまとめる。
- 作者の考えに感動したことや、自分自身のことと比べて思ったことなどでまとめる。

作文は、読書感想文に限《かぎ》らず、「書き出し」が決まると、そのあとを書き進めるのが楽になるし、読む人の印象も強まるニャ。

チェック2

次の「しろばんば」の読書感想文の書き出しの部分を読んで、答えましょう。

1 私《わたし》は、この本を、母と祖《そ》母《ぼ》からすすめられて読むことにしました。昔からある本で、二人とも小学生のときに読んだのだそうです。それで、分厚《ぶあつ》くて難《むずか》しそうな本だけど、私もちょう戦《せん》してみようと思いました。

2 読み始めてまず、「変《か》わっているなあ」と思ったのは、主人公の洪作《こうさく》が、両親ではなく、血のつながらない「おぬいばあさん」という人といっしょに住んでいたことです。しかも、ふつうの家ではなく、古い土蔵《どぞう》に住んでいるのです。昔の話とはいえ、そんなによくあることでもないと思うので、どんな話なんだろうと興味《きょうみ》をもつことができました。

3 洪作は、家庭の事情《じじょう》により、この土蔵で五才のときから暮《く》らし始めます。場所は伊豆《いず》の山の中。洪作が小学校を卒業《そつぎょう》する少し前までをここで過《す》ごします。その間にいろいろな人との出会いや別《わか》れをくり返して成長《せいちょう》していきます。

4 作者の井上靖《いのうえやすし》は、洪作に自分の姿《すがた》を重ね合わせて書いたともいわれている［　　］。「作者は、こんな子ども時代を送っていたのだろうか。」と考えながら、少しずつ読み進めていきました。

① この読書感想文は、どんな内容《ないよう》から書き始められていますか。次から一つ選《えら》んで、記号で答えましょう。

ア 話の中の印象的《いんしょうてき》な場面の引用から。
イ 自分が最《もっと》も心を打たれたことから。
ウ この本を読んだきっかけから。

［　　］

② 2・3段落《だんらく》は、この本のあらすじを簡単《かんたん》に説明《せつめい》した部分ですが、この部分にはどんな特《とく》ちょうがありますか。合うほうを選んで、記号で答えましょう。

ア 2段落で大まかなあらすじを述《の》べ、3段落で自分が印象に残《のこ》ったことを書いている。
イ 2段落で自分の印象に残ったことを書き、3段落で大まかなあらすじを述べている。

［　　］

③ ［　　］には、人から聞いたことを表す文末表現《ぶんまつひょうげん》が入ります。その言葉を、ひらがな四字で答えましょう。

［　　　　］

解説《かいせつ》は別冊《べっさつ》p.40へ

3 原稿《げんこう》用紙の使い方をおさえる

読書感想文を原稿用紙に清書《せいしょ》するときは、正しい使い方にしたがって書きます。おもに、次のポイントに注意するとよいでしょう。

● 原稿用紙の使い方のポイント

①題名は一・二行目に、上から三ますくらい空けて書く。
②学年・組と氏名《しめい》の間と、いちばん下は一ます空ける。
③読みやすくするために、学年・組と氏名と、文章との間を一行空ける場合もある。
④文章の書き出しは、初《はじ》めを一ます空ける。
⑤改行《かいぎょう》したら、初めを一ます空ける。
⑥本の題名や文章の引用はかぎ（「　」）でくくる。
⑦会話文は改行し、かぎ（「　」）でくくる。
⑧句読点《くとうてん》（。、）やかぎ（「　」）は、一ますに一つ書く。
⑨句点（。）と閉《と》じるかぎ（」）は、一ますに書く。
⑩句読点（。、）や閉じるかぎ（」）などがいちばん上のますにくるときは、前の行のいちばん下のますに、文字といっしょに書く。

句読点やかぎの書き方に、特《とく》に注意しなくちゃ。

上の番号に対応《たいおう》

「本当の愛」とは何かということ
五年一組　高野　春馬

　「本当の愛」とは？　ほう仕の心（ボラン
ティア精神）とは？
　ぼくは、そんなこと、これまで考えてもみ
なかった。でも、何か伝記を読んでみたいと
思っていて、ふと「マザー・テレサ」という
題名の本が目にとまった。有名な人らしいけ
れど、ぼくはこのとき初めて知った。それで
家に帰って母に、
「この人知ってる？　夏休みの読書感想文は、
この本で書いてみようと思って。」
と伝えると、ちょっとおどろいたような感心
したような顔をしていた。
　読み進めてみて、母が感心したような様子
だったわけがわかった気がした。マザー・テ
レサは、まずしい人や病気の人などこまって
いる人の立場に立って、自分の人生の全てを
かけて心からほう仕をした人だったからだ。

チェック3

次の①は指定されたものを、②・③は指定された文章を、原稿《げんこう》用紙の使い方にしたがって、正しく書きましょう。

① 自分の学年・組と氏名

② 「心から感動する物語はないだろうか。」と、ずっと探《さが》していました。

③ わたしは弟に、「この本、とてもおもしろくてためになるから、読んでみたら。」とすすめました。

解説《かいせつ》は別冊《べっさつ》p.40へ

4 読書感想文を見直す

124

「感想メモ」をもとに読書感想文の組み立てを考えて、原稿《げんこう》用紙に清書《せいしょ》したら、書いたものを見直すことが大切です。次のような点に注意して見直し、よくないところは書き直してから提出《ていしゅつ》するようにしましょう。

見直すときの注意点

①字がぬけていたり、書きまちがえたりしていないか。
②句読点《くとうてん》（。と、）やかぎ（「　」）を正しく使っているか。
③内容《ないよう》ごとに適切《てきせつ》に改行《かいぎょう》できているか。（二つの段落《だんらく》が長くなりすぎていないか。）
④一文が長すぎるところや、意味がわかりにくいところはないか。
⑤自分の感想や伝《つた》えたいことが、よくわかるように書けているか。
⑥感動を伝《つた》えるために、もっと生き生きした、よりよい表現《ひょうげん》はないか。

⑥の生き生きした表現とは、例《たと》えば「感動した」なら「胸《むね》を打たれた」、「悲しい」なら「なみだがこぼれそう」などのようにすること。そうすると、気持ちがより具体的《ぐたいてき》に伝わってくるニャ。

チェック4

次の「しろばんば」の読書感想文の一部を読んで、答えましょう。

㋐意外だったのは、おぬいばあさんが死んだときの洪作《こうさく》の気持ちが意外でした。洪作は、「やっとのことでこれで一人になれたといった解放感《かいほうかん》もあった。」と感じているのです。㋑もちろん、この世にひとり取り残《のこ》されたような気持ちも同時に感じてはいたのですが、「解放感」を感じる洪作の心境《しんきょう》は、理解できませんでした。

① ――線部㋐は、主語と述語《じゅつご》がねじれて読みづらい文になっています。次に続《つづ》くように書き直しましょう。

・意外だったのは、（　　　　）

② ――線部㋑は、文が少し長すぎます。二つに分けて書き直しましょう。

［　　　　］

解説《かいせつ》は別冊《べっさつ》p.41へ

レッスン32 の力だめし

□ 次の「マザー・テレサ」の伝記《でんき》に対する読書感想文の一部を読んで、あとの問題に答えましょう。

1マザー・テレサは、キリスト教のカトリックの修道女《しゅうどうじょ》になり、十九才のときにインドにやってきた。①最初《さいしょ》は学校の教師《きょうし》をしていたが、三十八才のとき、校長まで務《つと》めていた学校をやめ、修道院を出てしまい、自分もスラムに住んで、貧《まず》しい人たちを助ける活動を始めた。

2ぼくは、「人のために生きる」ことなど考えたことすらなかったので、②とてもびっくりした。まず、たった十四才のときに、修道女になる決意をしたことにもおどろいた。それから、修道女になって、教師として働《はたら》くだけでもすごいのに、三十八才のとき、すべてを捨《す》ててしまうのだ。

3「すべてを捨てて、最《もっと》も貧しい人のために働くように」という神の声を聞いたからなのだそうだが、ぼくなら「気のせいだろう」と本気にしないと思う。最も貧しい人のために働くなんて、大変《たいへん》そうだから、聞こえなかったふりをするかもしれない。でも、マザー・テレサは実行するのだ。周囲《しゅうい》から強く反対されても、たった一人でも、迷《まよ》うことなくつき進む様子に、ぼくはただただ、圧《あっ》とうされた。

(1) 1～3段落《だんらく》の内容《ないよう》の特《とく》ちょうは、どんなことですか。それぞれ合うほうを選《えら》び、記号で答えましょう。

ア あらすじだけを簡単《かんたん》に説明《せつめい》している。

イ 自分の感想を、あらすじと結《むす》び付《つ》けて書いている。

1 [ ]　2 [ ]　3 [ ]

(2) ——線部①は、一文が長すぎます。三つの文に分けて、書き直しましょう。

(3) ——線部②「とてもびっくりした」を、より生き生きした表現《ひょうげん》になるように、書き直しましょう。

授業《じゅぎょう》動画はこちらから 125

解説《かいせつ》は別冊《べっさつ》p.41へ

レッスン33

意見文

［五・六年］

今日の学級会で何も意見が言えなかった…。
ふむ…。何のニャ？
モグ
モグ
今度クラスで飼《か》う動物を何にするか…。
簡単《かんたん》ニャ。愛子《あいこ》ちゃん、動物は好《す》き？　学校で何を飼いたい？
動物好き！
ハムスターがいい！
ふむふむ、なんでニャ？
だって、ちっちゃくてかわいいもん♡
学校なら、ハムちゃんがニャン吉《きち》におそわれる心配もないしね！
イヒヒ
ポソリ…
いやいや、学校にだってしのびこむ。
ハムスターなら一口かニャ…
とまあ、これは愛子ちゃんの意見！
自分の好きな動物と、その理由を言えばいいのニャ！
こ…こわいっ。

このレッスンのはじめ♪

今回は、意見文の書き方について勉強します。

見聞きしたことや調べたことを書く報告文《ほうこくぶん》や記録文《きろくぶん》とはちがって、意見文では、自分の意見を明確《めいかく》に伝《つた》える工夫《くふう》をする必要《ひつよう》があります。まず、自分の意見をはっきりさせることから始めてみましょう。

意見文の題材《だいざい》は、身の回りのことや社会的《しゃかいてき》な出来事の中で、自分が興味《きょうみ》をいだいたものから探《さが》すとよいでしょう。

1 題材《だいざい》を見つけ、意見をまとめる

126

題材

意見文を書く場合、「○○について、自分の意見を書きなさい。」と最初《さいしょ》から題材をあたえられている場合と、自分で題材を見つける必要《ひつよう》がある場合とがあるでしょう。

自分で題材を見つける場合には、興味《きょうみ》がもてることで、自分の意見を明確《めいかく》に述《の》べることができるような事がらを探《さが》すことが大切です。身近なことや、ニュースで見たことなどから、「これは、こうしたほうがよいのではないか。」「現状《げんじょう》では、このような点が問題なのではないか。」などと思えるような事がらを探してみましょう。

【家庭】
例 規則正《れいきそく》しい生活・手伝《てつだ》い・習い事・自学自習

【学校】
例 授業態度《じゅぎょうたいど》・友人関係《かんけい》・あいさつ・休み時間の過《す》ごし方・委員会活動や部活動

【社会】
例 ごみ問題・放置《ほうち》自転車・電車やバス内でのマナー・地域《ちいき》活動やボランティア活動

意見と事実

意見文とは、ある事がらや出来事に対する自分の考え（主張《しゅちょう》）を、理由や根きょをもとに筋道《すじみち》を立てて書く文章です。

自分の意見を書く場合、事実（実際《じっさい》に起こったことや見聞きしたこと）と意見（自分の考え）とを、はっきり区別《くべつ》して書くことが大切です。意見だけを書くのではなく、理由や根きょとなることを説明《せつめい》することで、説得力《せっとくりょく》のある文章になります。

ポイント

意見を表す文末表現《ぶんまつひょうげん》とは？

例「～と思います。」「～と考えます。」「～べきです。」「～にちがいありません。」「～ではないでしょうか。」

◆題材…規則正しい生活（家庭）
例 私《わたし》は、休日だからといっていつもより夜ふかしをしたり、朝ねぼうしたりしないほうがよいと思います。

◆題材…休み時間の過ごし方（学校）
例 長い休み時間のときは、なるべく校庭に出て、体を動かすべきです。

チェック1

次の意見文を読んで、答えましょう。

1 近年では、近所付《づ》き合いを全くしない人が増《ふ》えていると、テレビ番組で見たことがある。私《わたし》の家の周《まわ》りには、同じ時期に新築《しんちく》された住宅《じゅうたく》が並《なら》んでいて、ほぼ同じ時期に引っこしてきた人たちが住んでいる。そのせいか、みな顔見知りで、近所付き合いも適度《てきど》にある。

2 私が学校に出かけるときに、近所のおばさんやおじいさんに会うと、必《かなら》ず、

「まりなちゃん、おはよう。行ってらっしゃい。」

「行ってらっしゃい。気をつけてね。」

などと、声をかけてくださる。

3 私は、それが当たり前だと思って育ったのだが、改《あらた》めて考えてみても、近所付き合いは大切ではないかと思う。強制《きょうせい》することではないかもしれないが、おたがいに近くに住んでいるのだから、交流があったほうが楽しい。それに、何か困《こま》ったときに助け合うこともできると思う。

4 昨年《さくねん》の夏、私の祖母《そぼ》が、犬を散歩《さんぽ》させているときに、道路の段差《だんさ》につまずいて骨折《こっせつ》してしまったことがある。そのときも、そばを通りかかった近所の方が助けてくださった。いくら親しい人であっても、遠くにいたらすぐにかけつけることは難《むずか》しい。近くにいるからこそ、たがいに助け合うことができるのではないだろうか。

① この意見文で、事実だけを述《の》べた段落《だんらく》はどこですか。番号で二つ答えましょう。

[　]・[　]

② この意見文で述べられているのは、どんな意見ですか。「○○は、□□だ。」という文型《ぶんけい》に当てはまるように、書きましょう。

（　　　　）

③ この意見文で挙《あ》げられている、意見の根きょとなる書き手の体験《たいけん》は、どんなことですか。二つ選《えら》んで、記号で答えましょう。

ア 近所付き合いを全くしない人が、近所にいること。
イ 家の周りでは、近所付き合いがあること。
ウ 家族が、近所の人に助けられたこと。
エ 家族が、たまたま来ていた遠くの親せきに助けられたこと。

[　] [　]

解説《かいせつ》は別冊《べっさつ》p.41へ

2 組み立てや書き出しを工夫《くふう》する

127

意見文を書くときには、意見が伝《つた》わりやすいように、文の組み立てや書き出しを工夫《くふう》するとよいでしょう。

意見文の組み立ての例《れい》

- 問題提起《ていき》 → 事実 → 意見
- 事実 → 意見 → 事実 → 意見
- 事実 → 事実と意見 → 意見
- 意見 → 事実 → 問題提起 → 意見

自分の意見や、選《えら》んだ題材《だいざい》に合う組み立てを考えるニャ。

補足《ほそく》

意見文に限《かぎ》らず、作文を書くときには、文体を統一《とういつ》させる必要《ひつよう》があります。文体には、次の二種類《にしゅるい》があります。

- 敬体《けいたい》……「～です」「～ます」
- 常体《じょうたい》……「～だ」「～である」

敬体と常体が交《ま》ざらないように注意しよう。

文章の書き出しの例

- 日時や出来事から書く。
- 場所から書く。
- 自分の気持ちや意見から書く。
- 音や鳴き声、会話から書く。

読む人が興味《きょうみ》をもてそうな書き出しを考えなきゃ。

例

あれは、ぼくが小学校に入学したころのことだ。
→ 時からの書き出し

私《わたし》は、ごみが散乱《さんらん》した海岸を見て、「なんだこれは……!」ともうれつに腹《はら》が立った。
→ 自分の気持ちからの書き出し

もっとくわしく

たとえ（→p.158）を使った表現《ひょうげん》を用いたり、会話から書き出したりすると、様子が具体的《ぐたいてき》に伝わりやすくなり、読み手の興味を引くことができます。

チェック2

次の意見文を読んで、答えましょう。

1 みなさんは、山に遊びに行ったことはありますか。私《わたし》は、遠出するなら、山がいちばんだと思います。

2 私が山を好《す》きになった理由は、家族のえいきょうが大きいようです。私が小さかったころから、休みになると、家族みんなで、よく山に行きました。最近《さいきん》も、七十二才になる祖父《そふ》や、登山は初《はじ》めてだといういとこといっしょに初心者《しょしんしゃ》でも楽しめる山に登りました。このように、山は、体力や経験《けいけん》に応《おう》じて、登る場所を選《えら》ぶことができるのです。

3 また、山では、キャンプやバーベキューもできます。秋には紅葉《こうよう》をながめて楽しむこともできるし、冬にはスキーやスノーボードもできます。このように、山では一年中、いろいろな遊びを楽しめるのです。私の家では、夏は必《かなら》ずキャンプとバーベキュー、冬はスキーをします。

4 以上《いじょう》のようなことから、遠出するなら山に行くのがよいと、私は□。遊園地に行ったり都会を散策《さんさく》したりするのも楽しいものですが、山で自然《しぜん》にふれることは、気分転かんにもなるのではないでしょうか。

① この文章の組み立ては、どれですか。一つ選《えら》んで、記号で答えましょう。

ア 事実➡意見➡事実➡意見
イ 意見➡事実➡事実➡意見
ウ 問題提起《ていき》➡事実➡事実➡意見

② この意見文で述《の》べられているのは、どんな意見ですか。「○○なら、□□だ。」という文型《ぶんけい》に当てはまるように書きましょう。

（　　　　）

③ 2・3段落《だんらく》は、どんな役割《やくわり》を果《は》たしていますか。一つ選んで、記号で答えましょう。

ア 事実に対して問題提起をしている。
イ 問題提起に対して意見を述べている。
ウ 意見の根きょとなる事実を述べている。

④ □に当てはまる、意見を述べる文末表現《ぶんまつひょうげん》を四字で書きましょう。

解説《かいせつ》は別冊《べっさつ》p.42へ

レッスン33の力だめし

次の意見文を読んで、あとの問いに答えましょう。

1学級会などで何かを決めるとき、ぼくたちはいつも多数決で決めている。挙手《きょしゅ》したり投票《とうひょう》したりと、やり方はさまざまだけれども、賛成《さんせい》か反対か、ほとんど多数決だ。しかし、それが本当にいちばんよい決め方といえるのだろうか。

2ぼくは、内容《ないよう》によっては、全員がきちんと納得《なっとく》できるまで話し合ったほうがよいこともあるのではないかと思う。そこで、仲《なか》の良《よ》い友達《ともだち》どうしで何かを決めるときに、この方法《ほうほう》を試《ため》してみることにした。でも、初《はじ》めのうちはうまくいっていたのだが、人数が増《ふ》えるにつれて、何も決められなくなってしまった。とにかく、いろんな意見の人がいて、まとまらないのだ。結局《けっきょく》、また多数決にもどってしまった。

3では、多数決の問題点はどこにあるのだろうか。ぼくは、多数決で決まったことが絶対《ぜったい》に正しいことだと、みんなが思ってしまうことではないかと思う。実は少数の人の意見が正しかった、ということだってあるにちがいない。

4確《たし》かに、多数決は便利《べんり》な決定手段《しゅだん》だ。代《か》わりとなるよい手段は、ぼくには思いつかない。しかし、多数決で採用《さいよう》された意見は、賛成する人が多かったから採用されただけなのだ。決してそれが正しいからとは限《かぎ》らない。だから、少数派《しょうすうは》の意見にも、耳をかたむけることを忘《わす》れてはならない。

(1) 1段落《だんらく》から、疑問《ぎもん》を投げかけている一文を探《さが》し、初めの五字を書きぬきましょう。（読点《とうてん》も一字に数えます。）

(2) この文章には、次の一文がぬけています。どの段落の最後《さいご》に入れるとよいですか。番号で答えましょう。

＊問題はあっても、今のところ多数決がいちばんよいようだ。

(3) 少数の人の意見のあつかい方について意見を述《の》べている一文を探し、初めの五字を書きぬきましょう。（読点も一字に数えます。）

(4) この意見文の題になるように、□に合う文章中の三字の言葉を書きぬきましょう。

・多数決の□

授業《じゅぎょう》動画はこちらから 128

解説《かいせつ》は別冊《べっさつ》p.42へ

レッスン34

インタビュー

［三〜六年］

このレッスンのはじめ♪

いよいよ、この本の最後《さいご》のテーマになりました。今回は、「話す・聞く」です。

いろいろな学習で、学校の外に出て、初《はじ》めて会う人に質問《しつもん》をする機会《きかい》もあるでしょう。時間も限《かぎ》られているので、疑問《ぎもん》に思ったことやくわしく知りたいことを、わかりやすく相手にたずねられるといいですよね。

そこで、今回は、インタビューの手順《てじゅん》を学びます。その場で相手に直接《ちょくせつ》質問するときに役に立つ、ポイントをしょうかいしますよ。

1 目的《もくてき》を定め、質問《しつもん》を整理する

インタビューとは、調べたいことがあるときに、それを教えてもらえる相手に会って、必要《ひつよう》な情報《じょうほう》やその人の考えを聞き出す活動のことです。ただ会話をするわけではないので、「こんな情報がほしい」という目的《もくてき》をはっきりさせておくことが大切です。そこで、相手に会うまでに聞きたいことの下調べをし、情報を正確《せいかく》に聞き出すための手順《てじゅん》を整えておく必要があります。

まず、インタビューの前に準備《じゅんび》することについて、見てみましょう。

- 相手やテーマについて、下調べをしておく。
- 聞きたいことをおおまかにまとめておく。
- 電話や手紙でインタビューを申しこむ。
- 相手の都合に合わせて日時を決める。
- 質問することをメモしておく。
- 筆記用具やメモ帳《ちょう》などをそろえる。

どんなことを聞きたいのかをはっきりさせておけば、話題がそれてしまったときに元にもどすことができるんだニャ。

では、具体例《ぐたいれい》で確《たし》かめてみましょう。

◆インタビューの相手…沖縄《おきなわ》の染《そ》め物教室の先生
◆インタビューする人…山川《やまかわ》小学校五年二組中田真帆《なかたまほ》
◆インタビューしようと思ったきっかけ
- 同居《どうきょ》している祖母《そぼ》がこの染め物教室に通い始め、色あざやかな沖縄の染め物に興味《きょうみ》をもったこと。
- 先生は、沖縄まで修行《しゅぎょう》に出かけたと聞いて、沖縄の染め物のどんなところにみりょくを感じたのか、知りたくなったこと。

◆質問メモ
- 沖縄の染め物をどこで知ったのか。
- 沖縄の染め物のみりょくは何か。
- 沖縄に修行に行くことを決めたとき、ご家族（夫《おっと》と二人のむすめ）の反応《はんのう》はどうだったか。
- 染め物教室を開くまでに苦労《くろう》したことや、うれしかったことはどんなことか。
- 染め物教室をしていて楽しいことや、やりがいのあることは何か。

中田さんは、質問メモを書き出してから、沖縄の染め物教室の先生にインタビューを申しこむ手紙を書き、おばあさんからわたしてもらいました。そして、一週間後の日曜日に、先生のお宅《たく》におじゃましました。

チェック1

次の文章は、中田《なかた》さんのインタビューの様子です。これを読んで、答えましょう。

中田　こんにちは。今日はよろしくお願《ねが》いします。

先生　こちらこそ、よろしくお願いします。

中田　私《わたし》は、祖母《そぼ》がこちらの教室に通い始めてから、沖縄《おきなわ》の染《そ》め物を初《はじ》めて知りました。とてもすてきだなと思ったのがきっかけで、先生のことや教室のことについて知りたいと思いました。まず、沖縄の染め物との出合いは、どんなことだったのですか。

先生　たまたま見た雑誌《ざっし》の「沖縄特集《とくしゅう》」で、色あざやかで、いろいろながらのある、はなやかな染め物に一目で心をひかれたんです。

◎　インタビューを始めた中田さんが話を進めた順番《じゅんばん》になるように、記号で答えましょう。

ア　最初《さいしょ》の質問《しつもん》。　イ　あいさつ

ウ　インタビューしようと思ったきっかけ。

□→□→□

解説《かいせつ》は別冊《べっさつ》p.42へ

130

2 言葉づかいや礼儀《れいぎ》に気をつける

インタビューをするときには、相手やその場にふさわしい言葉づかいをすることが大切です。また、聞いたことを忘《わす》れないようにメモを取ったり、インタビューが終わったあとでお礼の言葉を言うことも大事なことです。

インタビューで気をつけることにはどんなことがあるかを、見てみましょう。

- ていねいな言葉づかいで話す。（敬語《けいご》→p.109〜112）
- 相手の話は、必《かなら》ずメモを取るなどして、記録する。
- 相手の話は、最後《さいご》まできちんと聞く。
- 次の質問は、話の区切りがよいところでする。
- インタビューが終わったら、お礼を言う。
- メモしたことは、その日のうちにまとめる。
- インタビューの相手にお礼の手紙を書く。

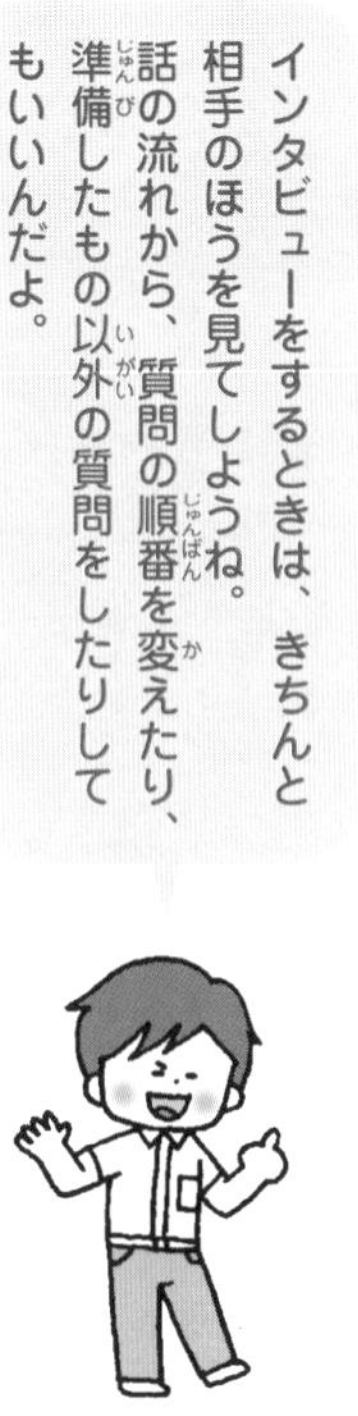
インタビューをするときは、きちんと相手のほうを見てしようね。話の流れから、質問の順番《じゅんばん》を変《か》えたり、準備《じゅんび》したもの以外《いがい》の質問をしたりしてもいいんだよ。

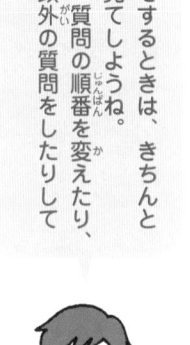

チェック2

次の中田さんのインタビューの様子の続《つづ》きを読んで、答えましょう。

中田　ア雑誌《ざっし》で見たことがきっかけだったのですね。

先生　そうなのよ。これまで、染《そ》め物に興味《きょうみ》をもったことなんかなかったのに、そのときは心の底《そこ》から、「これをやるんだ!」って強く思ったの。

中田　イとても印象的《いんしょうてき》な出合いだったのですね。ウ私《わたし》のおばあちゃんも、先生の個展《こてん》に行って作品を見て、一目ぼれしたんだって。先生にとって、沖縄《おきなわ》の染め物のみりょくはどんなところですか。

先生　そうねえ。沖縄の染め物……「紅型染《びんがたぞ》め」っていうんだけど、沖縄の自然《しぜん》を表現《ひょうげん》しているの。東《とう》北《ほく》で生まれ育った私には、東北の自然の色合いとは全くちがう、とてもあざやかな沖縄の自然の草花や風景《ふうけい》をモチーフにした紅型染めが、とてもみりょく的《てき》に感じられたのね、きっと。
　ところで、あなたのおばあちゃん、ずっと油絵を習っていたんですって? ヨーロッパにスケッチ旅行に出かけたこともあると聞いたわ。あなたも、おばあちゃんに似《に》て、絵がお上手なのかしら。

① ――線部ア・イに共通《きょうつう》する特《とく》ちょうは、どんなことですか。一つ選《えら》んで、記号で答えましょう。
ア　たずねたいことだけを聞こうとしていること。
イ　聞いた内容《ないよう》とは関係《かんけい》ないことを話していること。
ウ　聞いたことをくり返して、内容を確《かく》にんしていること。
[　　]

② ――線部ウには、適切《てきせつ》でない言葉づかいが二つふくまれています。それぞれ適切な言い方に直しましょう。
ア　おばあちゃん→（　　　）
イ　一目ぼれしたんだって→（　　　）

③ 先生の話の中で、話題がそれてしまった部分があります。その部分の初《はじ》めの五字を書きぬきましょう。（読点《とうてん》も一字に数えます。）
[　　　　　]

解説は別冊p.42へ

3 インタビューの内容《ないよう》をまとめる

131

相手にインタビューしながら取るメモのことを、「聞き取りメモ」といいます。これは単《たん》なる記録《きろく》ではなく、質問《しつもん》を加《くわ》えたり、あとで自分の文章やスピーチなどに生かしたりするためのメモです。自分にとって必要《ひつよう》な情報《じょうほう》をとらえて、忘《わす》れないようにメモします。

聞き取りメモの取り方のコツの例《れい》を、見てみましょう。

- 話の順序《じゅんじょ》を、数字や矢印《やじるし》を使って表す。
- 要点だけをすばやく書き留《と》めるために、か条《じょう》書きにする。
- 文字だけでなく、自分でルールを決めて、記号などを使ってもよい。
- 簡単《かんたん》な図や表を使ってもよい。

聞いたことすべてをくわしく書き留《と》めるのではなくて、ポイントをおさえて書けばいいんだ。

補足《ほそく》 か条書きとは、メモを取る際《さい》に必要な事がらを、内容《ないよう》ごとに一つ一つ分けて書き並《なら》べることです。①・②などの数字や、「・」などの記号を使って並べます。

チェック3

次の中田《なかた》さんの聞き取りメモを読んで、答えましょう。

> ①沖縄《おきなわ》の染《そ》め物との出合い…雑誌《ざっし》で見て。
> ②沖縄の染め物のみりょく…沖縄の自然《しぜん》を表《ひょう》現《げん》しているところ。
> ③沖縄に修行《しゅぎょう》に行こうと決めたとき…最初《さいしょ》、夫は反対。二人のむすめは賛成《さんせい》して応《おう》えんしてくれた。
> ④染め物教室を開くまで
> ・始めたころ、「紅型染《びんがたぞ》め」を知る人がいなくて、なかなか人が集まらなかった。
> ・たくさんの布《ぬの》や型《かた》を保存《ほぞん》する場所に困《こま》った。

◎「④染め物教室を開くまで」の部分には、どんな特《とく》ちょうがありますか。一つ選《えら》んで、記号で答えましょう。

ア　苦労《くろう》したこととうれしかったことを書いていること。
イ　苦労したこと二つを、か条書きで書いていること。
ウ　苦労したこと二つを、文章にまとめてくわしく書いていること。

解説《かいせつ》は別冊《べっさつ》p.43へ

レッスン34の力だめし

□ 次の文章は、インタビューの様子です。これを読んで、あとの問いに答えましょう。

大川《おおかわ》　よろしくお願《ねが》いします。こちらの工場のジュースは、ぼくたちの学校の給食《きゅうしょく》で出されることもあるので、お話を聞いてみたいと思いました。工場には、ジュース用の果物《くだもの》がたくさんあるのですか。

工場長　いいえ。うちでは、果汁《かじゅう》をにつめた、のう縮《しゅく》果汁を使用しているんだよ。

大川　①生の果物ではなく、のう縮果汁を使っているのですね。のう縮果汁は、国産《こくさん》なんですか。

工場長　ブラジルやアメリカから輸入《ゆにゅう》しているよ。たくさんのジュースを生産できるよう、海外の大きな果樹《かじゅ》園《えん》にたのんで、大量《たいりょう》に作ってもらうんだ。

大川　のう縮果汁から、②どうやってジュースを作るの。

工場長　水道の水でうすめるのでしょうか。

大川　水にはちょっとこだわっていて、地元のおいしい天然水《てんねんすい》を使っているんだよ。

工場長　すごいですね。でも、なぜ水にこだわるのですか。

大川　のう縮果汁は、たくさんの水を使ってちょうどよいこさになるまでもどしていくんだ。だから、このとき使う水がおいしくないと、ジュースがおいしくできない。水はジュースの命なんだよ。

(1) このインタビューの目的《もくてき》は何ですか。（　）に当てはまる言葉を答えましょう。

・（　　　　）についてくわしく知るため、工場長に原料について聞くこと。

(2) ——線部①には、どんな特《とく》ちょうがありますか。合うほうを選《えら》んで、記号で答えましょう。

ア　聞き取れなかったので聞き返している。
イ　聞いたことをくり返して確《たし》かめている。

(3) ——線部②をていねいな言い方に書き直しましょう。

（　　　　）

(4) ——線部②への答えを聞いて、何と質問《しつもん》しましたか。その一文の初《はじ》めの三字を答えましょう。（読点《とうてん》も一字に数えます。）

授業《じゅぎょう》動画はこちらから

132

解説《かいせつ》は別冊《べっさつ》p.43へ

Epilogue
［エピローグ］

太郎《たろう》！いくぞ!!
ワー
おう!!
ワー
シュート！
ゴール!!!
ワー
太郎くーん！やったねー!!
ワー
あ…、モテ助《すけ》さん。
太郎は、相変《あいか》わらずサッカーばかりしてるね。

そうですね…。でも、この間、ヒロ選手《せんしゅ》にインタビューしたときの太郎《たろう》くん、とってもカッコよかったですよ。

えっ。

ね、この間の国語のテストでも百点取ってたしね。

ねーっ。

そうか…。

花《はな》ちゃーん。

おーーい
百点取ったら、花ちゃんに言おうと思ってたことがあって…。

ドキドキ
?

太郎…。ついにやったニャ。

カー カー
ただいま！ニャン吉《きち》ーっ。
聞いてくれよー
来週の土曜日、花ちゃんといっしょにお祭りに行くことになったよ!!
ひょいっ
ニャーッ。
えっ
太郎《たろう》、ニャン吉はもう、しゃべらなくなったんだよ。
どうして!?
ニャー。
薬が切れてしまったんだよ。今の父さんの技術《ぎじゅつ》では、薬はいずれ切れてしまうから、どうなるかと思っていたけど…。
その前に、太郎の国語の成績が上がって、よかったよ。
そうだったんだ…。
ニャー、ニャー。

ニャン美ちゃ〜ん
がんばって気持ちを伝《つた》えるニャ
魔《ま》法《ほう》の道具ニャ!!
太郎《たろう》…元気出すニャ
えーん
ぐっ…
ニャー
これが部首ニャ!
ニャン吉《きち》、ありがとう。これからは、自分でがんばるよ。
えへへ
ニャーー…
……。
ぴょ〜ん
ああっ!!
なんだよ、コラッ!!
もう、しょうがないなあ。おかしくらい、いつでもあげるのに…。
太郎も成長《せいちょう》したなあ…
ねえ、お母さん。愛子《あいこ》もとおるくんとお祭り行きたい!!
まあまあ…
がんばれ、太郎。
花《はな》ちゃんとお祭り楽しみ…
ぱくっ

最後《さいご》まで読んでくれて
ありがとう！
わからないことが
あったら，いつでも
この本を開くのニャ！
ここまで
よくがんばったね！

イラスト：福島　幸

デザイン：山本光徳

データ作成：株式会社四国写研

マンガ原案：藤谷純澄佳

動画授業：丸山曜（市進学院）

動画編集：ジャパンライム株式会社

ＤＶＤプレス：東京電化株式会社

製作
やさしくまるごと小学シリーズ製作委員会
（宮﨑 純，細川順子，小椋恵梨，難波大樹，
髙橋龍之助，延谷朋実，石本智子）

編集協力
鈴木瑞穂，宮崎史子，島崎映子，高江貞夫，坪井俊弘

『やさしくまるごと小学』シリーズ
授業動画DVD-BOX　発売のお知らせ

商品コード：3100002759

商品コード：3100002761

商品コード：3100002762

商品コード：3100002760

商品コード：3100002763

各価格8,580円（本体7,800円＋税10%）　送料無料

本書の授業動画はすべてYouTubeで無料視聴が可能ですが，
すべての動画をDVDに収録したDVD-BOXも販売しております。

- ご自宅にインターネットの環境がない。
- お子さまにパソコンやスマホはまだ使わせたくない。
- リビングのTVの画面で動画授業を見せたい。

上記のようなご要望のある方は，ぜひ以下のURLまたはQRコードより
DVD-BOXの商品紹介ページをご覧いただき，ご購入をご検討ください。

https://gakken-ep.jp/extra/yasamaru_p/movie.html

お電話での注文は以下へお願いします。（注文内容は必ず控えをとっておいてください）

0120-92-5555（学研通販受注センター）／（携帯電話・PHS通話可能）受付時間：月～金　9:30-17:30（土日・祝日・年末年始を除く）

●支払方法・手数料

【代金引換】

配送業者がお届けの際に商品代金と送料、代引き手数料を引き換えていただきますので、お受け取りの際にはあらかじめ代金を現金にてご用意ください。
※送料の他に代引手数料をいただいております。商品の合計代金（税込価格）が10,000円以下は手数料300円（税抜）、10,000円超30,000円以下は手数料400円（税抜）。なお、3万円を超える場合は、ご注文の際にご確認ください。
※ご配送指定日がない場合、ご注文確認後３営業日以内に発送いたします。
※以下の場合は代金引換はご利用いただけません。
・お届け先がお申込者と異なる場合
・離島など代金引換がご利用いただけない地域からのご注文の場合
・ギフト注文の場合

●送料

商品の合計代金が2,000円（税込）未満の場合…500円（税抜）
商品の合計代金が2,000円（税込）以上の場合…無料

●返品・交換

1）お客様のご都合による返品・交換は承っておりません。
2）商品の 誤送・破損・乱丁・落丁の場合のみ、返品交換をお受けいたします。その場合の返品交換手数料は、弊社負担とさせていただきます。
※お客様によって加工（ご記入や裁断等）されたものは交換対象外となります。

●個人情報について

当社は、商品の受注のためにお客様から入手した個人情報を以下の範囲内で利用いたします。
・商品をお届けする目的で、その業務の委託先である配送会社や商品仕入先会社（メーカー直送品のみ）に通知します。
・商品代金をお支払いいただく目的で、その業務の委託先の代金回収会社に通知します。
・その他、業務を円滑に進めるために、業務の一部を外部に委託し、業務委託先に対して必要な範囲で個人情報を提供することがあります。この場合、当社はこれらの業務委託先との間で委託された個人情報の取扱いに関する契約の締結をはじめ、当該個人情報の安全管理が図られるよう必要かつ適切な監督を行います。
・「メールマガジン」の配信（ご希望者のみ）
・お客様へ学研グループ各社商品、サービスのご案内やご意見等をお伺いさせていただく場合があります。
当社は責任を持ってお客様の個人情報を管理します。

当社のプライバシーポリシーはホームページをご覧ください。

https://www.corp-gakken.co.jp/privacypolicy/

〈発売元〉
株式会社Gakken
〒141-8416
東京都品川区西五反田2-11-8
☎03-6431-1579（編集部）

※DVD-BOXの販売は予告なく終了することがございます。在庫の状況によっては，発送までにお時間がかかることがございます。ご了承くださいませ。
また，DVD1枚ずつのバラ売りはしておりませんので，ご理解くださいませ。

やさしくまるごと小学国語 改訂版

別冊

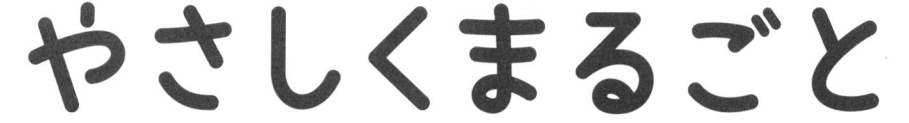

→軽くのりづけされていますので，ゆっくりと取りはずしてお使いください。

Gakken

レッスン 1

ひらがな・かたかな

チェック 1

①そそそ ②んんん ③ののの ④ひひひ

解説《かいせつ》 ①「そ」は二つの折《お》れの角度や向きに注意。②「ん」は折れてからゆるやかに曲げて書くことに注意。③「の」はバランスよく丸く書くことに注意。④「ひ」は丸く書く部分の向きや大きさに注意。

チェック 2

①イ ②ア ③イ ④ア

解説 ①「め」と「ぬ」、②「ね」と「れ」、③「め」と「あ」、「さ」と「き」、④「ち」と「ら」を混同《こんどう》しないように。

チェック 3

①二 ②三

解説 ①「よ」は横線から先に書くが、②「も」は横線をあとから書くことに注意。

チェック 4

①おおお ②ふふふ ③ややや ④ををを

解説 ①「お」は一画目と二画目を左寄《ひだりよ》りに書くことに注意。②「ふ」は二画目の丸く書く部分の位置《いち》や大きさに注意。③「や」は一画目を右なめ上に向かって、三画目は右なめ下に向かって書くことに注意。④「を」は二画目の書き始めを左なめ下に向かって書くことに注意。

チェック 5

①イ ②ア ③ア ④イ

解説 ①「チ」と「テ」、②「ス」と「ヌ」、③「シ」と「ツ」、「ソ」と「ン」、④「ア」と「マ」、「タ」と「ク」を混同《こんどう》しないように。

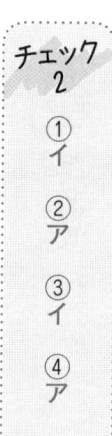

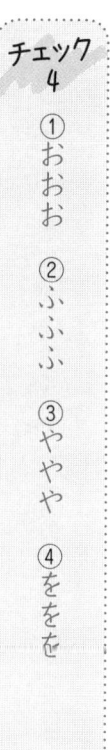

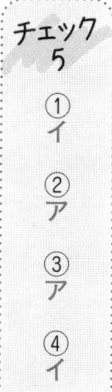

チェック 6

①一 ②三

解説 ①「メ」は左なめ下に長くはらうほうを先に書くことに注意。②「ヲ」は二本の横線を先に書いてから、左ななめ下にはらう線を書くことに注意。一画目を「フ」と書かないように。

チェック7 ①イ ②ア ③イ ④イ

解説《かいせつ》 ①ひらがなの「う」と「ウ」、②「せ」とひらがなの「せ」、③漢字の「八」と「ハ」、④ひらがなの「や」と「ヤ」を混同《こんどう》しないように。

レッスン1 の力だめし

1 (1)へそ (2)つくし

解説
(1)「へ」は折《お》ってから右ななめ下に長くのばす。
(2)「つ」は右横にのばしてから左下に向かって曲げる。「く」は真ん中でバランスよく折る。「し」は下にのばしてから右上に向かって曲げる。

2 (1)はこ (2)わりばし (3)らくだ

解説
(1)「は」を「ほ」と書きまちがえている。
(2)「わ」を「ね」、「ば」を「ぼ」と書きまちがえている。
(3)「ら」を「ろ」と書きまちがえている。

3 (1)イ (2)エ

解説
(1)「ヒ」は一画目の書き始めの向きをまちがえやすいので注意。
(2)「ミ」は「ミ」のように反対の向きに書かないように注意。

4 (1)コアラ (2)ソックス (3)テント

解説
(1)「コ」を「ユ」、「ラ」を「フ」と書きまちがえている。
(2)「ソ」を「ン」、「ク」を「タ」と書きまちがえている。
(3)「テ」を「チ」、「ン」を「ソ」と書きまちがえている。

レッスン2 漢字の音《おん》と訓《くん》・同じ読み方の漢字や言葉

チェック1 ア

解説 イ「訓読《くんよ》み」は、漢字の意味に対応《たいおう》する日本語の言葉を当てはめた読み方。

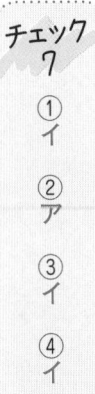

チェック2
①アしょう　イぞう　②アぶつ　イもつ
③アと　イとう　④アゆう　イゆ

解説
②イ「食物」は、「しょくぶつ」とは読まないので注意。④イ「由来」とは、「事の起こり。物事のこれまでの筋道《すじみち》。」という意味。「地名の由来を調《しら》べる。」などのように使う。

チェック3
①ず　②がかり　③む　④はつ

解説
①「す（く）」、②「かかり」とにごらないで読むのが本来の読み方だが、上に言葉が付《つ》くことで、にごって読むことに注意。

チェック4
①イ　②ア

解説
①人間が悲しみや喜《よろこ》びのあまり、なみだを流して声を出すときは「泣《な》く」と書く。一方、人間以外の鳥、虫、けものなどが声を出すときは「鳴く」と書く。②人がもといたところにもどるときは「帰る」と書く。一方、物がもとあった場所にもどるときは「返る」と書く。

チェック5
①ケン　②ダイ

解説
①「建」は「建築《けんちく》」「建設《けんせつ》」、「健」は「健康《けんこう》」「健全」のように使う。②「弟」は「兄弟」、「第」は「第一位《い》」のように使う。

チェック6
①ア　②イ

解説
①質問《しつもん》や要求《ようきゅう》に対して答えるときにはア「回答」と書く。一方、問題を解《と》いて答えを出すときにはイ「解答《かいとう》」と書く。②細かく調《しら》べたりして考えるときにはイ「検討《けんとう》」と書く。一方、たぶんこうだろうと予想するときにはア「見当」と書く。

レッスン2のカだめし

1
(1)イ　(2)ウ

解説
(1)「無礼」は「ブレイ」、イ「無事」は「ブジ」と読む。ア「無言」は「ムゴン」、ウ「無名」は「ムメイ」と読む。
(2)「大漁」は「タイリョウ」、ウ「漁師」は「リョウシ」と読む。ア「漁港」は「ギョコウ」、イ「漁業」は「ギョギョウ」と読む。

2 (1)ア くる　イ にが　(2)ア おぼ　イ さ

解説《かいせつ》
(1)ア「しい」、イ「い」という送りがなで判断《はんだん》する。
(2)ア「える」、イ「ます」という送りがなで判断する。

3 (1)ア 移　イ 写　(2)ア 務　イ 努

解説
(1)「映」は、「鏡《かがみ》に顔を映《うつ》す。」「映画《えいが》を映す。」などのように使う。
(2)「勤」は、「会社に勤《つと》める。」などのように使う。

ミスに注意
それぞれの同訓異字《どうくんいじ》の主な意味を覚《おぼ》えよう。
(1) うつす
写す…まねて書き表す。写真にとる。
移す…物や人を別《べつ》の場所に動かす。病気を伝染《でんせん》させる。
映す…光の反射《はんしゃ》で、物の姿形《すがたかたち》などを他の物の表面に表す。映像《えいぞう》を表す。
(2) つとめる
努める…一生けん命にがんばる。
務める…役目を受け持つ。
勤める…職場《しょくば》で仕事をする。

4 (1)照明　(2)自体　(3)使命　(4)開放

解説
それぞれ、同音異義語《どうおんいぎご》に注意する。
(1)「照明《しょうめい》」は、「電灯《でんとう》などの光。」という意味。
(2)「自体」は、「そのもの。それ自身。」という意味。
(3)「使命」は、「あたえられた重大な任務《にんむ》。」という意味。
(4)「開放」は、「とびらや窓《まど》を開け放すこと。だれでも自由に出入りして、利用《りよう》できるようにすること。」という意味。

ミスに注意
それぞれの主な同音異義語の意味を覚え、書きまちがえないようにしよう。
(1)「照明」の同音異義語
証明…そのことが、本当であることや正しいことを明らかにすること。　例 無罪《むざい》を証明する。
(2)「自体」の同音異義語
事態…物事の成《な》り行き。　例 非常《ひじょう》事態に備《そな》える。
辞退…断《ことわ》ること。　例 文学賞《しょう》の受賞を辞退する。
(3)「使命」の同音異義語
指名…ある仕事や役目をやってもらうために、その人の名を指し示《しめ》すこと。　例 学級委員に指名される。

氏名…名字と名前。　例 答案《とうあん》用紙に氏名を書き入れる。
(4)「開放」の同音異義語
解放…制限《せいげん》を取り除《のぞ》いて自由にすること。
例 重い責任から解放される。
快方…病気やけがが、だんだんよくなること。
例 祖父《そふ》の病気が快方に向かう。

レッスン3

送りがな・特別《とくべつ》な読み方の言葉

チェック1 ①ア　②ア　③ア

解説 ①「運ぶ」は「運ばない、運びます…」、②「話す」は「話さない、話します…」、③「暗い」は「暗かろう、暗かった…」と変化《へんか》することから判断《はんだん》する。

チェック2 ①イ　②ア　③イ

解説 ①「〜しい」という形の言葉であることに注目。②「教わる」は「教える」と、③「少ない」は「少し」と読みまちがえないように、言葉の形が変《か》わる部分よりも一字前から送りがなを付《つ》ける。

チェック3 イ・ウ（順不同《じゅんふどう》）

解説 イ「答え」は「答える」、ウ「祭り」は「祭る」からできた言葉なので、送りがなを付《つ》ける。

チェック4 ①けさ　②ふつか　③おとな　④まいご

解説 ④「迷子《まいご》」は「まよいご」などと読みまちがえないように注意。

チェック5 ①くだもの　②しみず　③めがね　④へた

解説 ②「清水」は、「きよみず」と訓読《くんよ》みで読むと、京都府《きょうとふ》の地名を表す言葉などになる。

レッスン3のカだめし

1 (1)重い　(2)上がる　(3)細かい　(4)味わう　(5)悲しい

解説 (1)「重」には「重《かさ》ねる」、(2)「上」には「上《のぼ》る」、(3)「細」には「細《ほそ》い」などという訓読《くんよ》みもある。これらの送りがなも合わせて覚《おぼ》えておこう。

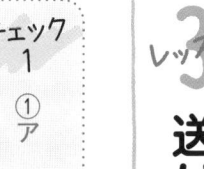

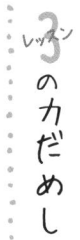

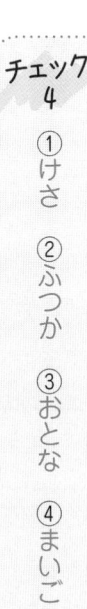

2 ウ・オ・カ（順不同《じゅんふどう》）

解説《かいせつ》 ウ「便《たよ》り」は、「便」の二つの音読み「ベン・ビン」と区別《くべつ》するために送りがなを付《つ》ける。オ「願《ねが》い」は「願う」、カ「休み」は「休む」からできた言葉なので、送りがなを付ける。

3 (1)はつか　(2)かわら　(3)てつだう

解説 (2)「川原」と「河原」は、どちらも「かわら」と読む。

4 (1)ア　(2)イ　(3)ア

解説 (1)「博士」を特別《とくべつ》な読み方で「はかせ」と読むと、「あることに非《ひ》常《じょう》にくわしい人。」という意味になる。音読みで「はくし」と読むと、「ある学問を深く研究し、その論文《ろんぶん》が大学で認《みと》められた人にあたえられる最高《さいこう》の学位《がくい》。」という意味になる。

(2)「一日」を特別な読み方で「ついたち」と読むと、「月の第一日。」という意味になる。

(3)「上手」を訓読《くんよ》みで「うわて」と読むと、「上のほう。川上や風上のこと。」などという意味になる。

レッスン4 部首

チェック1 イ

解説 部首は、漢字を形のうえで分類《ぶんるい》するものとなるものであることを、おさえておこう。

チェック2 ①エ　②イ　③ウ　④ア

解説 ①漢字の下にある部分は**エ**「あし」、②右にある部分は**イ**「つくり」、③上にある部分は**ウ**「かんむり」、④左にある部分は**ア**「へん」。

チェック3 ①イ　②ウ　③ア

解説 ①左側《ひだりがわ》から右下にのびている部首は**イ**「にょう」、②外側を囲《かこ》む部分は**ウ**「かまえ」、③漢字の上から左下にのびている部分は**ア**「たれ」。**ウ**「かまえ」には複数《ふくすう》の形があることに注意しよう。

チェック4

①さんずい・イ　②うかんむり・エ

解説　①「さんずい」は、漢字の左の部分である「へん」の仲間《なかま》。②「うかんむり」は、漢字の上の部分である「かんむり」の仲間。

レッスン4 の力だめし

1
(1)持・札　(2)新・利　(3)第・者　(4)無・元
(5)底・病　(6)近・建　(7)間・図　（各順不同《かくじゅんふどう》）

解説
(1)「持」の「扌」は「てへん」、「札」の「木」は「きへん」。
(2)「新」の「斤」は「おのづくり(きん)」、「利」の「刂」は「りっとう」。
(3)「第」の「⺮」は「たけかんむり」、「者」の「耂」は「おいがしら(おいかんむり)」。
(4)「無」の「灬」は「れんが(れっか)」、「元」の「儿」は「ひとあし(にんにょう)」。
(5)「底」の「广」は「まだれ」、「病」の「疒」は「やまいだれ」。
(6)「近」の「辶」は「しんにょう(しんにゅう)」、「建」の「廴」は「えんにょう」。
(7)「間」の「門」は「もんがまえ」、「図」の「口」は「くにがまえ」。

2
(1)ゆみへん　(2)さんづくり　(3)そうにょう

解説　答えに当てはまらなかった「さんずい」は「氵」という形で、「池・海・湖」などの漢字がある。

3
(1)ウ　(2)ア　(3)イ

解説
(1)共通《きょうつう》する部首は「辶」で、部首名は「しんにょう(しんにゅう)」。
(2)共通する部首は「阝」で、部首名は「おおざと」。「陸・階・防」などのように左側《ひだりがわ》にあるものは「こざとへん」といい、おかや階段《かいだん》などに関係《かんけい》することを表す。
(3)共通する部首は「門」で、部首名は「もんがまえ」。

レッスン5 漢字の成《な》り立ち

チェック1

①イ　②ア　③イ　④ア

解説　①「三」や③「本」のように、絵では表しにくい物事を、線や点などで表した文字がイ「指事文字《しじもじ》」。

チェック2　①ア　②イ　③イ　④ア

解説《かいせつ》　①「鳴」は「口＋鳥」、④「品」は「口＋口＋口」が組み合わさってできた漢字。②「花」は「艹」が意味、「化」が音を表す。③「週」は「辶」が意味、「周」が音を表す。

レッスン5の力だめし

1　(1)ア　(2)ウ　(3)エ　(4)イ

解説　(2)「指事《しじ》文字」の「指事」を「指示」、(4)「形声文字」の「形声」を「形成」とまちがえて覚《おぼ》えないように注意しよう。

2　(1)明　(2)岩　(3)森

解説　(1)「明」、(2)「岩」、(3)「森」はすべて会意《かいい》文字である。

3　(1)ア女　イ市　(2)ア心　イ非

解説　(1)「姉」は「市」の部分が「シ」、(2)「悲」は「非」の部分が「ヒ」という音を表す、形声《けいせい》文字である。

4　(1)末　(2)分

解説　(1)「末」は指事《しじ》文字、(2)「分」は会意《かいい》文字。

レッスン6　ローマ字

チェック1　ア

解説　大文字《おおもじ》を使うのは、人名や国名、地名を書くときだと覚《おぼ》えよう。

チェック2　①inu　②ume　③sima（shima）

解説　③「島」の「し」には「si」「shi」という二通りの書き方がある。

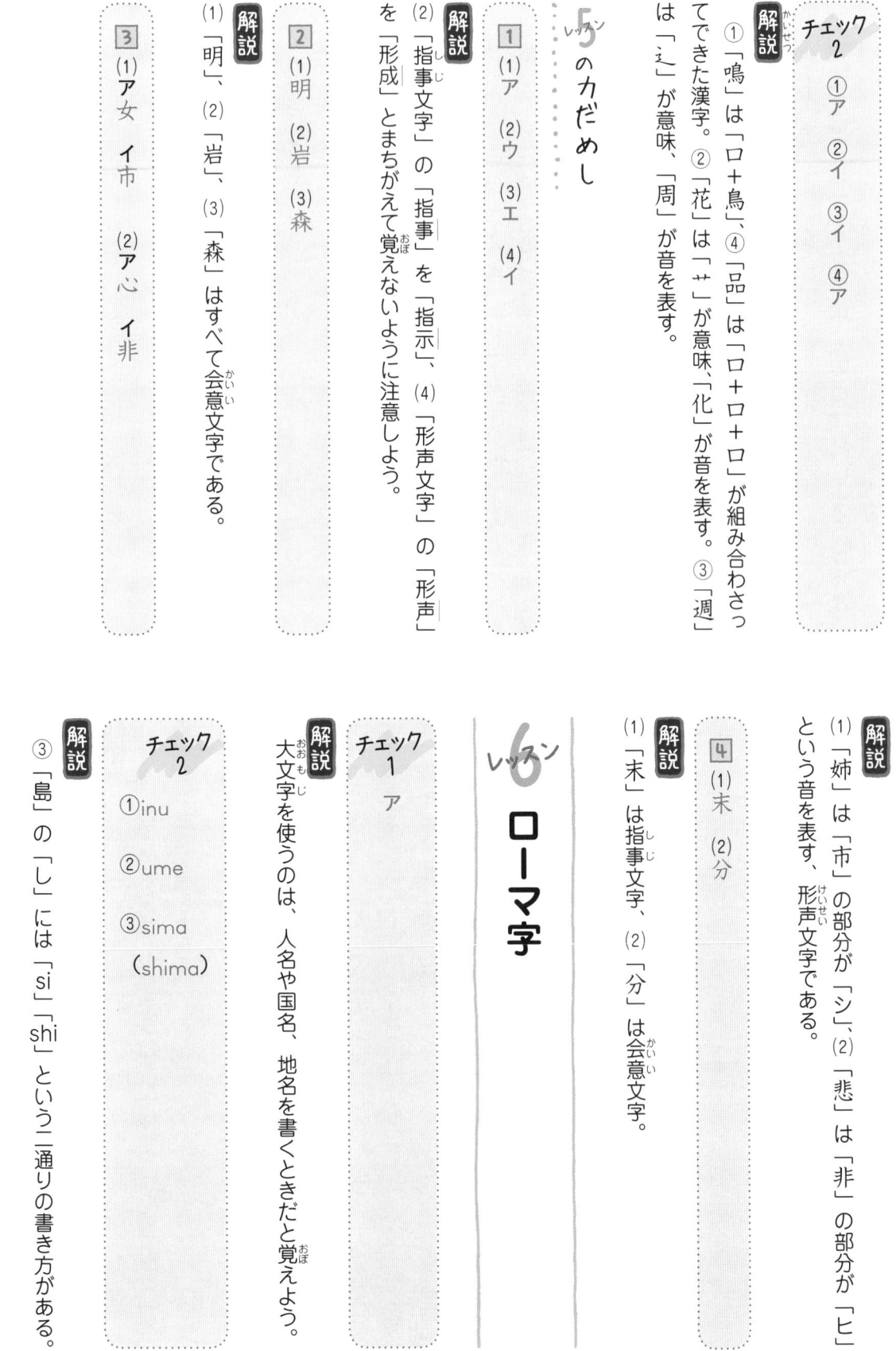

チェック3

①nattô

②sinpai

③kon'ya

解説

① 「納豆《なっとう》」は「っ」とつまる音と、「トー」とのばす音に、③「今夜」は「ん」とはねる音のあとに「y」の音が続《つづ》いているのに注意。

レッスン6のカだめし

1

(1)ウ (2)イ

解説

(1)「道路」は「ドー」とのばす音に注意。

(2)「石《せっ》けん」は「っ」とつまる音に注意。

2

(1)ozîsan

(ojîsan)

(2)byôin

(3)kin'yôbi

解説

(1)「おじいさん」は「ジー」とのばす音に注意。また、「じ」には二通りの書き方がある。

(2)「病院」は、「ビョー」とのばす音に注意。

ミスに注意

「病院」は、発音の似《に》た「美容院《びよういん》」と書きまちがえやすいので、注意しよう。「美容院」は「biyôin」と書く。

3

(1)ア (2)イ

解説

(1)「山田健太《やまだけんた》」は人名。名字の最初《さいしょ》の「や」と、名前の最初の「け」の初《はじ》めの文字を大文字《おおもじ》で書く。

(2)「京都市《きょうとし》」は地名。初めの文字を大文字で書く。「市」や「県」などは地名との間に「-」を入れることもある。

4

(1)chizu

(2)fune

(3)shashin

解説

(1)~(3)二通りの書き方のある音は、両方の書き方を覚《おぼ》えておこう。

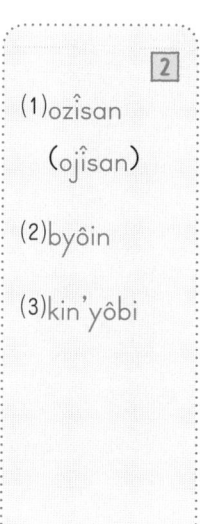

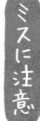

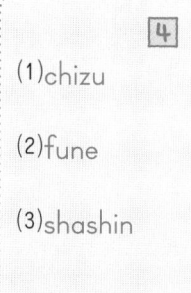

レッスン7 類義語《るいぎご》・対義語《たいぎご》

チェック1 ①イ ②ウ ③ア

解説《かいせつ》 ①「天気」とイ「天候《てんこう》」、②「不満《ふまん》」とウ「不平《ふへい》」は、一字が共《きょう》通《つう》で類似《るいじ》している類義語《るいぎご》。③「未然《みぜん》」とア「事前」は二字全体で類似している類義語。

チェック2 ①ウ ②ア ③イ

解説 ①「減少《げんしょう》」とウ「増加《ぞうか》」、③「失敗《しっぱい》」とイ「成功《せいこう》」は二字全体で対立している対義語。②「楽観《らっかん》」とア「悲観《ひかん》」は一字が対立している対義語。

レッスン7のカだめし

1 (1)理由 (2)用意 (3)命令

解説 (1)〜(3)どれも二字全体で類似《るいじ》している類義語《るいぎご》。答えに当てはまらなかった「方法」の類義語は「手段《しゅだん》」、「予想」の類義語は「予測《よそく》」「予期」「推測《すいそく》」など。

2 (1)未 (2)心 (3)案

解説 (1)「将来《しょうらい》」と「未来」、(2)「決意」と「決心」、(3)「意外」と「案《あん》外《がい》」は、それぞれ一字が共通《きょうつう》で類似《るいじ》している類義語。

3 (1)禁止 (2)集合 (3)安全

解説 (1)〜(3)どれも二字全体で対立している対義語《たいぎご》。答えに当てはまらなかった「安定」の対義語は「変動《へんどう》」や「不安定《ふあんてい》」など。「失敗《しっぱい》」の対義語は「成功《せいこう》」。

4 (1)長 (2)消 (3)低

解説 (1)「短所」と「長所」、(2)「積極《せっきょく》」と「消極」、(3)「最高《さいこう》」と「最《さい》低《てい》」は、どれも一字が対立している対義語。

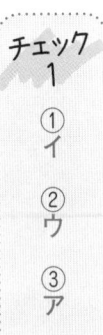

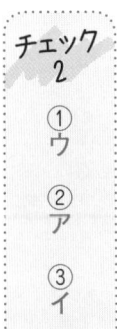

レッスン8 多義語《たぎご》

チェック1 ①あたる ②むすぶ

解説 ①アは「ぶつかる」、イは「体に受ける。」、ウは「ねらったとおりになる。」という意味。②アは「ゆわえる」、イは「生じさせる」、ウは「約束《やくそく》などを取り決める。」という意味。

チェック2 ①ア・エ ②イ・ウ（各順不同《かくじゅんふどう》）

解説 ①の意味では他に「番組」「当番」「非番《ひばん》」、②の意味ではほかに「留守番《るすばん》」などの言葉がある。

レッスン8のカだめし

1 (1)ひく (2)とる (3)ひろい

解説 (1)アは「体内に入れる。」、イは「少なくする。減《へ》らす。」、ウは「自分のほうに近づける。」という意味。(2)アは「手で持つ。」、イは「引き受ける。」、ウは「自分のものにする。」という意味。(3)アは「面積《めんせき》やはばが大きい。」、イは「いろいろな方面に行きわたっている。」、ウは「心のあり方がゆったりとしている。」という意味。

2 (1)イ (2)ウ (3)エ

解説 ア「横になっている物を起こす。」の意味では、「たおれた看板《かんばん》を立てる。」などのように使う。

3 (1)①ウ ②イ ③エ ④ア
(2)①イ ②ア

解説 (1)①の意味では他に「延長《えんちょう》」、②の意味では他に「年長者」「長老《ちょうろう》」、③の意味では他に「駅長」「社長」「船長」、④の意味では他に「一《いっ》長一短《ちょういったん》」などがある。

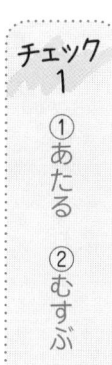

レッスン9 熟語《じゅくご》の組み立て

チェック1 ①ウ ②イ ③ア ④エ

解説《かいせつ》 ①「弱い点」、②「売る」と「買う」、④「字を習う」のように訓《くん》読《よ》みで言いかえられるものは言いかえて確《たし》かめてみるとよい。

チェック2 ①ア ②ウ ③エ ④イ

解説 ①「国有」は、「国が有する」のように言いかえられることから判断《はんだん》する。②「天性《てんせい》」は「性」があることに注目。「性」の他「化」「然《ぜん》」「的《てき》」も、上の漢字に意味をそえるときに使われる。④「無《む》名《めい》」は「無」があることに注目。「無」のほか「非《ひ》」「不《ふ》」「未《み》」も下の漢字の意味を打ち消すときに使われる。

チェック3 三

解説 ポイントの説明《せつめい》にあるように、三字熟語《じゅくご》の組み立ては、「□+□+□」と「□+□□」と「□□+□」の三つに分けられる。

チェック4 イ

解説 ア「未完成《みかんせい》」は「未+完成」で、二字熟語《じゅくご》の上に一字の漢字が付いた組み立て。ウ「科学的」は「科学+的」で、二字熟語の下に一字の漢字が付いた組み立て。

チェック5 ①イ ②エ ③ウ ④ア

解説 ①「代表的《だいひょうてき》」は「的」があることに注目。「的」のほか「化」「性《せい》」「然《ぜん》」も上の二字熟語《じゅくご》に意味をそえるときに使われる。②「商店のある街《まち》」と言いかえられることから判断《はんだん》する。④「非公開《ひこうかい》」は「非」があることに注目。「非」のほか「不《ふ》」「未《み》」「無《む》」も下の二字熟語の意味を打ち消すときに使われる。

チェック6 二

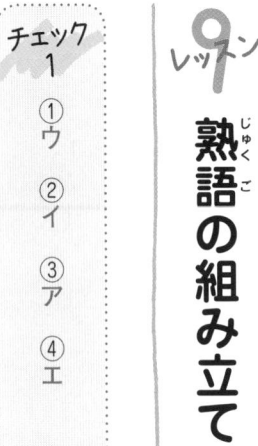

解説 ポイントの説明《せつめい》にあるように、四字熟語《じゅくご》の組み立ては、「□＋□＋□＋□」と「□□＋□□」の二つに分けられる。

チェック7

ウ

解説 ア「右往左往《うおうさおう》」は「右往」と「左往」、イ「身体検査《けんさ》」は「身体」と「検査」に分けられ、二字熟語《じゅくご》どうしが並《なら》ぶ組み立て。

チェック8

①エ　②イ　③ア　④ウ

解説 ①は「用意が周到《しゅうとう》だ」と言いかえられることから判断《はんだん》する。④は「満員《まんいん》の電車」と言いかえられることから判断する。

レッスン9のカだめし

1

(1)ア　(2)イ　(3)イ　(4)ア

解説 (1)「競争《きょうそう》」は「競《きそ》う」と「争《あらそ》う」、(4)「救助《きゅうじょ》」は「救《すく》う」と「助ける」で、似《に》た意味の言葉であることから判断する。(2)「生死」は「生」と「死」、(3)「終始」は「終わり」と「始まり」で、反対の意味の言葉であることから判断する。

2

(1)他人　(2)習字　(3)市立

解説 (1)「他の人」、(2)「字を習う」、(3)「市が立てる」と言いかえられることから判断《はんだん》する。答えに当てはまらなかった「回転」は「回る」と「転がる」という似《に》た意味の漢字を重ねた組み立て。「天地」は「天」と「地」という反対の意味の漢字を重ねた組み立て。「知的《ちてき》」は下の漢字が上の漢字に意味をそえている組み立て。

3

(1)不　(2)無　(3)未　(4)非

解説 (1)〜(4)どれも上の一字が下の二字熟語《じゅくご》の意味を打ち消す組み立てである。

4

(1)短＋時間　(2)安全＋性
(3)都＋道＋府＋県　(4)有名＋無実

解説 (1)「短時間」は、上の漢字が下の二字熟語《じゅくご》を説明《せつめい》する組み立て。
(2)「安全性《あんぜんせい》」は、上の二字熟語に下の漢字が意味をそえる組み立て。
(3)「都道府県《とどうふけん》」は、一字ずつが対等に並《なら》ぶ組み立て。

(4)「有名無実」は、反対の意味の二字熟語を重ねた組み立て。

レッスン10 和《わ》語《ご》・漢《かん》語《ご》・外《がい》来《らい》語《ご》

チェック1
①ア ②イ ③イ ④ア

解説《かいせつ》 ①「歩く」は訓《くん》読《よ》みの漢字とひらがなの組み合わせであることから、ア「和語」と判断《はんだん》できる。④「雪国」は、漢字二字の言葉だが、訓読みであることに注目。

ミスに注意 漢字二字の言葉であっても、訓読みのものは「和語」である。和語か漢語かを判断するときは、音読みか訓読みかを確《たし》かめるようにしよう。

チェック2
イ

解説 中国《ちゅうごく》以外《いがい》の外国から入ってきた外来語は、基本的《きほんてき》にかたかなで表す。

チェック3
ウ

解説 ウ「初日」は、「しょにち」と音読みで読むと「演劇《えんげき》や講演《こうえん》などの最初《さいしょ》の日。」という意味。「はつひ」と訓《くん》読《よ》みで読むと「元日の朝日。その年の初《はじ》めての日の出。」という意味。

レッスン10 の力だめし

1 (1)イ (2)ウ (3)ア (4)ア (5)イ (6)イ (7)ウ (8)ア

解説 (4)「花畑」は漢字二字の熟語《じゅくご》だが、訓《くん》読《よ》みの言葉であることに注意。

2 (1)ウ (2)イ

解説 (1)「ルール」は、和語で言いかえるとウ「きまり」。漢語で言いかえると「規則《きそく》」「規定《きてい》」など。
(2)「スピード」は、漢語で言いかえるとイ「速度」。和語で言いかえると「速さ」。

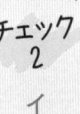

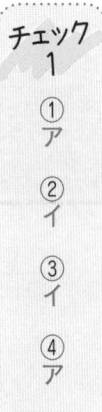

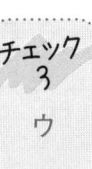

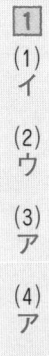

3 (1)友達 (2)フルーツ (3)旅館

解説
(1)「友人」は漢語。外来語で言いかえると「フレンド」。
(2)「果実《かじつ》」は漢語。和語で言いかえると「果物《くだもの》」。
(3)「ホテル」は外来語。和語で言いかえると「宿(宿屋)」。

4 (1)アみつき イサンガツ
(2)アみもの イケンブツ

解説
(1)「三月」はア「みつき」と訓読《くんよ》みで読むと「三か月」という意味。イ「サンガツ」と音読みで読むと「一年の三番目の月」という意味。
(2)「見物」はア「みもの」と訓読みで読むと「見る値打《ねう》ちのあるもの」という意味。イ「ケンブツ」と音読みで読むと「名所やもよおし物を見ること」という意味。

レッスン11 慣用句《かんようく》・ことわざ・故事成語《こじせいご》

チェック1 ①顔 ②手 ③胸

解説
それぞれの意味を覚《おぼ》えよう。
①「顔が広い」…多くの人と付《つ》き合いがある。
「顔から火が出る」…はずかしくて顔が赤くなる。
「顔が立つ」…世間に対する体面が保《たも》たれる。
「顔をつぶす」…めいよを傷《きず》つける。
②「手を焼《や》く」…どうやってもうまくいかず、持て余《あま》す。
「手塩《てしお》にかける」…自分で世話をして大切に育てる。
「手を貸《か》す」「手を差《さ》しのべる」…手伝《てつだ》う。力を貸す。
③「胸《むね》に刻《きざ》む」…よく覚えておく。
「胸を打たれる」…深く感動させられる。
「胸をはずませる」…期待や喜《よろこ》びで心がうきうきする。
「胸をなで下ろす」…ほっとする。安心する。

チェック2 ①ねこ ②根 ③水

解説
それぞれの意味を覚《おぼ》えよう。
①「ねこの手も借《か》りたい」…だれでもいいから手伝《てつだ》いがほしいほどいそがしい。
「ねこの額《ひたい》」…場所がとてもせまいことのたとえ。
「ねこをかぶる」…本性《ほんしょう》をかくし、おとなしそうに見せかける。
「ねこもしゃくしも」…だれもかれも。どんな人も。
②「根も葉もない」…事実を裏《うら》づけるものが何もない。

「根が生える」…その場所から動かなくなる。
「根に持つ」…うらみに思って、いつまでも忘《わす》れない。
「根を下ろす」…新しい物事が世間に受け入れられて定着する。
③
「水と油」…性質《せいしつ》などが正反対で、全く合わないこと。
「水に流す」…過去《かこ》の争《あらそ》いをなかったことにする。
「水のあわ」…努力《どりょく》や苦労《くろう》がむだになること。
「水が合わない」…その土地の気候《きこう》や風土に合わない。

チェック3 ウ

解説《かいせつ》 「河童《かっぱ》の川流れ」、ア「弘法《こうぼう》にも筆の誤《あやま》り」、イ「さるも木から落ちる」、エ「上手《じょうず》の手から水がもる」は、「どんな名人でも、ときには失敗《しっぱい》することがある。」という意味。ウ「ねこに小判《こばん》」は、「貴重《きちょう》なものであっても、その価値《かち》がわからない人にとっては役に立たないこと。」という意味で、「ぶたに真じゅ」と似《に》た意味のことわざ。

チェック4 エ

解説 「せいては事を仕損《しそん》じる」は、「物事をあせってやると、かえって失敗《しっぱい》する。」という意味で、イ「急がば回れ」が似《に》た意味のことわざである。ア「雨垂《あまだ》れ石をうがつ」は、「根気よく続《つづ》ければ、必《かなら》ず成功《せいこう》する。」という意味で、「石の上にも三年」と似た意味のことわざ。ウ「待てば海路《かいろ》の日和《ひより》あり」は、「落ち着いて待っていれば、そのうちよいことがある。」という意味で、「果報《かほう》はねて待て」と似た意味のことわざ。エ「先んずれば人を制《せい》す」は、「何事も人より先に行えば有利《ゆうり》な立場に立てる。」という意味。

ミスに注意

「反対の意味のことわざ」を問われていることに注意。イ「急がば回れ」は似た意味のことわざなので、まちがえないように。

チェック5 ウ

解説 ア「不要《ふよう》な心配をすること。」という意味の故事成語《こじせいご》は「杞憂《きゆう》」。イ「二つの事がらのつじつまが合わないこと。」という意味の故事成語は「矛盾《むじゅん》」。エ「人の幸《こう》・不幸《ふこう》は予測《よそく》できないということ。」という意味の故事成語は「塞翁《さいおう》が馬」。

チェック6 エ→イ→ア→ウ

解説 「塞翁《さいおう》が馬」は、不幸《ふこう》と幸福《こうふく》が交代で次々とやってきたという話から生まれた故事成語《こじせいご》であることを覚《おぼ》えておこう。

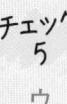

レッスン11 の力だめし

1 (1)こし (2)馬 (3)うり (4)くぎ

解説

(1)「こしが低《ひく》い」は、体の一部を表す言葉を使った慣用句《かんようく》。
(2)「馬が合う」は、生き物を使った慣用句。
(3)「うり二つ」は、植物を使った慣用句。
(4)「くぎをさす」は、何らかのものや様子にたとえた慣用句。

2 (1)エ (2)ウ (3)ア (4)カ

解説

(1)「ぶたに真じゅ」は、「貴重《きちょう》なものであっても、その価値《かち》がわからない人にとっては役に立たないこと。」という意味。
(2)「ぬかにくぎ」は、「手ごたえがなく、何をしても張《は》り合いがないこと。」という意味。
(3)「石の上にも三年」は、「しんぼうして続《つづ》ければ、最後《さいご》にはきっと成功《せいこう》するということ。」という意味。
(4)「石橋をたたいてわたる」は、「用心の上に用心を重ねて、注意深く物事を行う。」という意味。

答えに当てはまらなかったイ「医者の不養生《ふようじょう》」は、「人に立派《りっぱ》なことを言いながら、自分は実行していないこと。」という意味。似《に》た意味のことわざに「紺屋《こうや》の白《しろ》ばかま」がある。オ「泣き面《な》《つら》にはち」は、「不幸《ふこう》や不運の上に、さらによくないことが重なること。」という意味で、「弱り目にたたり目」と似た意味のことわざ。

3 (1)イ (2)ア (3)オ (4)カ (5)エ (6)ウ

解説

それぞれ、どんな故事《こじ》からできた言葉かを覚《おぼ》えておこう。

(1)「矛盾《むじゅん》」…どんなかたい盾《たて》(やりや矢から身を守る武器《ぶき》)でもつき通せる矛《ほこ》(やりのような形の武器)と、どんなするどい矛でもつき通せない盾を同時に売る商人の話から。
(2)「呉越同舟《ごえつどうしゅう》」…昔の中国《ちゅうごく》に呉《ご》と越《えつ》という国があった。たがいに仲《なか》が悪く、よく争《あらそ》っていた。しかし、その二つの国の人どうしが乗り合わせた舟《ふね》があらしにあったら、日ごろのにくしみを忘《わす》れて助け合うだろうという話から。
(3)「杞憂《きゆう》」…昔、中国の杞《き》という国の人が、落ちてくるはずのない天が落ちてきはしないかと心配したという話から。
(4)「他山《たざん》の石」…よその山から出たつまらない石でも、自分の宝石《ほうせき》をみがくのに利用《りよう》できるという、中国の『詩経《しきょう》』という書物の言葉から。
(5)「登竜門《とうりゅうもん》」…こいが竜門(中国の黄河《こうが》という川の上流にある急流)を登り切ると竜になれるという伝説《でんせつ》から。
(6)「背水《はいすい》の陣《じん》」…昔、中国の漢《かん》の国の武将《ぶしょう》が、もうにげられないような川を背《せ》にしたところに陣地を構《かま》えて、兵士《へいし》たちに死をかくごさせ、趙《ちょう》の国と戦《たたか》って大勝利《だいしょうり》を収《おさ》めたという話から。

レッスン12 国語辞典《じてん》・漢字辞典の引き方

チェック1 ア→ウ→エ→イ

解説《かいせつ》 「あん」という最初《さいしょ》の二字（二音）は同じなので、三字目よりあとの音で判断《はんだん》する。ア「暗記（あんき）」→ウ「安心（あんしん）」→エ「安静（あんせい）」→イ「安息（あんそく）」。

チェック2 イ

解説 どれも一字目が「ひ」で始まる言葉なので、二字目よりあとの音で判断《はんだん》する。ウ「冷《ひ》やかす」→イ「百人力（ひゃくにんりき）」→ア「ビュッフェ」→エ「病院（びょういん）」の順《じゅん》。

チェック3 ウ→イ→ア

解説 どれも「言（ごんべん）」の漢字なので、「言」を除《のぞ》いた画数で判《はん》断《だん》する。「周（調）」は八画、「兑（説）」は七画、「川（訓）」は三画。

チェック4 イ

解説 ア「部首さくいん」は部首がわかっている場合に使うことができる。ウ「総画《そうかく》さくいん」は、部首も読み方もわからない場合に使う。

レッスン12のカだめし

1 国語辞典

解説 言葉の意味を調べるときは主に国語辞典《じてん》、漢字の部首や読み方、画数などを調べるときは主に漢字辞典を引くとよい。

2 イ→ウ→ア

解説 清音《せいおん》（「゛」や「。」の付《つ》かない音）→だく音《おん》（「゛」の付く音）→半《はん》だく音《おん》（「。」の付く音）の順《じゅん》に並《なら》んでいる。

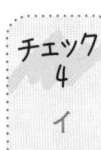

3 (1)さびしい　(2)しかめる　(3)見事

解説

(1)～(3)形の変《か》わる言葉は、国語辞典《じてん》では言い切りの形で出ている。

(3)「見事だ」のように言い切りが「～だ」の言葉は、「だ」を省《はぶ》いた形で出ていることに注意。

4 エ→ウ→ア→イ

解説

どれも「广（まだれ）」の漢字なので、「广」を除《のぞ》いた画数で判断《はんだん》する。**ア**「車（庫）」は七画、**イ**「隶（康）」は八画、**ウ**「氐（底）」は五画、**エ**「ム（広）」は二画。

5 ウ

解説

音訓さくいんでは、音読み、訓読みを合わせた五十音順《じゅん》になっていることに注意。

6 (1)七　(2)五　(3)十　(4)九

解説

(1)「近」は「ノ→厂→斤→斤→沂→䜣→近」で七画。

(2)「民」は「𠃍→コ→巳→民→民」で五画。

(3)「馬」は「一→厂→F→F→F→馬→馬→馬→馬→馬」で十画。

(4)「発」は「フ→ヌ→癶→癶→癶→癸→発→発→発」で九画。

レッスン13　文の組み立て（主語《しゅご》・述語《じゅつご》・修飾語《しゅうしょくご》）

チェック1

①テストが　②先生は　③好きです　④おもしろい　⑤ある

解説

①・②主語は主に「～が」「～は」の形であることを覚《おぼ》えよう。③「～です」や、「～ます」の付《つ》いたものや、⑤「ある」なども述《じゅつ》語《ご》であることに注意。

チェック2

①エ　②ア　③ウ　④イ

解説

②「焼《や》ける」は「どうする」、④「かわいい」は「どんなだ」を表している。

チェック3

①真っ赤な　②必死で　③秋に

解説《かいせつ》
①「真っ赤な」は「どんな」、②「必死《ひっし》で」は「どのように」、③「秋に」は「いつ」を表す修飾語《しゅうしょくご》。

チェック4
①夕食は　②練習した　③くれた

解説
①「いつの夕食か」ということを表している。②「どのように練習したか」ということを表している。③「何をくれたか」ということを表している。

レッスン13 の力だめし

1
(1)ア ぼくは　イ 行く　(2)ア 雲が　イ きれいだ

解説
(1)「ぼくは—行く」で、「何が—どうする」の型《かた》の文。
(2)「雲が—きれいだ」で、「何が—どんなだ」の型の文。

2
(1)ア　(2)エ　(3)イ

解説
(1)「子犬が」が主語、「鳴く」が述語《じゅつご》。
(2)「銅像《どうぞう》が」が主語、「ある」が述語。
(3)「作品こそ」が主語、「見事だ」が述語。主語は「〜は」「〜が」だけでなく、「〜こそ」や「〜も」「〜さえ」「〜まで」などの形もあることに注意。

3
(1)ア　(2)イ　(3)ウ　(4)オ

解説
(1)・(2)どちらも述語《じゅつご》「遊んだ」に係っている。
(3)は主語「雨が」に、(4)は述語「降《ふ》り出した」に係っている。

4
(1)たける　(2)ながめる

解説
(1)「ふっくら→たける」で、ご飯《はん》が「どのように」たけるかを表している。
(2)「じっくりと→ながめる」で、作品を「どのように」ながめるかを表している。

レッスン14 名前を表す言葉・動きや様子を表す言葉

チェック1
①スープ　②えんぴつ　③ばら　④散歩

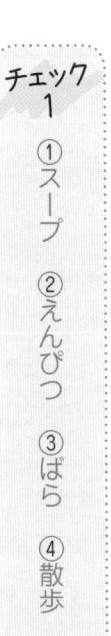

解説　①～④どれも一般的《いっぱんてき》な物事の名前を表すもの。

チェック2　①ア　②イ　③イ　④ア

解説　①「待つ」、④「たたく」は、言い切りの形が「ウ」段《だん》の音で終わっていることからア「動きを表す言葉」。②「便利《べんり》だ」のように「～だ」で終わるものや、③「親切です」のように「～です」で終わるものはイ「様子を表す言葉」。様子を表す言葉には、「美しい」などのように「～い」で終わるものもある。

レッスン14の力だめし

1　(1)ウ・エ・ク　(2)イ・カ・キ　(3)ア・オ・ケ　（各順不同《かくじゅんふどう》）

解説　(1)「名前を表す言葉」は形の変《か》わらない言葉だが、(2)「動きを表す言葉」と(3)「様子を表す言葉」は「歩いた」「歩きます」、「きれいだった」「きれいになる」のように形の変わる言葉である。

2　(1)宿題・ア　(2)楽しい・ウ　(3)登る・イ
(4)健康だ・ウ　(5)起きる・イ　(6)三人・ア

解説　(4)には「楽しい」も当てはまるが、問題文に「　　の言葉は一度しか使えません。」とあることに注意。「楽しい」は(2)で使っている。

レッスン15　こそあど言葉（指示語《しじご》）

チェック1　ウ

解説　ア「こちら」は話し手に近い物事、イ「そちら」は相手（聞き手など）に近い物事、エ「どちら」は何を指し示《しめ》すかはっきりしない物事を指す。

チェック2　①イ　②エ　③ア　④ウ

解説　①「あなたが持っている」、④「向こうに見える」とあることから判断《はんだん》する。

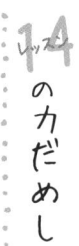

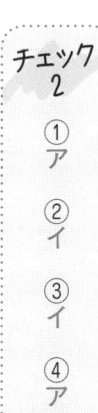

チェック3　①まん画　②（白い花をさかせた）木

解説《かいせつ》　こそあど言葉の指し示《しめ》す内容《ないよう》は、たいてい、直前の文など、前の部分にあることに注目。

レッスン15のカだめし

1　①それ　②あそこ　③こちら　④そう　⑤どの

解説　①は「事物」、②は「場所」、③は「方向」、④は「状態《じょうたい》」、⑤は「指示《しじ》」を表すこそあど言葉。それぞれ、横に並《なら》んで出ている同じ種類《しゅるい》のこそあど言葉の形を参考《さんこう》に穴《あな》うめしよう。

2　(1)あの　(2)こんな　(3)どう

解説　(1)「いちばん上にある」とあることから判断《はんだん》する。
(2)下に「に」と続《つづ》いていることから判断する。

3　(1)（大きな）池　(2)あきらめるな

解説　(1)こそあど言葉が指し示《しめ》す内容《ないよう》として合っているかどうかは、「そこ」を「（大きな）池」と言いかえて文の意味が通じるかで確《たし》かめてみるとよい。(2)「この」を「あきらめるな（という）」と言いかえると、「言葉」に続《つづ》いて、文の意味が通ることに注目。

レッスン16　つなぎ言葉（接続語《せつぞくご》）

チェック1　ア

解説　「だから」の他、「それで」や「すると」なども、ア「前の内容《ないよう》の自然《しぜん》な結果《けっか》があとに続《つづ》くことを表す働《はたら》き」をするつなぎ言葉である。

チェック2　①イ　②エ　③ウ

解説　それぞれ、P.95の左下一覧表《いちらんひょう》で確《たし》かめよう。
①ア「それで」、ウ「すると」、エ「だから」は、前の内容《ないよう》の自然《しぜん》な結果《けっか》があとに続《つづ》くことを表す働《はたら》きのつなぎ言葉。イ「しかも」は前の内容に並《なら》べたり、付《つ》け加《くわ》えたりすることを表す働きのつなぎ言

葉。

②ア「だが」、イ「けれども」、ウ「ところが」は、前の内容《ないよう》から予想されることとは逆《ぎゃく》の結果《けっか》があとに続《つづ》くことを表す働きのつなぎ言葉。エ「したがって」は、前の内容の自然《しぜん》な結果があとに続くことを表すつなぎ言葉。

③ア「また」、イ「それに」、エ「それから」は、前の内容に並《なら》べたり、付《つ》け加《くわ》えたりすることを表す働きのつなぎ言葉。ウ「でも」は、前の内容から予想されることとは逆の結果があとに続《つづ》くことを表すつなぎ言葉。

チェック3 ①エ ②ア ③ウ

解説

それぞれ、P.96の右下一覧表《いちらんひょう》で確《たし》かめよう。

①ア「または」、イ「もしくは」、ウ「それとも」は、前の内容《ないよう》とあとの内容を比《くら》べたり、どちらかを選《えら》んだりすることを表す働《はたら》きのつなぎ言葉。エ「すなわち」は、前の内容に、あとの内容が説明《せつめい》や補足《ほそく》を加《くわ》えることを表す働きのつなぎ言葉。

②イ「つまり」、ウ「なぜなら」、エ「ただし」は、前の内容に、あとの内容が説明や補足を加えることを表す働きのつなぎ言葉。ア「それでは」は、前の内容とは別《べつ》の話を始めることを表す働きのつなぎ言葉。

③ア「ところで」、イ「さて」、エ「では」は、前の内容とは別の話を始めることを表す働きのつなぎ言葉。ウ「あるいは」は、前の内容とあとの内容を比べたり、どちらかを選んだりすることを表す働きのつなぎ言葉。

レッスン16のカだめし

1 (1)イ (2)ア (3)イ

解説

(1)前の「簡単《かんたん》なテスト」という予測《よそく》とは逆《ぎゃく》の、「難《むずか》しかった」という結果《けっか》があとに続《つづ》いていることから考える。

(2)前の「紅茶《こうちゃ》」と、あとの「コーヒー」のうちのどちらかを選《えら》ぶ内容《ないよう》であることから考える。

(3)前の「強い雨」が降《ふ》ってきたことに加《くわ》えて、「強風」がふいたと続いていることから考える。

2 (1)イ (2)ウ (3)カ (4)ア (5)ク

解説

(1)前の「賛成《さんせい》だ」の理由があとで述《の》べられていることから考える。

(2)前の「お久《ひさ》しぶりですね」というあいさつから、話題を変《か》えていることから考える。

(3)前の「あせをかいた」とあとの「シャワーを浴《あ》びることにした」は、原因《げんいん》と結果《けっか》が自然《しぜん》なつながりであることから考える。

(4)前の「よく晴れていた」からの予想とは逆《ぎゃく》の、「くもってしまった」という結果があとに続《つづ》いていることから考える。

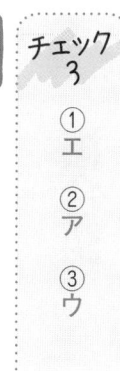

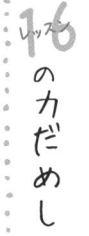

(5)前の「大気おせん」をあとで「空気のよごれのひどさ」と言いかえて説明《せつめい》していることから考える。

3 (1)毎日努力したので、上達した。
(2)毎日努力したのに、なかなか上達できない。

解説《かいせつ》 (1)前の内容《ないよう》の自然《しぜん》な結果《けっか》があとに続《つづ》くことを表す「だから」と同じ働《はたら》きの「ので」を使うことで、一つの文にできる。
(2)前の内容から予想されることとは逆《ぎゃく》の結果があとに続くことを表す「でも」と同じ働きの「のに」を使うことで、一つの文にできる。

レッスン17 複合語《ふくごうご》

チェック1 ①ウ ②ア ③イ

解説 ①「アップル」も「パイ」もかたかなであることに注目。②「草」は訓読《くんよ》みの漢字であることに注目。③「書道」も「教室」も音読みの二字熟語《じゅくご》であることに注目。

チェック2 ウ・エ

解説 ア「鼻血」は、「鼻」も「血」も訓読み。イ「保健室《ほけんしつ》」は、「保健」も「室」も音読み。ウ「糸電話」は、「糸」が訓読み、「電話」が音読み。エ「雪合戦《ゆきがっせん》」は、「雪」が訓読み、「合戦」は音読み。

チェック3 イ

解説 ア「紙コップ」は「紙」と「コップ」に分けても元の言葉と同じ。ウ「損害保険《そんがいほけん》」は「損害」と「保険」に分けても元の言葉と同じ。イ「綿毛《わたげ》」の「毛」は、上に「綿」がくることでにごった発音になっている。

レッスン17の力だめし

1 (1)あまがっぱ (2)みあげる (3)あるきづらい

解説 (1)「雨がっぱ」となることで「あめ」が「あま」、「かっぱ」が「がっぱ」と変《か》わっている。

(2)「見上げる」となることで「見る」が「見」と変わっている。
(3)「歩きづらい」となることで、「歩く」が「歩き」、「つらい」が「づらい」と変わっている。

2 (1)かたる＋あう　(2)ほそい＋ながい　(3)め＋さます＋とけい

解説
(1)「かたりあう(語り合う)」の「かたり」を「かたる」とする。
(2)「ほそながい(細長い)」の「ほそ」を「ほそい」とする。
(3)「めざましどけい(目覚《めざ》まし時計)」の「ざまし」を「さます」、「どけい」を「とけい」とする。

3 (1)走り去る　(2)月明かり　(3)息苦しい

解説
(1)「走る」＋「去る」の複合語《ふくごうご》。「走る」が「走り」と変《か》わる。
(2)「月」＋「明かり」の複合語。
(3)「息」＋「苦しい」の複合語。「くるしい」が「ぐるしい」とにごった発音になる。

4 (1)エ　(2)カ　(3)ア　(4)ウ　(5)イ　(6)オ

解説
(1)「豆電球」の「豆」は和語《わご》、「電球」は漢語《かんご》。
(2)「スキー場」の「スキー」は外来語《がいらいご》、「場」は漢語。
(3)「船旅」の「船」も「旅」も和語。
(4)「テレビゲーム」の「テレビ」も「ゲーム」も外来語。
(5)「画像《がぞう》」の「画」も「像」も漢語。
(6)「卵《たまご》スープ」の「卵」は和語、「スープ」は外来語。

レッスン18 書き言葉と話し言葉・方言《ほうげん》

チェック1 ウ・オ　(順不同《じゅんふどう》)

解説
ウ「身ぶりや表情《ひょうじょう》を使って伝《つた》えられる。」と、オ「言いまちがえても、言い直すことができる。」は、話し言葉の特《とく》ちょう。

チェック2 ア・エ　(順不同《じゅんふどう》)

解説
ア「気になったところは、あとから読み直すことができる。」と、エ「同じ発音の言葉を漢字で区別《くべつ》して示《しめ》すことができる。」は、書き言葉の特《とく》ちょう。

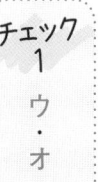

チェック3

①イ　②ア　③ア　④イ

解説《かいせつ》　全国的《ぜんこくてき》に使われる言葉が共通語《きょうつうご》、特定《とくてい》の地域《ちいき》で使われる言葉が方言《ほうげん》である。

チェック4

ウ

解説　方言は、特定《とくてい》の地域《ちいき》で使われるものなので、言葉そのものの他、アクセントや文末表現《ぶんまつひょうげん》がちがうこともあることを覚《おぼ》えておこう。

レッスン18 の力だめし

1　(1)イ　(2)ア　(3)イ　(4)ア

解説
(1)ア「つかれてしまいました」とイ「くたびれちゃった」のちがいに注目。
(2)ア「いっぱい」とイ「たくさん」のちがいに注目。
(3)ア「では」「話し合いましょう」と、イ「じゃあ」「話し合おうよ」のちがいに注目。
(4)ア「それ、」「使いたいな」と、イ「そのペンを」「使いたいです」のちがいに注目。

2　例《れい》(1)おくれてしまった(おくれてしまいました)
(2)がんばりましたが(がんばったけれど・がんばったが)

解説
(1)「〜ちゃった」の部分、(2)「〜けど」の部分が話し言葉。

3　イ

解説　アの「おはようございます」は共通語《きょうつうご》、イの「おはよごす」は方言《ほうげん》。アの「寒い」は共通語、イの「しばれる」は方言。イの「しゃっこい」は方言、アの「こごえそう」は共通語。

4　(1)イ　(2)ア　(3)ア　(4)イ

解説
(1)講演会《こうえんかい》のように、どの地域《ちいき》出身の人が参加《さんか》するかわからないような場や、(4)いろいろな地域の人が見聞きしている全国向けのニュースでは、共通語《きょうつうご》を使う。
(2)同じ地元出身の人の集まる同窓会《どうそうかい》や、(3)その地域の町内会の話し合いは、方言で親しみの気持ちが伝《つた》えられる場である。

レッスン19 敬語《けいご》

チェック1 ア

解説 「相手の動作や様子を高めて言う」のは、ア「尊敬語《そんけいご》」。

チェック2 ①ご覧になる ②めし上がる

解説 「尊敬《そんけい》の意味をもつ特別《とくべつ》な言葉」と指定されていることに注意。それ以外《いがい》の尊敬語の言い方には、①は「見られる」、②は「お飲みになる」や「飲まれる」などがある。

チェック3 ①拝見する ②いただく（ちょうだいする）

解説 「けんじょうの意味をもつ特別《とくべつ》な言葉」と指定されていることに注意。②「ちょうだいする」も「いただく」と同じけんじょうの意味の特別な言葉。それ以外《いがい》のけんじょう語の言い方には、①「見せていただく」などがある。

チェック4 ①います ②八時です

解説 「です」や「ます」を付《つ》けることで、ていねい語になることをおさえておこう。

レッスン19 の力だめし

1 (1)ウ (2)イ (3)ア

解説
(1)「相談しました」とていねい語を使っている。
(2)「ご相談した」と「ご～する」の形のけんじょう語を使っている。
(3)「ご相談なさった」と「ご～なさる」の形の尊敬語《そんけいご》を使っている。

2 (1)イ (2)イ (3)ア

解説
(1)「父」という身内の動作について言うときは、けんじょう語を使うことに注意。
(2)行き先が「先生の家」であることに注意。
(3)話すのが「校長先生」であることに注意。

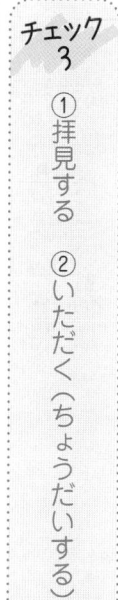

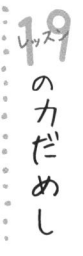

ミスに注意

(1)「言う」は「おっしゃる」が尊敬語《そんけいご》、「申す」がけんじょう語。(2)「行く・来る」は「いらっしゃる」が尊敬語、「うかがう」がけんじょう語。特別《とくべつ》な言い方の尊敬語とけんじょう語は混同《こんどう》しやすいので、注意。

(3)「お～になる」が尊敬語。「お～する」がけんじょう語。「お(ご)～になる(なさる)」という尊敬語と、「お(ご)～する(いたす)」というけんじょう語も混同しやすいので、注意。

3 (1)書かれる (2)お見送りする (3)いらっしゃる (4)差し上げる

解説《かいせつ》

(2)「お見送りになる」という尊敬語《そんけいご》とまちがえないように。

(3)「うかがう・参《まい》る」というけんじょう語とまちがえないように。

4 (1)お待ちした (2)例《れい》いらっしゃった(来られた)

解説

(1)「お待ちになった」は、「お～になる」という尊敬語《そんけいご》の言い方なので「ぼくは」という主語に合わせてけんじょう語に書きかえる。

(2)「参《まい》った(参る)」は、「行く・来る」のけんじょう語なので、「先生は」という主語に合わせて尊敬語に書きかえる。

レッスン20 物語文①

チェック1 ①初めて ②ア直人 イ小学校四年(まで)

解説

①次の段落《だんらく》に「初《はじ》めて……明日なのだ。」とあることに注目。

②登場人物の「年れい」は、「生まれてから小学校四年まで……。」からわかる。

チェック2 (大林)直人・クラスメート

解説

「チェック1」の話の続《つづ》きである。直人《なおと》が初《はじ》めて転校先のクラスに顔を出したときの場面であることをおさえよう。

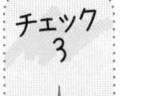

チェック3 人見知り・心配性・負けずぎらい (順不同《じゅんふどう》)

解説

「チェック2」の話の続《つづ》きである。二つ目の段落《だんらく》に、直人《なおと》がどんな性格《せいかく》かが書かれていることに注目。

レッスン20 の力だめし

□ (1) 小岩井農場の北
(2) オイノ森・ざる森・黒坂森・ぬすと森（順不同《じゅんふどう》）
(3) ア ずうっと昔　イ 岩手山
(4) （黒坂森のまんなかの）おおきないわ

解説
(1) 物語の初《はじ》めの一文に書かれていることに注目。
(2) 黒い松《まつ》の森が「小岩井《こいわい》農場の北」にあることが書かれた次の文に、四つの森がしょうかいされている。
(3) 三つ目の段落《だんらく》の最初《さいしょ》の一文に注目。岩手山《いわてさん》のふん火がしずまったあと、草が生え出し、その後、今の四つの森ができたのである。
(4) 二つ目の段落に注目。「おおきないわ」が、「わたくし」に「いばって」この話を聞かせたとある。ここから、「おおきないわ」が登場人物の一人であることがわかる。また、四つの森についても、最後の段落の最後の一文に、「森にはまだ名前もなく、めいめい勝手に、おれはおれだと思っている」とあることから、単《たん》に風景《ふうけい》の一部として書かれているのではなく、「登場人物」として出ていることをおさえよう。

レッスン21 物語文②

チェック1
子犬たちが

解説
最初《さいしょ》の段落《だんらく》では、少女の家に子犬が生まれたことが書かれている。そして二つ目の段落で、子犬たちが生まれてから「ふた月ほどたった」と時間が経過《けいか》したことが書かれていることに注目。

チェック2
①翌朝は、どんよりとしたくもり空だった。　②ウ

解説
「チェック1」の話の続《つづ》きである。①「どんよりとしたくもり空」は、少女の子犬たちと別《わか》れたくないという気持ちを映《うつ》し出している情景《じょうけい》。②最後《さいご》の一文に「さびしさが、つーんとこみ上げてくる。」とあることに注目。

チェック3
①ひどい！　②顔が赤くなる

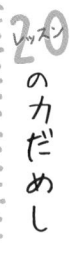

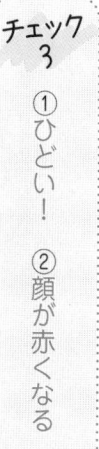

解説《かいせつ》　①物語文では、（　）を使って登場人物が思ったことを表すことがあるので、覚《おぼ》えておこう。②最初《さいしょ》の一文でひどいことを言われたあとに注目。いかりのために、顔が赤くなったのである。

レッスン21の力だめし

□ (1)例《れい》かえって心がおちついた状態。
(2)イ
(3)ぼくはもう

解説
(1)――線部①の二つあとの文に、「そういわれるとぼくはかえって心がおちついて」とあることに注目。
(2)「ぼく」がぬすんだことが明らかなのに、「そんなもの、ぼくもってやしない。」とでたらめを言われたので、腹《はら》が立って声がふるえたことを読み取る。
(3)――線部②の次の文に注目。ジムにつめ寄《よ》られて「もうだめだ」と思うと、顔が真っ赤になったのである。

レッスン22 物語文③

チェック1　エ→ア→イ→ウ

解説　まず、最初《さいしょ》の一文で「ことしも」と時が示《しめ》されている。それに続《つづ》いて、「残雪《ざんせつ》は」と登場人物の一人（ガン）が登場する。四つ目の段《だん》落《らく》で、「大造《だいぞう》じいさん」というもう一人の登場人物が登場する。そのあとからは、大造じいさんの視点《してん》からえがかれていることに注目。残雪が来るようになってから、ガンが一羽も手に入らなくなったので、前から考えておいたとくべつな方法に取りかかったのである。「翌日《よくじつ》の昼ちかく」と時間の経過《けいか》が書かれているので、ウは最後になる。

チェック2　イ・エ（順不同《じゅんふどう》）

解説　「チェック1」の話の続《つづ》きである。「チェック1」の場面では、大《だい》造《ぞう》じいさんは、残雪《ざんせつ》のせいでガンが手に入らなくなったので、残雪のことを「いまいましく」思っていたが、1と2の山場《やまば》の場面で、その気持ちに変化《へんか》が生じていることに注目。

山場1では、仲間《なかま》のガンをハヤブサから命がけで守ろうとするところから、残雪がイ「なかまを大切に思っている」ことが読み取れる。大造じいさんは、ぐっとじゅうをかたに当てて、残雪をねらったものの、残雪の仲間を思う姿《すがた》を見て再《ふたた》びじゅうを下ろしてしまったのである。

山場2では、動けなくなった残雪が、大造じいさんが手をのばしてもじたばたさわがなかったのを見て、「頭領《とうりょう》としてのいげんをきずつけまいと努力《どりょく》しているよう」と感じ、その姿に強く心を打たれたのである。

レッスン22 の力だめし

(1)ウ　(2)もう先生に

解説
(1)直接的《ちょくせつてき》に「絵の具をぬすんだ」「悪いことだ」などと言わずに、極力《きょくりょく》「ぼく」を傷《きず》つけないように気を配った言い方であることを読み取ろう。また、「しずかに」言っていることや、そのあとに「あなたはもう泣《な》くんじゃない。」と言い聞かせていることからも、十分に罪《つみ》の意識《いしき》を感じている「ぼく」への先生のやさしさが感じられる。この「一ふさのぶどう」では、ぬすみを働《はたら》き、自分がしてはいけないことをしてしまったことを自覚《じかく》している「ぼく」を、先生があえてしからずに接《せっ》する様子が印象的《いんしょうてき》である。作者がここに、悪事に対したときのあり方について自分の考えをこめているといえる。

(2)——線部②のあとで、「ぼく」が泣き出してしまったことが書かれている。その次の文に「……ような心もちになってしまいました。」とあることに注目。「気持ち」と「心もち」はほぼ同じ意味。

レッスン23 説明文《せつめいぶん》①

チェック1　ア四　イ二

解説
ア形式段落《だんらく》は、書き出しが一字下げになっていることから判断《はんだん》する。三つ目の段落のように、一文しかないものもあるので注意。

イ意味段落は、前半の二つの形式段落では、犬の先祖《せんぞ》がオオカミだったという説《せつ》について、後半の二つの形式段落では、人類と犬がどのように出合ったかについて述《の》べられている。この二つずつの形式段落のまとまりが、それぞれ意味段落である。

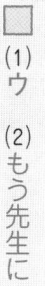

チェック2　①イ　②ウ

解説《かいせつ》
①「サボテンがどのような方法《ほうほう》で仲間《なかま》を増《ふ》やすのか」という1段落《だんらく》の内容《ないよう》を受けて、2段落では「種《たね》を散《ち》らす方法」、3段落では「種を動物に運んでもらう方法」について説明《せつめい》されている。
②1段落は、話題を提示《ていじ》している「前書き」に当たる部分。2～4段落は、サボテンが仲間を増やすための方法を具体的《ぐたいてき》に説明している「本文」に当たる部分。5段落は、それまで述《の》べてきたことをまとめている「後書き」に当たる部分。

レッスン23 の力だめし

□ (1)ア2　イ6
(2)ウ

解説《だんらく》
(1)2段落《だんらく》は、1段落の内容《ないよう》を受けて、サボテンを例《れい》に「生きのびるためにかん境《きょう》に合わせてさまざまな工夫《くふう》」をしていることを説明《せつめい》し始めた段落なので、アに当てはまる。6段落は「このように……わかります。」と全体をまとめていることから、イに当てはまる。
(2)1段落は、話題を提示《ていじ》している「前書き」に当たる部分。2～5段落は、サボテンを例に具体的《ぐたいてき》に説明している「本文」に当たる部分。6段落は、それまで述《の》べてきたことをまとめた「後書き」に当たる部分。

レッスン24 説明文《せつめいぶん》②

チェック1　ア1　イ4

解説
ア1段落《だんらく》では、「朝ご飯《はん》を食べない小学生が増《ふ》えている」「調査《ちょうさ》の結果《けっか》」という事実のみが書かれている。3段落では、「どんな対策《たいさく》が考えられるでしょうか」とあり、これは事実でも筆者の意見でもないことに注意。疑問《ぎもん》を投げかけている文である。
イ3段落で、どんな対策があるかと疑問を投げかけ、それを受けて4段落で具体的《ぐたいてき》に意見が述《の》べられていることを読み取る。

チェック2　失われてしまった

解説
3段落《だんらく》の二つ目の文の、「…感じられます。」という文末表現《ぶんまつひょうげん》に注目。

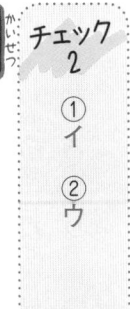

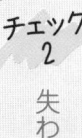

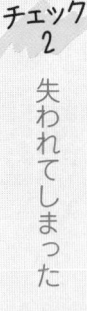

チェック3　したがって・それをふまえて（順不同《じゅんふどう》）

解説　3段落《だんらく》の二つの文の「…べきである。」「…であろう。」という文《ぶん》末表現《まつひょうげん》に注目。

レッスン24 の力だめし

(1)「初心者は、二本の矢を持つべきではない。」
（「　」は付《つ》いていていなくても正解《せいかい》）
(2) なまけようとする心
(3) だからこそ

解説
(1) 弓を習っている人とその先生とのやりとりは、2段落《だんらく》に書かれている。先生の注意した内容《ないよう》の文末《ぶんまつ》が「…べきではない。」と考えや意見を述《の》べる言い方になっていることに注目。
(2) 解答の「なまけようとする心」は、3〜5段落それぞれに一つずつ出てくることに注目。くり返し表現《ひょうげん》（キーワード）に、筆者が強く主張したいことがこめられていることをおさえる。
(3) 筆者の意見として、最後《さいご》の5段落で「…べきです。」と述べられていることに注目。この文章は、1段落が、「古典《こてん》作品の内容のしょうかい」という話題を提示《ていじ》している「前書き」に当たる部分。2〜4段落が、『徒然草《つれづれぐさ》』の内容を説明《せつめい》している「本文」に当たる部分。5段落は、それまで述べてきたことを受けてまとめ、筆者の考えを示《しめ》している「後書き」に当たる部分。

レッスン25 説明文《せつめいぶん》③

チェック1　ウ

解説　この段落《だんらく》の中心文は、最後《さいご》にあることに注目。

チェック2　① 1　② イ

解説　① 1段落《だんらく》の最後《さいご》の一文の文末《ぶんまつ》が、「…のでしょうか。」となっていることに注目。② この文章は、1段落での「ありは働《はたら》き者だ」という話題の提示《ていじ》に沿《そ》って展開《てんかい》されており、最後の5段落がまとめ（結論《けつろん》）の段落であることから考える。

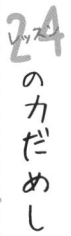

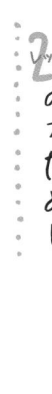

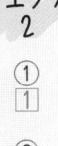

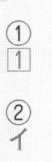

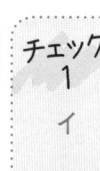

レッスン25の力だめし

(1) 2 まず、読書　4 このように
(2) 6

解説《かいせつ》
(1) 2段落《だんらく》でも4段落でも、段落の最初《さいしょ》の一文が要点《ようてん》を述《の》べている中心文であり、そのあとに説明《せつめい》が続《つづ》いている。
(2) 1段落で読書の意義《いぎ》について質問《しつもん》を投げかけ、2・3段落でそれに答えて説明《せつめい》している。4段落は、2・3段落をまとめている。5段落は、2～4段落を受けてさらに話題を発展《はってん》させている。そして、6段落で、「ぜひ、より多くの本に出合ってほしい」と述べ、その理由を最後《さいご》の一文で、「このような……人生を豊《ゆた》かにしてくれるにちがいありません。」とまとめていることを読み取る。

レッスン26 随筆《ずいひつ》

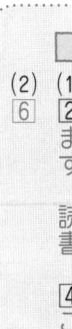

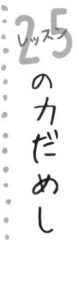

チェック1　イ

解説
書き出しの一文に、「知人から、こんな話を聞いた。」とあることに注目。

チェック2　①イ　②ウ　③ア

解説
① 「幼子《おさなご》のように」とたとえ（比喩《ひゆ》）を使っていることに注目。
② 「……出発。」と体言《たいげん》（名詞《めいし》）で文が終わっていることに注目。
③ 「新緑」とあることから、季節感《きせつかん》のある表現《ひょうげん》であるとわかる。表現技法《ぎほう》については、詩のp.158～159でも確《たし》かめておこう。

チェック3　ぼくは、困・中国国内か（順不同《じゅんふどう》）

解説
「ぼくは、困《こま》」から始まる一文では、「困った」「がっかりして」という筆者の感想が述《の》べられていることに注目。「中国国内《ちゅうごくこくない》か」から始まる一文でも、「……ひどいではないかと。」と筆者の感想が述《の》べられている。

チェック4　3

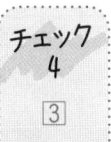

解説
各文《かくぶん》の終わりの部分にある表現《ひょうげん》に注目。「少々やりすぎた」「受けつけなくなってしまったのだろう」「……がよいのではないだろうか」とあることから、最後《さいご》の3段落《だんらく》で、筆者のものの見方や考え方

が述《の》べられていることをおさえる。1・2段落《だんらく》では、筆者が知人から聞いた話（事実）を述《の》べられている。

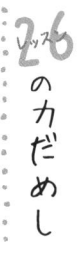

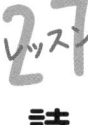

レッスン26のカだめし

□
(1)雪
(2)わたしは雪・にじいろに・くらい方は（順不同《じゅんふどう》）
(3)おとぎ話（の世界）

解説

(1)文章全体を通して、雪について書かれていることをおさえる。1段落《だんらく》では、筆者が歩きながら見た雪の色の変化《へんか》の美しさについて述《の》べられている。2段落では夜の雪について述べられている。

(2)文末表現《ぶんまつひょうげん》に注目し、事実と筆者の感想や意見を読み分けられるようにする。「わたしは雪」で始まる文は、文末に「うつくしい」とある。「にじいろに」で始まる文は、文末に「きれいだ」とある。「くらい方は」で始まる文は、文末に「びっくりする」とある。

(3)夜の雪が「ひろびろとおくふかくみえ」ることについて、「まるでおとぎ話の世界のように」とたとえを使って述べられていることに注目。

レッスン27 詩

チェック1 イ

解説

雲の「ゆうゆうと」「馬鹿《ばか》にのんきそう」という様子から考える。

チェック2 ①きゅうこん ②め

解説

詩の題名の「きゅうこんのめがでた」から答えることに注意。①「いのちのかたまり」とは、これから芽《め》を出してやがて花をさかせる球根のことで、②「いっぽんのきば」とは、球根から出た芽であることを読み取る。これらは、「〜のような」などを使わないたとえ（比喩《ひゆ》）で、「隠喩《いんゆ》」とよばれる。

チェック3 エ

解説

一行目「太郎《たろう》を眠《ねむ》らせ」と二行目「次郎《じろう》を眠らせ」、一行目「太郎の屋根に雪ふりつむ」と二行目「次郎《じろう》の屋根に雪ふりつむ」が調子の似《に》た言葉を並《なら》べていることから、エ「対句《ついく》」であることがわかる。「ふりつむ」は昔の言い方で、「降《ふ》り積《つ》もる」という意味。

チェック4　ほんとに魚はかわいそう。

解説《かいせつ》　「お魚」は四連《れん》からなる詩。第一・四連で作者の思いがうたわれ、第二・三連でなぜ魚を「かわいそう」だと思うのかについて述《の》べられていることをとらえる。

ミスに注意　問題文に「作者の気持ちが最《もっと》も強くこめられている」とあることから、第一連ではなく、「ほんとに」と強調されている第四連の一行を答えるようにしよう。

レッスン27 の力だめし

□ (1)①ウ・エ（順不同《じゅんふどう》）②エ　(2)四　(3)三　(4)ウ

解説　(1)①「『サヨナラ』のかわりに／素晴《すば》らしい夕立をふりまいて／入道雲《にゅうどうぐも》にのって／夏休みはいってしまった」が本来の語順《ごじゅん》だが、逆《ぎゃく》になっている。また、「夏休み」が「いってしまった」のように、人間でないものを人間のように見立てている。②「葉」が「光」と「あいさつをかわしている」のように、人間でないものを人間のように見立てている。

(2)第三連の最後《さいご》の一行で、「忘《わす》れものをとりにさ」と述《の》べられ、次の第四連で「迷《まよ》い子のセミ」「さびしそうな麦わら帽子《ぼうし》」「ぼくの耳に／くっついて離《はな》れない波の音」と三つ挙《あ》げられていることを読み取る。

(3)第三連で「だがキミ！　夏休みよ」と夏休みに呼《よ》びかけ、「もう一度　もどってこないかな」と気持ちを述べていることから、筆者の強い思いが読み取れる。

(4)第三連で、夏休みに、もう一度もどってきてほしいと望《のぞ》んでいることから、ウが適切《てきせつ》と判断《はんだん》できる。

レッスン28 短歌

チェック1　A三十一　B三十二

解説　p.163の音数の数え方にならって、数えてみよう。A短歌の基本《きほん》の音数、五・七・五・七・七の三十一音で作られていることをおさえる。B第一句《く》が「ゆうやけぞら」と六音になっているので、字余《じあま》りの短歌であることに注目。

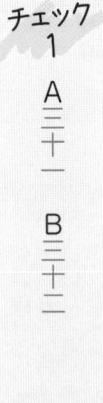

チェック2 イ

解説 「七人の子どもが石がけにこしかけてふぐをつっている」という様子から考える。「七人」なのでアのように「さびしそう」は当てはまらないことに注意。また、魚（ふぐ）をつろうとしていることから、ウのように「にぎやか」にさわいだりはせず、じっとつれるのを待っている様子であることが想像《そうぞう》される。

レッスン28 の力だめし

(1) A (2) B冬の月 C ひまわり (3) 白・青（順不同《じゅんふどう》）
(4) A 遠足 E 母・例 会いたい（会おう）

解説
(1) Aの短歌の第三句《く》が「うちょうてんに」と六音になっている。
(2) Bの短歌は「冬」から季節《きせつ》、「月」から時間帯《たい》がわかる。Cの短歌は「ひまわり」から季節がわかる。
(3) Dの短歌では、「白鳥《しらとり》」と「空の青」「海のあを（お）」が対比的《たいひてき》にうたわれていることに注目。
(4) Aの短歌は「遠足の」とあることに注目。「大手《おおで》ふりふり」とあることから、遠足を楽しみにする気持ちが読み取れる。「大手をふる」は慣用句《かんようく》で「遠りょしないで、堂々《どうどう》とふるまう様子。」という意味。Eの短歌は「母のいのちを一目見ん」の部分から母が死にそうであること、「一目見ん一目みん」というくり返しから、どうしても母に会いたいという、切なる気持ちが読み取れる。

レッスン29 俳句《はいく》

チェック1 A ア こがらし イ や B ア 赤とんぼ イ けり

解説 A「こがらし」は冬の季語《きご》。「や」は句《く》のとちゅうで使われる切《き》れ字《じ》。「や」のあるところでいったん意味が切れる。B「赤とんぼ」は秋の季語。「けり」は句の終わりで使われ、そこではっきりと言い切ったことを表す。「たり・かな」の場合も同様である。

チェック2 ウ

解説 雪に閉《と》ざされた冬の間は、外で遊ぶことができない。だが、春になってようやく雪がとけたので、村中でたくさんの子どもたちが遊び始めた、という情景《じょうけい》から、作者の、春のおとずれをうれしく感じる思いを読み取る。

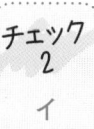

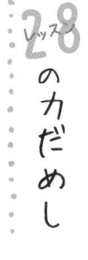

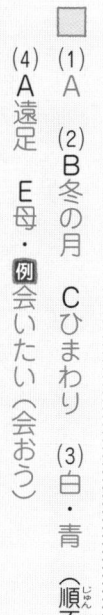

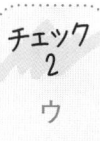

レッスン29のカだめし

□ (1)や・けり・なり・かな（順不同《じゅんふどう》）　(2)B
(3)ウ　(4)赤・白（順不同）　(5)かき　(6)イ

解説《かいせつ》
(1)Aの俳句《はいく》の「や」、Bの俳句の「けり」、Cの俳句の「なり」、Dの俳句の「かな」が切れ字である。その他に「ぞ」「か」「たり」などもある。
(2)Bの俳句の初句《しょく》「あかいつばき」が六音で、字余《じあま》りである。
(3)Aの俳句では「日は西に」とあることから、日が西にしずむ夕方であると判断《はんだん》できる。
(4)「赤いつばき」「白いつばき」とあることに注目。
(5)果物《くだもの》の柿《かき》は、秋の季語《きご》である。
(6)「星のおしゃべり」が「ぺちゃくちゃ」とされているという情景《じょうけい》から、楽しそうな様子を読み取る。

レッスン30 古典《こてん》文学

チェック1　かぐやひめ

解説
『竹取物語《たけとりものがたり》』の主人公であるかぐやひめの名前が、昔話の絵本などの題名になっている。

チェック2　イ

解説
『平家物語《へいけものがたり》』は、琵琶《びわ》をひきながら物語を語る「琵琶法師《びわほうし》」によって語りつがれた。

チェック3　ウ

解説
孔子《こうし》は中国《ちゅうごく》を代表する思想家の一人。思想家とは、「人生やせの中に対して、すぐれた思想をもっている人」のこと。

チェック4　ア

解説
現代語訳《げんだいごやく》の一〜二行目に、「春のねむりはとても気持ちがよく、夜が明けたのにも気がつかなかったほどだ。」とあることに注目。

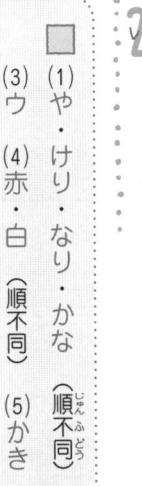

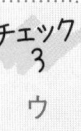

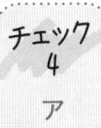

レッスン30のカだめし

1 (1)ア (2)ウ

解説

(1)イ「武士《ぶし》たちの戦《たたか》いをえがいた物語」は、『平家物語《へいけものがたり》』など。

(2)二つ目の段落《だんらく》に、「もと光る竹」を見つけたとあることに注目。「もと」は「根元」という意味。p.171の現代語訳《げんだいごやく》でも確《たし》かめておこう。

2 (1)イ (2)温故知新 (3)中国

解説

(1)『論語《ろんご》』では「子《し》」は中国《ちゅうごく》の思想家孔子《こうし》のことを指し、「先生」という意味。「曰《い》はく《(わ)》」は「言うことには」という意味で、「先生」が主語なので「おっしゃることには」と訳《やく》す。p.173の現代語訳《げんだいごやく》でも確《たし》かめておこう。

(2)「故きを温《ふる》めて新しきを知る」から考える。また、p.173の「もっとくわしく」でも確かめておこう。

(3)『論語』は、孔子とその弟子《でし》たちとのやりとりを記録《きろく》した書物であることも覚《おぼ》えておこう。

レッスン31 伝統芸能《でんとうげいのう》

チェック1 イ

解説

狂言《きょうげん》のこの特《とく》ちょうとは対照的《たいしょうてき》な能《のう》では、静《しず》かな動きやしぐさの中に感情《かんじょう》を表現《ひょうげん》する。

チェック2 ア

解説

歌舞伎《かぶき》の舞台《ぶたい》は、とてもはなやかであることが特《とく》ちょうの一つである。人形浄瑠璃《じょうるり》は、人形をあやつって演《えん》じることが大きな特ちょうである。

レッスン31のカだめし

□ (1)神話や歴史などをもとにした格式高い内容 (2)イ (3)かぶく (4)文楽座

解説

(1)——線部の次の段落《だんらく》の最初《さいしょ》の一文で説明《せつめい》されている。「格式《かくしき》高い」は、「気品に満《み》ちていて、立派《りっぱ》である様子。」という意味。能《のう》に対して、狂言《きょうげん》は、なじみやすくておもしろいものであることもおさえる。

(2)狂言は、能とセットで演《えん》じられることが多いことを覚《おぼ》えておく。

(3)五つ目の段落の、歌舞伎《かぶき》の説明に注目。

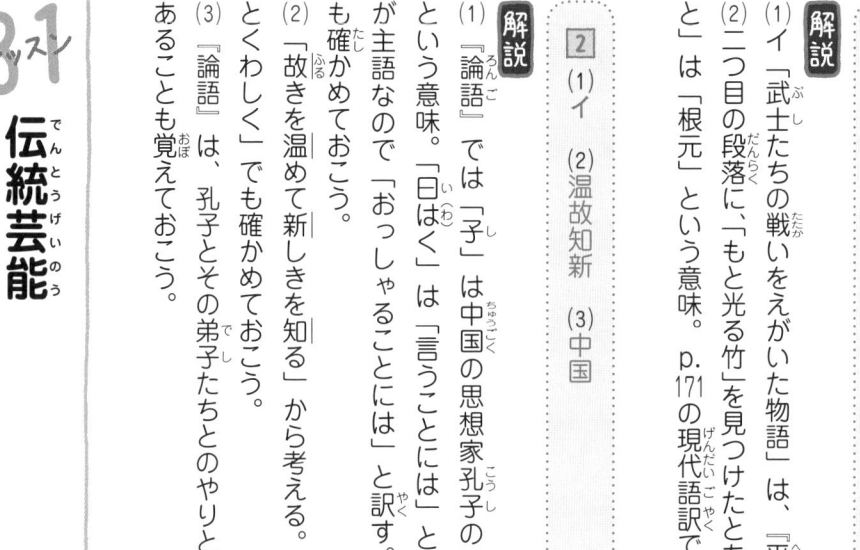

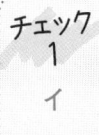

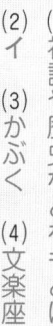

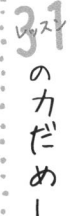

(4)六つ目の段落で、人形浄瑠璃《じょうるり》について説明されている。人形浄瑠璃が「文楽《ぶんらく》」ともよばれるのは、専門《せんもん》の劇場《げきじょう》の名が「文楽座《ざ》」であったことに由来していることをおさえる。

レッスン32 読書感想文

チェック1 イ・エ（順不同《じゅんふどう》）

解説《かいせつ》 「感想メモ」には、自分の感想を中心に書くようにする。

チェック2 ①ウ　②イ　③そうです

解説 ①自分が母と祖母《そぼ》からすすめられて読むことにしたという、「きっかけ」から書き出していることに注目。②[2]段落《だんらく》で、「変《か》わっているなあ」と思ったという、自分の印象《いんしょう》に残《のこ》ったことを書き、[3]段落で、大まかなあらすじを述《の》べていることをとらえる。③人から聞いたことを表す文末表現《ぶんまつひょうげん》は「そうだ・そうです」。この感想文は、「〜です・ます」を使ったていねいな言い方で統一《とういつ》されて書かれていることと、問題文に「四字」とあることから、「そうです」が当てはまる。

チェック3

①
例《れい》 五年二組　山中　さくら

②
「心から感動する物語はないだろうか。」と、
ずっと探していました。

③
わたしは弟に、
「この本、とてもおもしろくてためになるか
ら、読んでみたら。」
とすすめました。

解説 ①p.184を参考《さんこう》にして、自分の学年・組と氏名《しめい》を書く。②一行目は一ます空けて書く。また、「句点《くてん》（。）」とかぎ（」）は同じますに書く。「、」がいちばん上のますにくるときは、前の行のいちばん下のますに、文字といっしょに書く。③一行目は一ます空けて書く。また、会話文は改行《かいぎょう》してかぎ（「」）でくくって書く。

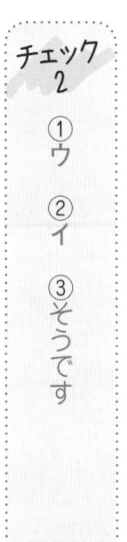

チェック4

①おぬいばあさんが死んだときの洪作の気持ちでした(です)。

②例もちろん、この世にひとり取り残されたような気持ちも同時に感じてはいたのです。でも、「解放感」を感じる洪作の心境は、理解できませんでした。

解説

①元の文は、「意外だったのは、……意外でした。」と、主語と述《じゅつ》語《ご》に同じ内容《ないよう》がだぶっていることに気づく。「意外でした」という述語を生かす場合、「意外だったのは、」は取り去る。②「……のですが、」の「が」の部分を「でも」「しかし」「けれども」などのつなぎ言葉に直して、二つの文に分けるとよい。

レッスン32 の力だめし

□
(1) 1ア　2イ　3イ

(2) 例最初は学校の教師をしていた。しかし、三十八才のとき、校長まで務めていた学校をやめ、修道院を出てしまった。そして、自分もスラムに住んで、貧しい人たちを助ける活動を始めた。

(3) 例はっとした／新せんなおどろきがあった

解説

(1) 1段落《だんらく》ではあらすじだけを説明《せつめい》し、2・3段落では自分の感想を中心に置《お》いて、あらすじと結《むす》び付《つ》けて書いている。

(2)「……していたが、」の「が」の部分を「でも」「しかし」「けれども」などの、つなぎ言葉に直すとよい。三つ目の文の前に「そして」「それから」などのつなぎ言葉を補《おぎな》うとつながりがわかりやすくなる。

(3)「非常《ひじょう》におどろいた」ということが伝《つた》わるように、慣用句《かんようく》を使ったり、「新せんな」などの、どんなおどろきかを表す言葉を使ったりするとよい。

レッスン33 意見文

チェック1

① 1・2(順不同《じゅんふどう》)

②例近所付き合いは、大切だ。

③イ・ウ(順不同)

解説

①前半の二つの段落《だんらく》で、事実(自分が見聞きしたことや体験《たいけん》)を述《の》べていることに注目。②前半の二つの段落を受けて、3段落の一文目で、「近所付き合いは大切ではないかと思う」と、自分の意見を述べていることをおさえる。③1・2段落では、自分の家の周《まわ》りでは、近所付き合いや交流があること、4段落では、自分の祖《そ》母《ぼ》が近所の人に助けてもらったことが書かれている。

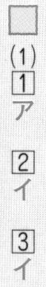

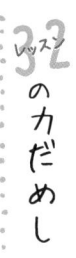

チェック2
①イ　②例遠出《れい》するなら、山がいちばんだ。　③ウ
④思います（考えます）

解説《かいせつ》
①1段落《だんらく》の「みなさんは、……ありますか。」は、問題提起《ていき》ではないことに注意。呼《よ》びかけるように書いて親しみをもたせ、そのあとすぐに「私《わたし》は、……と思います。」と自分の意見を述《の》べている。また、最後《さいご》の4段落でも、再度《さいど》、自分の意見を述べていることに注目。②1・4段落に注目して、問題の条件《じょうけん》に合う文の形で答える。③2・3段落は事実（自分の体験《たいけん》）を述べている段落で、これが、筆者の意見である「遠出するなら、山がいちばんだ。」の根きょとなっていることをとらえる。④p.189の「ポイント」で、意見を表す文《ぶん》末表現《まつひょうげん》を確《たし》かめておく。

レッスン33 の力だめし

□（1）しかし、そ　（2）2　（3）だから、少　（4）問題点

解説
（1）文末《ぶんまつ》に注目し、問いかけの表現《ひょうげん》となっている文を探《さが》す。
（2）2段落《だんらく》で、一度は多数決をやめてみたが、結局《けっきょく》また多数決にもどってしまったと述《の》べていることに注目。
（3）最後《さいご》の4段落で、少数派《しょうすうは》の人の意見への対応《たいおう》について考えを述べている。
（4）多数決が「いちばんよい決め方といえるのだろうか。」という疑問を投げかけることで始まり、その後、多数決のどんなことについて取り上げているのかを考える。

レッスン34 インタビュー

チェック1
イ→ウ→ア

解説
最初《さいしょ》に「よろしくお願《ねが》いします」とあいさつをしてから、自分が相手にインタビューしたいと思ったきっかけを話している。そのあとで、最初の質問《しつもん》に入っている。

チェック2
①ウ　②ア祖母　イ例一目ぼれしたのだそうです
③ところで、

解説
①相手の答えたことに相づちを打っていることに注目。相手の話したことをそのままくり返したり、短くまとめた言い方にして言い返したりすることで、話をきちんと理解《りかい》して聞いているということを相手に伝《つた》えることができる。②ア身内のことを他の人に話す場合は、「父」「母」「姉」「弟」のような言い方にする。イインタビュー

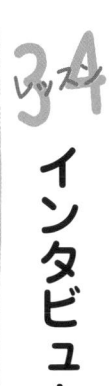

の相手であり目上の人でもあるので、ていねいな言葉づかいを心がける。③最後《さいご》の段落《だんらく》で、中田《なかた》さんのおばあちゃんや中田さん自身のことに話題がそれてしまっている。こういうときは、相手の話を聞きつつ、うまく話題をもとにもどすように話し方を工夫《くふう》する必要《ひつよう》がある。

チェック3　イ

解説
苦労《くろう》したことを二つ、「•」という記号を使って並《なら》べ、か条《じょう》書きで短く書いていることをおさえる。

レッスン34のカだめし

□ (1)例 この工場のジュース　(2)イ
(3)例 どのようにしてジュースを作るのですか　(4)でも、

解説
(1)あいさつのあと、「こちらの工場のジュースは……思いました。」と、この工場で作られるジュースについて知りたいと思っていたことを伝《つた》えていることをおさえる。
(2)前の工場長の言葉を受けて、その言葉をくり返し述べていることに注目。
(3)「どうやって」を「どのようにして」、「作るの」を「作るのですか」のように、ていねいな言い方に書き直し、インタビューするときの適切《てきせつ》な言葉づかいになるようにする。
(4)工場長が「水にはちょっとこだわっていて、地元のおいしい天然《てんねん》水《すい》を使っている」と答えたことを受けて、その理由をたずねている。

これで
OKニャ!
ゲラゲラゲラ
ぬぬぬっ
コソ
コソ
やったなー!♪
えへへ
へん
あし
かんむり
にょう
かまえ
つくり
たれ

Gakken

いぱぱぱぱ
サラッ
ぐぬぬ…
ウフフ♡
ポン